权威·前沿·原创

皮书系列为

“十二五”“十三五”“十四五”时期国家重点出版物出版专项规划项目

智库成果出版与传播平台

珠江—西江经济带发展报告（2021~2022）

REPORT ON THE DEVELOPMENT OF THE PEARL RIVER-XIJIANG RIVER ECONOMIC BELT (2021-2022)

工业高质量发展

广西社会科学院
广西师范大学 / 研　创
广西壮族自治区发展和改革委员会
主　编 / 曹剑飞　刘俊杰　覃　迪
副主编 / 毛　艳　钟学思　彭中胜　唐国植　罗　静

社会科学文献出版社
SOCIAL SCIENCES ACADEMIC PRESS (CHINA)

图书在版编目（CIP）数据

珠江-西江经济带发展报告.2021~2022 / 曹剑飞，刘俊杰，覃迪主编.—北京：社会科学文献出版社，2022.6
（珠江-西江经济带蓝皮书）
ISBN 978-7-5228-0168-1

Ⅰ.①珠… Ⅱ.①曹… ②刘… ③覃… Ⅲ.①区域经济发展-研究报告-广东-2021-2022 ②区域经济发展-研究报告-广西-2021-2022 Ⅳ.①F127.65 ②F127.67

中国版本图书馆 CIP 数据核字(2022)第 090368 号

珠江—西江经济带蓝皮书
珠江—西江经济带发展报告（2021~2022）

主　　编 / 曹剑飞　刘俊杰　覃　迪
副 主 编 / 毛　艳　钟学思　彭中胜　唐国植　罗　静

出 版 人 / 王利民
组稿编辑 / 周　丽
责任编辑 / 王玉山
文稿编辑 / 王　娇
责任印制 / 王京美

出　　版 / 社会科学文献出版社·城市和绿色发展分社（010）59367143
地址：北京市北三环中路甲 29 号院华龙大厦　邮编：100029
网址：www.ssap.com.cn
发　　行 / 社会科学文献出版社（010）59367028
印　　装 / 三河市东方印刷有限公司

规　　格 / 开 本：787mm×1092mm　1/16
印 张：20　字 数：298 千字
版　　次 / 2022 年 6 月第 1 版　2022 年 6 月第 1 次印刷
书　　号 / ISBN 978-7-5228-0168-1
定　　价 / 168.00 元

读者服务电话：4008918866

《珠江—西江经济带发展报告（2021~2022）》
编委会

主编简介

曹剑飞 广西社会科学院区域发展研究所副所长、副研究员，经济学博士。研究方向为区域经济、产业经济和经济全球化。主持完成5项省部级课题，参与完成国家级、省部级课题22项；出版专著（独著）1部，主持或参与编写书籍10余部，发表学术论文10余篇；获广西壮族自治区社会科学优秀成果奖二等奖4项、三等奖2项，广西壮族自治区政府决策咨询成果奖三等奖2项。

刘俊杰 广西师范大学经济管理学院教授，经济学博士，中国区域经济学会珠江—西江经济带专业委员会常务副主任兼秘书长，广西高校人文社会科学重点研究基地珠江—西江经济带发展研究院副院长、研究员。研究方向为城市化与城乡关系、区域产业结构与产业组织、区域可持续发展。主持多项国家级、省部级课题；出版著作8部，发表学术论文80余篇。

覃　迪 广西壮族自治区发展和改革委员会区域开放处处长。研究方向为区域经济合作与协同发展、中国—东盟自由贸易区、澜湄合作、大湄合作等。参与编写书籍5部；获广西壮族自治区社会科学优秀成果奖二等奖1项、三等奖1项，广西壮族自治区政府决策咨询成果奖三等奖1项。

摘　要

《珠江—西江经济带发展报告（2021～2022）》由广西社会科学院、广西师范大学、广西壮族自治区发展和改革委员会等单位联合研创，由广西社会科学院担任执行主编。

2020年是《珠江—西江经济带发展规划》的收官之年，自2014年7月国家批复实施该规划以来，广东、广西两省区全力推进各项重大政策、重大项目、重点工作的贯彻落实，在体制机制完善、基础设施建设、产业发展、平台建设、生态环境保护等方面取得了积极成效，经济带各项主要经济指标保持中高速增长，经济发展质量进一步提高。《珠江—西江经济带发展报告（2021～2022）》较全面地记录了2020年珠江—西江经济带发展情况，是一部兼具资料性和研究性的年刊，全书内容分为总报告、专题篇、区域篇和附录四个部分。

总报告对广西推进珠江—西江经济带建设取得的成效、存在的问题和目标任务完成情况做一个全面分析和阶段性总结，并提出发展思路和对策建议。总报告认为，自2014年7月国家批复实施《珠江—西江经济带发展规划》以来，珠江—西江经济带呈现快速发展的态势，但与规划目标仍有较大差距，仍然面临诸多基础设施建设短板、产业发展瓶颈和产城融合问题，珠江—西江经济带（广西）工业园区仍然存在基础设施建设投入不足、产业链配套水平低、“行政化”色彩较浓等突出问题，需要在深化改革和扩大开放中妥善解决。当前，珠江—西江经济带进入了以高水平开放引领高质量发展的新阶段，要紧紧抓住全球产业链供应链重新布局、国内深入实施区域

协同发展战略的机遇，正确把握整体推进和重点突破、生态环境保护和经济发展、自身发展和协同发展的关系，按照“城市、产业、市场”三位一体的发展思路，以中心城市支撑产业转型升级和经济高质量发展，以产业集群的制造能力对接粤港澳大湾区创新资源和现代服务业，以粤港澳大湾区的消费升级带动珠江—西江经济带生产、生态、生活“三生融合”发展，探索协同推进生态优先和绿色发展新路子，努力将珠江—西江经济带打造成为有机融合的高效经济体。专题篇围绕珠江—西江经济带工业（制造业）高质量发展主题，从产业链供应链、创新发展、绿色发展、低碳发展、融合发展等角度进行专题研究，是对总报告的深化和延伸。区域篇详细介绍了2020年珠江—西江经济带有关设区市（缺佛山市）推进经济带建设的情况、存在的问题及对策建议。附录记载了2020年1~12月珠江—西江经济带建设过程中的重大事件。

关键词： 珠江—西江经济带　制造业　高质量发展　产业链　供应链

目　录

Ⅰ　总报告

Ⅱ　专题篇

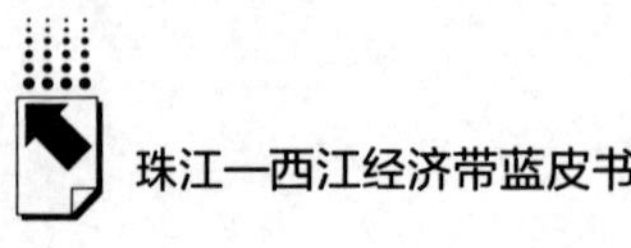

Ⅲ 区域篇

Ⅳ 附 录

皮书数据库阅读**使用指南**

总 报 告

General Report

B.1
2020年珠江—西江经济带发展情况及规划实施情况评估

曹剑飞　毛　艳　凌云志*

摘　要： 当前，珠江—西江经济带进入了以高水平开放引领高质量发展的新阶段，要紧紧抓住全球产业链供应链重新布局、国内深入实施区域协同发展战略的机遇，发挥高水平开放平台集群优势，从“立足自我发展需求”导向转换为“服务周边发展需求”导向，从基于要素禀赋的“产业承接”转换为基于产业基础的“能力对接”，从企业间基于分工协作的“产业链对接”转换为基于产业集群、中心城市（城市群）功能的“价值链对接”“供应链对接”，以发展理念和方式的转变应对新旧动能接续不畅、产业投资吸引力下降、区际互动合作难以突破的挑战，着重解决设施联

* 曹剑飞，广西社会科学院区域发展研究所副所长、副研究员，研究方向为区域经济、产业经济和经济全球化；毛艳，广西社会科学院区域发展研究所副所长，正高级经济师，研究方向为区域经济；凌云志，广西社会科学院区域发展研究所副研究员，研究方向为区域经济、国际经济。

通、产业协同、城市支撑等方面的突出问题。

关键词： 珠江—西江经济带　粤港澳大湾区　协同发展

自《珠江—西江经济带发展规划》（以下简称《规划》）实施以来，广东、广西两省区全力推进各项重大政策、重大项目、重点工作的贯彻落实，经济带各项主要经济指标保持中高速增长，经济发展质量进一步提高，在体制机制完善、基础设施建设、产业发展、平台建设、生态环境保护等方面取得了积极成效，为全国区域协同发展和流域生态文明建设提供了示范。2020 年是《规划》的收官之年，对广西推进珠江—西江经济带建设取得的成效、存在的问题和目标任务完成情况做一个全面分析和阶段性总结，对理清下一阶段的发展思路和今后的工作重点具有重要意义，特别是在全球产业链供应链重新布局和我国更加注重区域协同发展的背景下，深入思考和加快推进珠江—西江经济带建设，对加快形成以国内大循环为主体、国内国际双循环相互促进的新发展格局具有重要意义。

一　《规划》发展目标完成情况

（一）经济指标

自 2014 年《规划》实施以来，珠江—西江经济带总体发展态势良好，经济实力进一步提升。如表 1 所示，2020 年珠江—西江经济带人均地区生产总值 83694 元，年均增长 2.27%，其中，广西 7 市①人均地区生产总值 47649 元，年均增长 3.49%；广东 4 市②人均地区生产总值 112629 元，年均

① 广西 7 市指广西的南宁、柳州、梧州、贵港、百色、来宾、崇左 7 个市。

② 广东 4 市指广东的广州、佛山、肇庆、云浮 4 个市。

增长 1.31%。以上情况与《规划》要求的“2020 年人均地区生产总值达到 115300 元，年均增长 9.00%”的目标有比较大的差距。如表 2 所示，2020 年珠江—西江经济带外贸进出口总额 2693.83 亿美元，年均增长 3.50%，其中，广西 7 市外贸进出口总额 508.42 亿美元，年均增长 14.03%，广东 4 市外贸进出口总额 2185.41 亿美元，年均增长 1.91%。从总额目标看，2020 年珠江—西江经济带外贸进出口总额与《规划》要求的 4980.00 亿美元有比较大的差距；从年均增长看，广西 7 市超过了 13.00%的规划目标，而广东 4 市与规划目标差距较大。

表 1　2013 年、2020 年珠江—西江经济带人均地区生产总值

单位：元，%

城市	2013 年（当年价）	2020 年（当年价）	2020 年（不变价）	年均增长	2020 年（规划目标）	
					绝对值	年均增长
南宁	41094	54669	48324	2.34	>115300	9.00
柳州	52342	76682	67782	3.76	>115300	9.00
梧州	33710	38214	33779	0.03	>115300	9.00
贵港	17650	31363	27723	6.66	>115300	9.00
百色	22762	37332	32999	5.45	>115300	9.00
来宾	24069	33940	30001	3.20	>115300	9.00
崇左	28886	38722	34228	2.45	>115300	9.00
广西 7 市	33138	47649	42119	3.49	>115300	9.00
广州	104235	135047	118932	1.90	>115300	9.00
佛山	87194	114157	100535	2.05	>115300	9.00
肇庆	36171	56318	49598	4.61	>115300	9.00
云浮	25234	42047	37030	5.63	>115300	9.00
广东 4 市	90535	112629	99189	1.31	>115300	9.00
珠江—西江经济带 11 市	63100	83694	73830	2.27	>115300	9.00

注：以 2013 年为基期，计算 2020 年广西人均地区生产总值折算指数 A，首先计算 2020 年不变价人均地区生产总值，为 26461×2721.9÷1838.9 = 39167 元，再计算 2020 年广西人均地区生产总值折算指数 A = 2020 年当年价人均地区生产总值÷2020 年不变价人均地区生产总值 = 44309÷39167 = 1.1313。以 2013 年为基期，计算 2020 年广东人均地区生产总值折算指数 B，首先计算 2020 年不变价人均地区生产总值，为 56029×4693.5÷3385.1 = 77685 元，再计算 2020 年广东人均地区生产总值折算指数 B = 2020 年当年价人均地区生产总值÷2020 年不变价人均地区生产总值 = 88210÷77685 = 1.1355。不变价 = 当年价÷折算指数。年均增长一栏以 2020 年不变价计算。

资料来源：《广西统计年鉴 2014》《广西统计年鉴 2021》《广东统计年鉴 2014》《广东统计年鉴 2021》。

表 2　2013 年、2020 年珠江—西江经济带外贸进出口总额

单位：亿美元，%

城市	2013 年	2020 年	年均增长	2020 年（规划目标）	
				绝对值	年均增长
南宁	44.21	142.93	18.25	—	13.00
柳州	28.84	33.61	2.21	—	13.00
梧州	17.65	9.35	-8.68	—	13.00
贵港	2.21	5.24	13.13	—	13.00
百色	5.98	48.28	34.77	—	13.00
来宾	1.20	1.60	4.20	—	13.00
崇左	102.77	267.40	14.64	—	13.00
广西 7 市	202.86	508.42	14.03	—	13.00
广州	1188.96	1376.12	2.11	—	13.00
佛山	639.40	732.39	1.96	—	13.00
肇庆	70.17	59.87	-2.24	—	13.00
云浮	15.82	17.03	1.06	—	13.00
广东 4 市	1914.35	2185.41	1.91	—	13.00
珠江—西江经济带 11 市	2117.21	2693.83	3.50	>4980.00	13.00

资料来源：《广西统计年鉴 2014》《广西统计年鉴 2021》《广东统计年鉴 2014》《广东统计年鉴 2021》。

（二）城镇化指标

如表 3 所示，2020 年珠江—西江经济带常住人口城镇化率为 71.17%，超过 66.00%的规划目标 5.17 个百分点，其中，广西 7 市常住人口城镇化率为 58.20%，低于 66.00%的规划目标 7.80 个百分点，广东 4 市常住人口城镇化率为 81.57%，超过 66.00%的规划目标 15.57 个百分点。近年来，随着经济的快速发展，广西 7 市城镇化水平进一步提高，但总体上与常住人口城镇化率 66.00%和户籍人口城镇化率 46.00%左右的规划目标仍有较大的差距。其中，南宁、柳州完成情况较好，可以完成规划目标；而梧州、贵港、百色、来宾、崇左 5 市完成两项规划目标有较大困难。

表 3　2020 年珠江—西江经济带城镇化率

单位：%

城市	常住人口城镇化率		户籍人口城镇化率	
	实际值	目标值	实际值	目标值
南宁	68.91	66.00	46.56	46.00 左右
柳州	69.93	66.00	50.42	46.00 左右
梧州	56.55	66.00	46.99	46.00 左右
贵港	50.00	66.00	23.08	46.00 左右
百色	43.44	66.00	26.09	46.00 左右
来宾	48.53	66.00	25.64	46.00 左右
崇左	43.94	66.00	20.56	46.00 左右
广西 7 市	58.20	66.00	—	46.00 左右
广州	86.19	66.00	—	46.00 左右
佛山	95.20	66.00	—	46.00 左右
肇庆	51.02	66.00	—	46.00 左右
云浮	43.77	66.00	—	46.00 左右
广东 4 市	81.57	66.00	—	46.00 左右
珠江—西江经济带 11 市	71.17	66.00	—	46.00 左右

资料来源：《广西统计年鉴 2021》《广东统计年鉴 2021》。

（三）民生指标

如表 4 所示，2020 年珠江—西江经济带 11 市中只有广州、佛山达到了城镇居民人均可支配收入的规划目标，其他 9 市与规划目标差距较大。其中，南宁和柳州稍高，在 38000 元以上，云浮最低，为 28329.80 元，其他 6 市都在 33000 元至 37000 元这个大致区间内浮动。由于 2020 年已经不再统计农民人均纯收入这个指标，故以农村居民人均可支配收入代替。如表 5 所示，广州、佛山最高，达 30000 元以上，肇庆排名第三，达 20000 元以上，其他 8 市都在 13000 元至 18000 元这个大致区间内浮动。

表 4　2013 年、2020 年珠江—西江经济带城镇居民人均可支配收入

单位：元，%

城市	2013 年	2020 年	年均增长	2020 年(规划目标)	
				绝对值	年均增长
南宁	24817	38542	6.49	>54860	9.00
柳州	24355	38479	6.75	>54860	9.00
梧州	22537	34591	6.31	>54860	9.00
贵港	21361	34002	6.87	>54860	9.00
百色	21458	33964	6.78	>54860	9.00
来宾	23563	36173	6.31	>54860	9.00
崇左	21288	34562	7.17	>54860	9.00
广西 7 市	—	—	—	>54860	9.00
广州	42049.14	68304.10	7.18	>54860	9.00
佛山	38037.69	57444.90	6.07	>54860	9.00
肇庆	23929.84	34752.00	5.47	>54860	9.00
云浮	20440.34	28329.80	4.77	>54860	9.00
广东 4 市	—	—	—	>54860	9.00
珠江—西江经济带 11 市	—	—	—	>54860	9.00

资料来源：《广西统计年鉴 2014》《广西统计年鉴 2021》《广东统计年鉴 2014》《广东统计年鉴 2021》。

表 5　2013 年、2020 年珠江—西江经济带农村居民人均可支配收入

单位：元，%

城市	2013 年	2020 年	年均增长	2020 年(规划目标)	
				绝对值	年均增长
南宁	7685	16130	—	>22740	9.50
柳州	7663	15848	—	>22740	9.50
梧州	7475	14660	—	>22740	9.50
贵港	8189	16619	—	>22740	9.50
百色	5409	13305	—	>22740	9.50
来宾	7085	13950	—	>22740	9.50
崇左	4968	14306	—	>22740	9.50

续表

城市	2013 年	2020 年	年均增长	2020 年（规划目标）	
				绝对值	年均增长
广西 7 市	—	—	—	>22740	9.50
广州	18887.04	31266.30	—	>22740	9.50
佛山	17502.79	33440.20	—	>22740	9.50
肇庆	11661.54	20627.50	—	>22740	9.50
云浮	10282.53	17776.90	—	>22740	9.50
广东 4 市	—	—	—	>22740	9.50
珠江—西江经济带 11 市	—	—	—	>22740	9.50

注：2013 年数据为农民人均纯收入。

资料来源：《广西统计年鉴 2014》《广西统计年鉴 2021》《广东统计年鉴 2014》《广东统计年鉴 2021》。

（四）生态环保指标

如表 6 所示，2020 年珠江—西江经济带 11 市中，柳州、梧州、百色、云浮 4 市的森林覆盖率超过 60.00%的规划目标，肇庆、崇左 2 市接近 60.00%的规划目标，南宁、贵港、来宾、广州、佛山 5 市在 38.00%至 53.00%这个大致区间内浮动。2020 年珠江—西江经济带 11 市城镇垃圾无害化处理率均达到 100%，均超额完成规划目标。

表 6　2020 年珠江—西江经济带生态环保指标

单位：%

城市	森林覆盖率		城镇垃圾无害化处理率	
	实际值	规划值	实际值	规划值
南宁	48.75	>60.00	100	>95
柳州	66.70	>60.00	100	>95
梧州	75.77	>60.00	100	>95
贵港	46.96	>60.00	100	>95
百色	72.45	>60.00	100	>95

续表

城市	森林覆盖率		城镇垃圾无害化处理率	
	实际值	规划值	实际值	规划值
来宾	52.03	>60.00	100	>95
崇左	55.50	>60.00	100	>95
广州	41.60	>60.00	100	>95
佛山	38.00	>60.00	100	>95
肇庆	58.88	>60.00	100	>95
云浮	67.25	>60.00	100	>95

资料来源：《广西统计年鉴 2021》《广东统计年鉴 2021》。

二　广西推进《规划》实施的举措和成效

（一）大力推动基础设施建设，基本形成现代化综合交通运输体系

1. 西江黄金水道建设成效显著

“一干七支”内河航道网络加快构建。西江干线南宁至梧州段全面升级为 2000 吨级航道，桂平二线船闸、长洲三线四线船闸达到 3000 吨级，长洲枢纽船闸年总通过能力超过 1.43 亿吨，成为国内通过能力最大的船闸。贵港至梧州 3000 吨级航道工程开工建设。西南水运出海南线航道达到 1000 吨级，中线、北线航道达到 500 吨级，右江、左江、柳黔江、红水河等支流航道扩能建设全面铺开。截至 2020 年底，广西内河航道总里程达到 5873 公里，西江拥有生产性泊位 528 个（其中千吨级以上泊位 168 个），港口货物综合通过能力 1.22 亿吨，完成吞吐量 1.73 亿吨，完成航运货运量 2.64 亿吨。西江港口联盟发展成为西江流域最具影响力的港航发展合作平台，建成“西江水运物流信息平台”“西江云数据中心”“西江水运物流网运营中心”，完成北斗二代智能船载终端的研发，实现了“预约过闸”“不停靠报闸”“不停船自动交费”等智能应用。

2. 高速铁路网建设进一步提速

截至2020年底，广西铁路营业里程达5206公里，铁路网密度达220公里/万公里^2，为全国平均水平137公里/万公里^{2}的1.6倍；铁路复线率和电气化率分别达47.2%、62.0%。形成了以南广、南昆、贵广、湘桂、焦柳、黔桂、黎湛、益湛8条干线为骨架的出区出海出边铁路运输网络，路网结构逐步完善。已实现市市通高铁目标，高速铁路网进一步拓展。建成柳南客运专线、南钦高铁、南广高铁、南昆客运专线4条高速铁路。合浦至湛江铁路(广西段)、贵阳经河池至南宁高铁、南宁至崇左城际铁路等项目开工建设。普速铁路通道进一步畅通。云桂铁路、南昆铁路南宁至百色段增建二线、黎湛铁路电气化改造等工程先后建成完工；防城港至东兴铁路、焦柳铁路怀化至柳州段电气化改造等项目开工建设。

3. 高速公路网主骨架基本形成

截至2020年底，广西累计建成通车高速公路里程达6803公里，全区县县通高速率达96%。推进向西衔接东盟国家口岸公路建设方面：贵港至隆安高速公路、乐业至百色高速公路、崇左至水口高速公路已建成通车；隆安至硕龙高速公路开工建设。畅通向北连接湖南、贵州等地区道路方面：桂林至柳城高速公路、柳州经合山至南宁高速公路、荔浦至玉林高速公路开工建设。打通向东向南衔接珠三角与北部湾地区运输通道方面：吴圩国际机场至大塘高速公路建成通车，大塘至浦北高速公路、浦北至北流（清湾）高速公路开工建设。推进珠三角与桂西及云贵地区通道建设方面：贺州至巴马高速公路钟山至昭平段项目建成通车，贺州至巴马高速公路昭平至蒙山段、蒙山至象州段、象州至来宾段、来宾至都安段、都安至巴马段开工建设。

4. 民用航空发展格局持续优化

吴圩国际机场第二航站楼正式投入使用，设计年旅客吞吐量1800万人次；已实现与东盟9个国家的16个城市通航，东盟国际航线通达性在全国仅次于上海、北京等。2019年，东盟国际航线运输旅客48万人次，同比增长48%。积极推进桂林国家重要旅游机场建设，桂林机场航站楼及站坪配套设施扩建工程等一批项目加快推进。柳州白莲机场扩建工程竣工，年旅客吞吐量突破 100 万人次。玉林民用机场、梧州机场迁建工程开工建设。南宁—拉萨、南宁—西宁、南宁—大理、南宁—桂林—哈尔滨、福州—桂林—遵义等国内航线正式开通，南宁—斯里巴加湾、南宁—开罗、桂林—芽庄等国际航线正式开通。

（二）大力推进生态文明建设，积极构建珠江—西江千里生态廊道

全面启动以发展生态经济为抓手的生态文明建设工作，加大对水污染、大气污染、固体废物的治理力度，对沿江原有企业实行循环化、清洁化改造，同时严格新增企业环境准入，拒绝高耗能、高污染的低端产业落户珠江—西江经济带，建立完善流域生态保护补偿机制和生态环境污染联防联控机制，制定下发《广西壮族自治区跨设区市界河流交接断面水质水量考核办法》，建立珠江—西江流域水污染防治考核机制，组织开展对各设区市人民政府水污染防治实施情况的年度考核，积极构建珠江—西江千里生态廊道。

1. 环境污染防治成效显著

水污染防治水平全面提升。推进城镇生活污水处理设施及配套管网、生活污水直排截污工程建设，加大对重点流域水环境的综合整治力度，两广交界处梧州西江干流断面水质达到或优于国家地表水环境质量Ⅲ类水质标准，九洲江石角断面水质全年平均水质达到Ⅲ类标准，市级集中式饮用水水源地水质达标率均为 100%。大气污染治理扎实推进。以大气污染减排和城乡大气面源、点源综合治理为抓手，落实各项大气综合整治任务，促进环境空气质量的持续改善。2018~2020 年，广西环境空气质量连续 3 年达标并完成国家下达的约束性指标任务。设区市环境空气质量优良天数比例从 2016 年的 93.5%提升到 2020 年的 97.7%，全国排名第六；$PM_{2.5}$ 浓度从 2016 年的 37 μg/m^3下降至 2020 年的 26 μg/m^3，全国排名第九；2020 年全区 14 个设区市环境空气质量全部达标，创广西有监测数据以来的最高纪录。固废处理能力全面提高。不断完善生活垃圾收运系统，新建垃圾中转站、生活垃圾卫生

填埋场，基本实现城镇生活垃圾无害化处理率100%。通过源头管理、过程控制，加大对重金属污染的防控力度，全面提升工业固体废物无害化处置能力和资源综合利用能力，工业危险废物安全处置率达100%。

2. 集约利用水平明显提升

能源结构明显优化。积极推进能源多元清洁发展，有序推进火电、钢铁、化工、有色金属冶炼、水泥、制糖等重点行业清洁生产技术改造，对一批重点企业实施脱硫改造工程、脱硝改造工程和低氮改造工程，强化和完善建设项目环保审批，从严从紧控制“两高一资”[①]及低水平重复建设和产能过剩项目建设，着力淘汰有色金属冶炼、水泥、陶瓷等行业落后产能，主要污染物排放总量得到有效控制，排污强度明显下降。循环经济加速发展。梧州市、柳州市、田东县、富川县积极推进国家循环经济示范城市（县）建设。柳州鹿寨经济开发区循环化改造示范试点顺利通过国家终期验收；贵港积极推进贵糖甘化循环经济园区建设；百色严格审批和淘汰转型高污染项目，推进铝循环经济产业基地建设；崇左积极推进湘桂糖业循环经济工业园、南国铜业循环经济高新科技园、江州区绿色环保静脉产业园等循环经济试点建设，生态经济、循环经济发展水平进一步提高。

3. 流域生态治理取得突破

建立完善流域生态保护补偿机制。印发《关于建立广西区内流域上下游横向生态保护补偿机制的实施意见》，设立右江、漓江流域横向生态保护补偿试点奖励资金。实施九洲江流域污染治理与生态保护，设立粤桂九洲江流域跨界水环境保护合作资金，截至2020年底，累计投入用于九洲江流域保护治理工作的资金达26.2亿元。石角断面Ⅲ类水质达标月份数量从2014年的7个上升到2017年的12个。山角断面水质2018年有10个月达标，2019年、2020年连续2年实现水质年均值达标。建立健全生态环境污染联防联控机制。广西与广东、湖南、贵州、云南4省生态环境部门签订《跨界河流水污染联防联治协作框架协议》，建立跨省区水污染联防联治协作和

① 指高耗能、高排放和资源性产品。

环境信息共享机制。出台《广西贯彻落实建立跨省流域上下游突发水污染事件联防联控机制实施意见》。联合贵州省、云南省编制《万峰湖生态环境保护总体实施方案》，开展滇、桂、黔3省区跨流域联合执法行动和生态保护工作。2018年万峰湖断面年均水质达到Ⅲ类水质标准，2019年1~12月均达到Ⅲ类水质标准，其中有8个月达到Ⅱ类水质标准。

（三）积极推进产业结构优化，承接东部地区产业转移效果显著

按照《规划》明确的空间布局和产业发展要求，充分发挥珠江—西江经济带通道和纽带作用，强化产业对接，优化产业结构，提高产业竞争力。着力发展汽车、装备制造、制糖、有色金属冶炼等特色优势产业；大力培育发展生物医药、新一代信息技术、新材料、新能源汽车等战略性新兴产业；着力培育现代物流、金融服务、信息服务等生产性服务业；积极发展大旅游、大健康等现代生活性服务业。加快推进农业供给侧结构性改革，加强现代农业产业园区建设，打造特色农产品品牌，培育农业发展新动能。以产业转移园区、跨区域合作共建园区为平台，围绕特色优势产业和战略性新兴产业，加快推动珠江—西江经济带区域产业转移合作。

1. 工业转型升级进程加快

2020年，冶金、食品两大产业产值突破2000亿元。汽车产业产量达到170万辆，占全国的7.2%，在全国排第5位，微型车、交叉型乘用车产量位居全国第一，获得工信部支持建设面向东盟的南方汽车出口制造基地，基本构建了包括整车、零部件销售和品牌等在内的较为完整的产业链。铝全产业链基本形成，电解铝、氧化铝产量分别为217.8万吨、941.1万吨，在全国分别排第7位、第4位。创新铝产业“铝—电—网”发展模式，构建从铝土矿、氧化铝、电解铝到铝精深加工的产业链。机械产业、“两企三城”建设有序推进，柳工轮式装载机被工信部认定为“单项冠军”产品，工程机械、内燃机产量分别占全国的17%、10%，均排全国前三位。基本建成500万亩双高（高产、高糖）糖料蔗基地，制糖水平得到显著提高，初步建成全国最完备的糖综合利用产业基地和西南地区最大的可降解环保材料生产

基地。积极承接珠三角地区产业转移，引进了一批高新技术企业，电子信息产业集聚效应凸显，生物医药、新一代信息技术、新材料、新能源汽车等战略性新兴产业发展壮大。汽车、机械等行业的竞争力和影响力不断提升，规上工业企业规模和数量都有较大发展，千亿元企业数量实现“零”的突破，企业创新能力和创新水平大幅提高。

2. 现代服务业进一步优化

中国—东盟国际物流基地初具规模，已入驻中新南宁国际物流园、南宁现代化建材加工及物流配送中心等10多个项目。（中国）友谊关—（越南）友谊口岸国际货物运输专用通道、中国—东盟自贸区凭祥物流园、崇左（东盟）国际农资物流交易中心等项目竣工运营。沿边金融综合改革试验区、面向东盟的金融开放门户建设卓有成效，区域性国际金融中心建设扎实推进，金融服务实体经济水平明显提升。中国—东盟信息港和数字经济建设步伐加快，形成了软件研发（南宁）、示范应用（南宁、钦州）、平台服务（钦州、北海）、智能制造（柳州）、信息网络产业（桂林）等各具特色的数字经济产业格局。旅游业重点打造西江生态旅游发展带，有序推进跨境旅游合作区与边境旅游试验区建设。2020年，全区接待国内外游客超过6.61亿人次，同比恢复76.0%；旅游总消费7267.53亿元，同比恢复72.6%。大健康产业稳步发展，引进泰康、融创、万达、万有等一批行业龙头企业，深圳巴马大健康合作特别试验区等一批大健康产业集聚区在加快建设。

3. 特色农业发展迅猛

特色农业加快发展。启动实施“10+3”特色农业产业提升行动，打造西江“一干七支”沿岸生态农业产业带，建设面向珠三角和港澳地区的优质农副产品供应基地。南宁新增自治区级现代特色农业核心示范区12个、自治区级农业科技园2个、休闲农业与乡村旅游示范点8个。柳州新增自治区级现代特色农业核心示范区6个。百色建成国家级“一村一品”示范村13个、自治区级“一村一品”示范村5个。贵港建成自治区级现代特色农业核心示范区13个，荣获“全国富硒农业示范基地”称号。来宾现代农业产业园成功入选全国首批20个国家现代农业产业园。农业品牌培育成效显著。南宁有182个农产品获得“三品一标”认证。梧州有79个农产品获得“三品一标”认证。贵港、百色、来宾等市着力打造富硒农业品牌，贵港新增自治区认证富硒农产品15个、广西名优富硒产品4个。来宾24个农产品和8个富硒农产品分别通过“三品一标”认证和富硒认证。百色新建富硒基地10个，新增无公害农产品18个，新认证有机农产品12个，有机农产品基地认证规模全区第一。

4.承接产业转移效果显著

积极实施“东融”战略，在珠江—西江经济带沿路、沿江、沿港规划建设粤桂合作特别试验区、梧州市东部产业转移园区、梧州市陶瓷产业园区、梧州进口再生资源加工园区、柳州市粤桂黔高铁经济带合作试验区（广西园）、粤桂（贵港）热电循环经济产业园等一批产业转移园区、跨区域合作共建园区，极大地促进了东部地区产业向广西转移。梧州发挥毗邻珠江—西江黄金水道和与广东肇庆接壤、与粤港澳大湾区直接相连的优势以及特别试验区的作用，陆续从粤港澳大湾区引进食品、医药健康、建材、纺织产业企业65家，逐渐建立起电子信息、纺织加工、精细陶瓷优势产业集群。玉林发挥本地柴油发动机产业优势，相继从粤港澳大湾区引进装备制造、机械制造等一批先进重工业企业，或从粤港澳大湾区购买先进装备，提升了传统优势产业发展水平；同时，玉林在服装制造、医疗健康等传统轻工业优势领域积极引进粤港澳大湾区企业，例如，玉林（福绵）生态纺织服装产业园按照产业链集中发展要求和严格的环保标准，从粤港澳大湾区引进纺织企业139家，已形成织布、纺纱、印染、水洗、制衣、辅料生产以及销售、商贸、物流配套一体化的纺织服装上下游产业链式转移。柳州重点承接机械、汽车零部件及相关产业，引进佛山先进技术和管理经验，带动汽车城汽车产业向高端发展，上海斯可络压缩机制造、广州三泰汽车吸音棉材料及内饰吸音棉零件生产基地等一批项目落户柳州。贵港工业园区已引进赛尔康电子等一批项目。

（四）积极推进中心城市战略，特色多元沿江城镇体系初步形成

积极打造“一干两副三组团”的发展格局，以珠江—西江主干流区域为轴带，大力实施强首府战略，发展壮大柳州、梧州、贵港等中心城市，推进百色和崇左加快融入南宁都市圈，提升南宁—百色、南宁—崇左两副轴对外开放合作水平，重点建设梧州—贵港、柳州—来宾、南宁—崇左—百色三个组团，加快扩大重点县城规模，积极推进百镇建设示范工程和特色名镇、宜居乡镇建设，引导产业和人口集聚，形成各有特色、优势互补、分工协作的区域发展板块。

1. 核心城市规模快速扩大

南宁市按照“整体向东、重点向南”的主导发展方向快速扩大城市规模。截至2020年底，全市常住人口达874.16万人，比2013年增加188.79万人，常住人口城镇化率达68.91%，比2013年提高11.24个百分点。[①] 城市框架进一步拉开，五象新区核心区基本成形，市辖区建成区面积达到320平方公里。2015~2019年，五象新区累计完成投资1577.92亿元，年均增长15.56%；累计入驻全球最具价值品牌100强10个、世界500强企业34家、中国500强企业28家，浪潮、阿里巴巴、华为等一大批企业加速集聚。“七纵四横”主干路网建成通车，“核心区—机场—高铁站”20分钟交通圈全面形成，一批优质教育、医疗资源加快汇集，“再造一个新南宁”蓝图变为现实。

2. 中心城市承载能力提升

柳州柳东新区全面发展，快速公交1号线、柳东大道延长线、进港大道等项目建成并投入使用，上汽通用五菱新能源汽车项目、东风柳汽乘用车基地二期项目建成投产，要素集聚、人口集聚、产业集聚效应进一步增强。来宾城北新区翠屏路、来宾九中、公交枢纽站等配套设施项目建设顺利开展，

① 《南宁市第七次全国人口普查主要数据公报》，广西南宁市统计局网站，2021年6月2日，http：//tj. nanning. gov. cn/tjsj/tjgb/t4762640. html。

引水入城工程实现通水通航，桂中水城魅力初显。梧州苍海新区“成湖、成景、成水系”初步形成，苍海公园、展示中心、园博园和西北岸线景观建成。百东新区百色大道一期、百贤路建成通车，南百高速路百东新区互通项目基本建成，生态水世界和城市客厅等一批重大项目顺利开工建设。崇左城南新区城南九路、龙峡山路西段延长线等道路相继竣工，“三纵三横”主次道路网络初步形成。

3. 特色城镇建设稳步推进

重点县城人口规模扩大。靖西县撤县设市，城市框架进一步拉大，2020年城区面积扩大到20.3平方公里，城区人口达18.9万人。北流市、柳江区、平果县、平南县的城区人口超过20万人。重点城镇建设步伐加快。崇左市大新县雷平镇、扶绥县山圩镇等6个镇入选广西百镇建设示范工程；贵港市覃塘区东龙镇、平南县大安镇等4个镇和来宾市金秀县桐木镇、忻城县红渡镇入选广西百镇建设示范工程。特色名镇、宜居乡镇建设积极推进。上林县、容县、大新县、巴马瑶族自治县、三江侗族自治县等被评为广西特色旅游名县，扶绥县东门镇、江州区新和镇被列入特色工贸名镇建设名单，大新县硕龙镇被列入广西特色旅游名镇建设名单。广西72个村落顺利通过公示，入选第四批中国传统村落名录，2个镇顺利入选美丽宜居小镇，8个村顺利入选美丽宜居村庄。

（五）建立健全开放合作机制，开放合作平台和产业园区快速发展

建立了以两省区主要负责同志为总召集人的两广推进珠江—西江经济带发展规划实施联席会议制度和两省区政府分管领导现场对接会、工作座谈会等制度，支持粤港澳大湾区城市在广西各地建设发展“飞地经济”，全力推进珠江—西江经济带各项重大政策、重大项目、重点工作的贯彻落实，各项主要经济指标保持中高速增长，经济发展质量进一步提高。

1. 开放合作机制进一步完善

自《规划》批复实施以来，广东、广西两省区建立了规划实施联席会

议制度，现场对接会、工作座谈会等一系列制度，以及西江经济带城市共同体及市长联席会议、珠江—西江经济带沿线城市联合招商推介会暨西江绿色发展论坛等常态化机制。先后召开6次粤桂两省区推进珠江—西江经济带发展规划实施联席会议，推动珠江—西江经济带发展各项工作落实。同时，两省区还通过高层互访、粤桂扶贫协作联席会等合作机制，推动合作更加深入、成果更加丰硕。广西组建了以自治区分管领导为指挥长的自治区全面对接粤港澳大湾区建设指挥部，加强机制建设，制定工作规则，明确职责分工，确定68项重点任务、144个重点项目，全区上下形成合力，有效推动两省区议定事项得到落实。

2. 特别试验区建设成效显著

加快推进粤桂合作特别试验区体制机制改革创新“1+3”配套方案落实，推动设立粤桂合作特别试验区政务服务中心，加快人事管理体制改革，加快财政金融体制改革，加快建设两广金融改革创新综合试验区。为进一步扩大试验区的影响力，广东、广西两省区共同举办第14届中国—东盟博览会粤桂合作特别试验区专场推介会活动。加快推进制度改革创新，国家增量配电业务改革试点工作取得突破性成效；基础设施加快完善，园区承载力显著提升；持续优化营商环境，加大招商引资力度，务实推动电子信息、新能源、高端装备三大主导产业落地见效，推动微软、阿里巴巴、万达、斐讯、中兴、比亚迪等一批世界500强和中国500强企业的重大项目落户试验区。2020年，粤桂合作特别试验区累计注册企业447家，规上工业产值11.20亿元，固定资产投资87.95亿元，招商引资到位资金74.39亿元。梧州通过粤桂合作特别试验区与广州、佛山、肇庆、云浮、茂名等5个城市开展战略合作，沿江“东融”产业带已具雏形。

3. 跨区域合作共建园区蓬勃发展

粤桂（贵港）热电循环经济产业园、粤港澳（贺州）现代生态农业合作示范区建设进展顺利。与广东、云南分别共同推进贺州—肇庆粤桂产业合作示范区、百色—文山跨省经济合作园区建设。粤桂黔高铁经济带建设顺利推进，与广东、贵州联合印发实施《贵广高铁经济带发展规划（2016—2025

年）》《南广高铁经济带发展规划（2016—2025年）》，粤桂黔高铁经济带合作试验区“一园三区”加快建设，“桂柳双园+各市分园”正在加快建设并取得实质性成效。柳州智能交通产业园等15个产业示范性项目加快推进，桂林希宇文化创意产业园等一批重点项目加快建设，贺州广西东融产业园加快开发建设，截至2020年底，入园企业达128家（60%以上的企业来自粤港澳大湾区），规上企业达27家。深圳巴马大健康合作特别试验区加快建设，18家企业已签约入驻，12个总投资达25亿元的配套基础设施项目开工建设。

（六）聚焦民生领域改革发展，公共服务一体化建设取得积极进展

以改善民生、保障民生为重点，大力发展教育、文化、旅游、科技、医疗卫生、社会保障事业，积极推进高等教育、职业教育合作，谋划生态文化旅游产业、特色旅游产业发展，促进高校、科研机构、创新平台等创新主体的科研合作，大力推进医疗卫生、社会保障事业合作，全面提升公共服务一体化水平，让人民群众获得更多的改革开放成果。

1. 教育合作取得积极成效

广西大学、广西民族大学、桂林理工大学分别与华南理工大学、中山大学联合培养86名本科生，19名青年教师和管理干部获博士学位。百色市与中山大学的战略合作积极推进，百色职业技术学院与深圳信息职业技术学院共建“深百实验班”，粤桂两省区共建示范特色职业教育专业点17个、示范实训基地7个。普惠性学前教育加快发展，义务教育均衡发展扎实推进，中小学校布局进一步优化，农村薄弱学校办学条件不断改善，“上学难”“择校热”问题得到有效缓解。高等教育优势得到进一步发挥，高校教学模式不断创新、教学质量持续提升。职业教育事业加快发展，一批具有特色的现代化高等职业院校相继建立。

2. 文化旅游合作势头良好

重点打造西江生态旅游发展带，不断提升文化和旅游公共服务设施建设

水平，推进广西文化创意产业发展，加强与粤港澳大湾区文旅资源宣传推广交流合作，各类宣传推介活动得到了粤港澳大湾区旅游业界的广泛关注，并取得了良好的宣传效果。在深圳举办的广西全面对接粤港澳大湾区产业发展推介会暨签约仪式成功签约 2 个文化旅游项目。组织广西 8 个市 33 个贫困县在广东对口帮扶市开展乡村旅游产品宣传推介活动，对广东游客给予优惠政策，83 个贫困地区景区减免门票，“壮族三月三”期间，所有景区门票 5 折优惠，全区全年预计接待广东游客超 2.01 亿人次。

3. 科技创新合作日益密切

广西药用植物园与深圳华大基因共建全球最大的药用植物大数据中心，广西大学与华南农业大学共建亚热带农业生物资源保护与利用重点实验室，两省区科研机构和高校合作开展广西地区石器时代出土石器研究，共同推出“行走两广，寻找消失的南越国”主题线路。创新能力不断提高，技术创新平台持续建设，企业、试点、园区等项目不断推进，一批孵化园区启动，在南宁、柳州、梧州等 5 个地区建成大型科研仪器共享网络服务中心；区域合作协同创新不断推进，成功推动广西与越南广宁省共建双边技术转移中心，该中心成为国内首个区域性双边技术转移中心。

4. 医疗卫生合作成效显著

与深圳平安集团签订框架协议，在智慧医疗领域开展深入合作。与中山大学附属第一医院开展远程医疗政策试点工作，推动广东 5 个市 26 个县（市、区）96 家医疗机构与广西 8 个市 33 个县（市、区）105 家医疗机构开展医疗协作结对帮扶。全年接纳广东省 185 名医务人员进驻广西受援医院指导业务工作开展和新技术应用，接诊患者达 8400 万人次、培训广西医务人员达 4800 余人次。广东投入 7571 万元资金，支持广西贫困地区基层医疗卫生机构基础设施建设和设备采购。南宁市建成智慧健康信息化工程，实现“国家卫生城市”三连冠。贵港市覃塘区被列入国家级紧密型县域医共体建设试点县。梧州市全市实现异地就医医保直接结算定点医疗机构全覆盖，柳州市、百色市实现医联体县域全覆盖。

5. 社会保障合作进展顺利

加快建立统一的城乡居民基本养老保险制度，健全完善养老保险有关政策，扩大工伤保险覆盖面。社会保障及就业服务区域合作不断加强，就业服务体系不断完善，百色、梧州等市先后与广州市、肇庆市、佛山市、云浮市签订劳务合作协议，建立了长期、稳定的劳务合作关系。南宁市市本级为民办实事项目全面完成，南宁市成为全国首批电子社保卡试点城市，“线上一网通、线下一门办”人社服务新体系向全国推广。贵港市“五险”参保人数超额完成目标任务。梧州市超过80%的财政支出用于民生领域，11类为民办实事项目全面完成。柳州市广西首家自治区级人力资源服务产业园挂牌运营。百色市农村低保覆盖率排全区第1名，建档立卡贫困人口饮水安全问题得到全部解决。

三　广西实施“湾企入桂”行动的举措和成效

（一）“湾企入桂”行动务实推进且成效显著

2020年初以来，广西全力推进实施“湾企入桂”行动并取得积极成效，成功引进了华为、玖龙纸业、比亚迪、恒大新能源汽车等一大批粤港澳大湾区龙头企业，不仅为经济平稳增长夯实了基础，也为远期经济高质量发展增强了后劲。2020年，全区共签约“湾企入桂”项目1048个，总投资达到11143.80亿元。其中，开工项目619个，总投资达到5204.92亿元。“湾企入桂”项目开工率、资金到位率、竣工投产率分别为59.06%、4.64%、16.36%。

（二）“湾企入桂”机制创新探索加快推进

加强顶层设计，科学精准谋划，统筹各方力量协同推进开展“湾企入桂”行动。2020年，积极组建“湾企入桂”工作专班，成立“湾企入桂”领导小组办公室，从自治区层面到各市均印发实施“湾企入桂”年度工作方案和年度招商方案，重点聚焦建立合作机制、创新招商工作机制、优化产业布局、完善产业承接平台、强化要素保障等方面。2021 年，“湾企入桂”行动更加强调精准对接、务实推进，重点强调推进“湾企入桂”项目落实，努力提高“湾企入桂”项目协议履约率、资金到位率、开工率和竣工投产率。

“湾企入桂”工作机制建设取得新进展。充分利用已有西部扶贫协作、两广推进珠江—西江经济带发展规划实施联席会议、泛珠三角区域合作行政首长联席会议、粤桂黔滇高铁经济带合作联席会议等合作机制，[①] 加快推进“湾企入桂”行动。目前，广西已建立“湾企入桂”项目监测制度，并选取 200 家“湾企入桂”企业实施重点监测，探索建立重大招商引资项目动态管理制度。加快建立领导联系重大“湾企入桂”项目制度，即总投资 100 亿元重大项目由自治区领导联系推进、总投资 10 亿元重大项目由设区市领导联系推进机制。加快建立投资招商信息互动对接平台，有效整合各部门招商信息、招商需求数据，同时加大力度收集粤港澳大湾区企业投资意愿、投资需求，实现粤港澳大湾区投资需求与广西招商需求高效衔接。

“湾企入桂”招商引资机制得到不断创新。建立产业研究、项目对接、协调服务、联动招商 4 项机制，以及会商会议、集中办公、重大招商活动统筹、信息情况通报 4 项制度等推动“湾企入桂”招商工作，加快形成纵向联动、横向协同的“湾企入桂”大招商、招大商新格局。[②] 积极开展精准招商，明确目标产业和企业，聚焦金属新材料、电子信息等 9 个产业链招商，设立工业产业、大健康及文旅产业、金融及其他服务业、现代特色农业等 4 个专题招商组，收集广东省 434 个产业专业镇分布情况、制造业 500 强名单以及重点城市产业布局情况，编制了《粤港澳大湾区产业指南》，推进行业精准招商。围绕广西“五网”建设和新基建，聚焦医疗卫生、教育等公共服务短板领域，谋划推出“湾企入桂”重点项目 140 个，总投资约 6100 亿元，编制了全区首批 137 个产业重点承接平台和全区标准厂房情况信息。建

① 尚毛毛、陈斌：《“三位一体”推动“湾企入桂”研究》，《广西职业技术学院学报》2021 年第 2 期。

② 《2020 年“湾企入桂”工作总结及 2021 年工作计划》，广西壮族自治区投资促进局网站，2021 年 1 月 15 日，http：//tzcjj. gxzf. gov. cn/xxgk/jhzj/t8718945. shtml。

立招商引资目标企业库、项目库，2020 年结合广西机械制造、金属新材料等八大产业，梳理 407 家细分行业目标企业信息，编制了《粤港澳大湾区目标企业指南》，2021 年编制了《“湾企入桂”重点投资项目册》。与粤港澳大湾区各商协会、招商引资中介机构、龙头企业加强对接，建立定向长期委托招商、合作招商等新机制。专项招商加快推进且成效凸显，积极开展“深港行”“珠深行”等专项招商行动，积极对接京东集团、顺丰集团等一批粤港澳大湾区龙头企业。据不完全统计，2021 年上半年，广东企业在桂投资到位资金达 1324 亿元。

（三）“湾企入桂”产业承接平台建设成效突出

当前，产业园区已成为“湾企入桂”重要的产业承接平台，广西多措并举加快推进产业重点承接平台建设并取得突出成效。加强产业重点承接平台的政策支持，陆续制定出台《关于支持广西东融先行示范区（贺州）建设发展的若干政策》《关于进一步支持粤桂合作特别试验区（广西片区）高质量发展的若干政策》《“两湾”产业融合发展先行试验区（广西·玉林）发展规划（2020—2035 年）》等。

不断加大资金投入力度，持续提升产业重点承接平台的基础建设和公共服务能力。进一步统筹乡村振兴产业发展资金、地方政府专项债券等资金，支持标准厂房、园区道路等产业基础设施建设。2020 年，统筹乡村振兴产业发展资金约 13 亿元，支持园区完善基础设施；2021 年，在乡村振兴产业发展资金中，设立“湾企入桂”专项资金。制定《使用政府专项债券推进 50 个工业园区标准厂房项目建设工作方案》，引导符合相关条件的产业园区基础设施项目申报地方政府专项债券。2020 年，共 3 批次 151 个产业园区基础设施项目获安排额度 177. 3 亿元。

积极推动粤桂两省区工业和信息化厅合作共建产业园区，打造承接粤港澳大湾区产业转移先行先试示范区。推动宾阳、横县、岑溪、藤县等桂东南工业大县（市、区）与广东专业镇建立信息共享合作机制，推动粤港澳大湾区专业镇主打产业转移落户广西。

（四）“湾企入桂”科技创新支撑能力不断提升

共建创新合作平台取得积极进展。积极探索“合建”“共建”“租借”等模式，鼓励粤港澳大湾区技术创新孵化机构与广西园区、企业共建孵化器、新型研发机构等平台。如成立广西在粤港澳大湾区的首个“飞地科技企业孵化器”——南宁市—中关村深圳协同创新中心，将其着力打造成为综合性科技招商服务平台，重点提供科技招商、人才引进、政策展示、项目预孵化等服务，目前已成功引入深圳市鹏升创新通信技术有限公司、深圳能赋连创科技有限公司等11家企业，同时吸引深圳曼瑞德科技有限公司等企业落地南宁。① 广西与广东科技主管部门积极推进组建广西粤港澳大湾区产业创新研究院，2021年8月已出台《广西粤港澳大湾区产业创新研究院组建方案》。

不断加大“湾企”创新投入奖补力度。鼓励“湾企”加大研发投入力度，不断提高自主创新能力。加大对粤港澳大湾区创新团队进入广西创新创业或推动科技创新成果转化的扶持力度，有针对性地提供项目推介、落地选址、创业指导、短期进驻等前期服务。

（五）部分市推进“湾企入桂”亮点纷呈

“湾企入桂”行动开展以来，广西各市均积极制定出台落实“湾企入桂”工作方案，并成立“湾企入桂”工作指挥部，积极推进“湾企入桂”工作，部分市相关工作取得可喜成效。如南宁市2020年“湾企入桂”签约项目达75个，总投资额1080.15亿元；依托腾讯全球数字生态大会，与腾讯公司合作在全国首创“以商招商”城市专场招商推介会模式；依托已落地的瑞声科技、海天等粤港澳大湾区企业，加快引入上下游产业配套项目，成功引进中智慧城市科技（深圳）股份有限公司、世纪创新智慧显示电子

① 阮晓莹：《南宁市与中关村在深圳共建飞地孵化器》，广西新闻网，2021年6月2日，http：//www.gxnews.com.cn/staticpages/20210602/newgx60b6ff3a-20289352.shtml。

有限公司等粤港澳大湾区企业。北海市积极拓展招商渠道，探索云端签约、上门推介、承办行业大会等方式，依托落地企业及商协会，开展“以商招商”，在广州等城市设立招商引资服务联络点，招商引资成效突出，促使玖龙（北海）林浆纸一体化项目、惠科移动智能终端液晶屏幕项目等一批粤港澳大湾区企业投资重大项目成功签约。柳州市将积极推动产业大招商作为“一号工程”，坚持“一把手”抓招商，2020 年“湾企入桂”签约项目达 76 个，总投资额 563.88 亿元，超额完成年度任务；通过绘制工业园区产业定位图和“5+5”产业布局图，紧盯行业领军企业，积极引入精品项目，联合志高津晶集团开展智能家电专题招商，成功引进 11 家产业链上下游整机、关键零部件供应商，为打造智能家电产业链集群奠定基础。贵港市深入落实“湾企入桂”行动，搭建“云端会客厅”，通过线上招商成功签约一批优质项目，同时围绕本市重点产业领域策划包装重点项目 61 个，收集“湾企入桂”企业信息，研究产业树全景图，梳理八大产业龙头企业分布情况，为精准招商奠定坚实基础，2020 年共签约“湾企入桂”招商项目 99 个，总投资额 881.64 亿元，其中已开工建设的项目有 58 个。

四　沿江各市推进工业园区发展的举措和成效

（一）赢得疫情防控与经济发展“双胜利”

1. 园区走在抗疫第一线

2020 年，新冠肺炎疫情对珠江—西江经济带工业经济与园区发展产生了较大影响，各地园区管理部门与企业采取有力措施，迅速恢复了生产经营秩序，为维护社会稳定、促进经济发展做出了巨大贡献。

（1）严格落实防疫措施，筑起抗击疫情坚强阵地

各地园区积极配合当地政府和有关部门，采取有效措施，制定相关制度，调配人力物力，走在抗疫第一线，与全社会齐心协力筑牢疫情“防火墙”。各地园区通过建立复工复产备案制度、落实防控主体责任、实行产区

封闭管理制度、加强人员管理、全面严格消毒、加强防疫物资储备和管理、落实岗位防疫措施、抓好疫情应急处理等，精准施策，进一步压实相关职能部门和企业的工作责任，确保没有产生重大疫情事故，有效推进了防疫工作。

（2）采取有力措施，帮助企业复工复产

突如其来的新冠肺炎疫情，导致出现原材料告急、生产设备严控、用工不足、包装及零部件供给乏力等问题，扰乱了园区企业的生产经营秩序，一些园区甚至停摆，复工复产成为各地维护经济社会稳定的关键。为此，广西各地园区配合当地政府，落实自治区工业稳增长“11条”、复工复产“9条”、稳产增产“6条”等政策，推进工业企业稳产增产、服务企业、加快重点工业项目建设、产业链协同、政金企对接、就业用工服务6个专项行动，制定防疫物资保障、降低企业成本、中小企业保经营稳发展、企业用工援岗稳岗、落实扶持企业复工复产责任制等政策措施，实行“一链一策”“一企一策”，帮助园区工业企业和项目复工复产、稳产增产。经过努力，各地园区企业于2020年2月初开始有序错峰复工；4月起，全区规上工业产值增速和增加值增速持续提升；5月以后，超过五成的重点企业产能恢复正常水平；6月底前，500家重点企业产能基本恢复，工业基本面保持总体稳定。

广州出台实行“五个一”工作机制，制定实施“统筹32条”“稳增长48条”“暖企15条”等政策措施，不失时机推动复工复产、复商复市，经济运行逐月逐季向好、加快恢复常态。佛山做好“双统筹”，“硬核政策”频出，全市安排3000余名联络员挂点联系2万余家企业，帮助企业解决复工复产的痛点和难题，出台支持企业共渡难关十条政策意见、推动企业有序复工复产十条指导意见等近20份政策文件，全面落实助力疫情防控、恢复经济运行的各项减税降费政策。云浮出台支持企业复工复产措施，成立工作专班，帮助企业解决原料、用工、物流等问题，扶持企业生产防疫物资。

2. 园区企业成为保障社会稳定的脊梁

（1）保障防疫物资的主力军

广西西江经济带园区企业在自治区党委、政府的统一部署下，积极主动

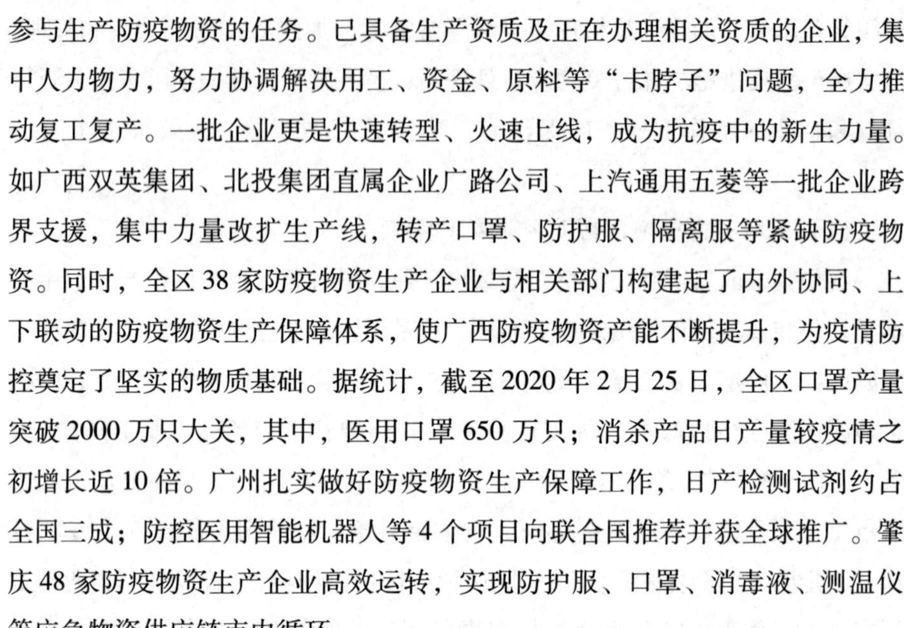

参与生产防疫物资的任务。已具备生产资质及正在办理相关资质的企业，集中人力物力，努力协调解决用工、资金、原料等“卡脖子”问题，全力推动复工复产。一批企业更是快速转型、火速上线，成为抗疫中的新生力量。如广西双英集团、北投集团直属企业广路公司、上汽通用五菱等一批企业跨界支援，集中力量改扩生产线，转产口罩、防护服、隔离服等紧缺防疫物资。同时，全区 38 家防疫物资生产企业与相关部门构建起了内外协同、上下联动的防疫物资生产保障体系，使广西防疫物资产能不断提升，为疫情防控奠定了坚实的物质基础。据统计，截至 2020 年 2 月 25 日，全区口罩产量突破 2000 万只大关，其中，医用口罩 650 万只；消杀产品日产量较疫情之初增长近 10 倍。广州扎实做好防疫物资生产保障工作，日产检测试剂约占全国三成；防控医用智能机器人等 4 个项目向联合国推荐并获全球推广。肇庆 48 家防疫物资生产企业高效运转，实现防护服、口罩、消毒液、测温仪等应急物资供应链市内循环。

（2）园区企业的经济社会作用突出

通过采取有效措施，努力减轻新冠肺炎疫情的不良影响，各个园区工业经济仍保持强劲的发展势头。2020 年，广西西江经济带工业总产值占全区工业总产值的 51.4%；规模以上工业增加值同比增长 3.5%，增速高于全区平均水平 2.3 个百分点，其中梧州市增长 13.9%（排全区第 2 位），贺州市增长 11.9%（排全区第 3 位），贵港市增长 11.2%（排全区第 4 位）；规模以上工业利润总额同比增长 21.3%，增速高于全区平均水平 7.7 个百分点。园区重点企业全力做好“六稳”工作、落实“六保”任务，千方百计拓展国内外市场，坚持向市场要效益，生产经营迅速恢复，为全区经济社会平稳运行提供有力支撑。在广西，截至 2020 年底，冶金、有色金属、建材 3 个产业保持高速增长态势，电力、机械、医药健康 3 个产业保持较快增长态势，食品、造纸与木材加工 2 个产业扭负为正，汽车、电子信息、纺织服装与皮革、石油化工 4 个产业降幅大幅收窄。东风柳汽商用车年销 8.8 万辆，连续 4 年创历史新高；柳钢集团本部钢材产量超 1700 万吨，创历史新高；柳工营收、产值均创历史新高。

（3）稳定经济局面

面对疫情冲击，西江经济带各地园区紧抓重大项目招商与建设，激活经济复苏和产业提振的内在动能，筑牢经济“压舱石”。2020 年，广西共推进“双百双新”产业项目 278 个，截至 2020 年 9 月底，广西推进两批“双百双新”项目共 338 个，计划总投资 1.9 万亿元，百亿元投资项目 46 个，创近 10 年来新高。2020 年，广西共签约“三企入桂”招商合作项目 2300 个，项目总投资超过 3.2 万亿元，其中制造业项目占比超过 50%，百亿元工业项目 36 个，五百亿元工业项目 5 个。1~10 月，柳州市新签约工业项目 120 个，计划总投资 408.2 亿元；工业落地开工项目 86 个，计划总投资 221.4 亿元。

2020 年 1~5 月，广州项目共投资 1998.0 亿元，完成年度计划投资的 41.6%，其中重点项目投资 518.0 亿元，673 个产业建设项目投资 846.2 亿元，完成年度计划投资的 46.4%。2020 年，佛山重点项目投资 1353.0 亿元，完成年度计划投资的 123.9%。新引进徐工广东生产基地、海天高端智能装备生态产业基地等 53 个重大产业项目，投资总额约 1237.0 亿元。肇庆新引进产业项目 505 个，计划投资总额 1159.6 亿元，新增开工、竣工产业项目分别为 300 个、271 个，实际投资额分别为 301.2 亿元、211.5 亿元。云浮 126 个市重点建设项目累计完成投资 262.5 亿元，完成年度计划投资的 107.9%。其中，产业项目完成年度计划投资的 113.4%。大量项目的引进及开工建设，带动了当地经济复苏，稳定了当地经济局面，提振了当地发展信心。

（二）园区经济实现高质量发展

1. 新旧动能转换步伐加快

2020 年是广西实施《广西壮族自治区人民政府关于推动工业高质量发展的决定》的冲刺之年，广西西江经济带各地采取有力措施贯彻落实自治区“强龙头、补链条、聚集群”产业发展思路，重点围绕加快传统产业转型升级、积极培育壮大战略性新兴产业、促进产业集群发展等重大任务，培育和引进一批龙头企业，构建一批特色鲜明、集中度高、关联性强、市场竞争优势明显的产业集群，全力推动工业高质量发展。截至2020年底，广西西江经济带柳州汽车产业集群、广西智能制造城（柳州）、广西先进装备制造城（玉林）、南宁高端装备制造城等机械产业集群初步形成。南宁、梧州生物医药产业集聚区建设加快推进。南宁科创中心等新兴产业集群蓬勃兴起，拥有百亿元产值企业17家，柳钢、上汽通用五菱产值超800亿元，拥有中国制造业500强企业10家，拥有全国专精特新“小巨人”企业27家。成功引进了华谊、华为等一大批世界500强、中国500强企业，汽车、机械、精品碳酸钙、高端绿色家居、生物医药、轻工纺织等特色产业集群加速发展，产业集聚辐射能力不断提升，龙头企业、产业集群成为广西制造业提质增效的主要推动力量。

2020年是广东贯彻落实《中共广东省委广东省人民政府印发〈关于推动制造业高质量发展的意见〉的通知》《关于推动工业园区高质量发展的实施方案》的关键之年，广东珠江—西江经济带城市围绕构建新发展格局、优化发展空间、提高产业承载能力、推进提质增效、建立发展长效机制等方面采取有力举措，推动工业园区高质量发展。广州协同周边城市打造了广佛惠超高清视频和智能家电集群、广深佛莞智能装备集群、深广高端医疗器械集群，这些集群成为全国重点集群培育对象。汽车、石化、电子设备产业集群也处于领先地位。佛山“2+2+4”先进制造业集群建设稳步推进，2020年装备制造、泛家居产业集群提前实现万亿元规模目标，产值分别达到11221亿元和10719亿元，新能源汽车、生物医药等6个产业集群保持平稳发展，全市制造业超百亿元企业增至26家，88家企业获批广东省专精特新企业。肇庆以培育发展“4+4”产业集群为主攻点，推动资源要素向新能源汽车及汽车零部件、电子信息、生物医药、金属加工四大主导产业和建筑材料、家具制造、食品饮料、精细化工四大特色产业集聚。云浮集中力量建设金属智造产业集群、信息技术应用创新产业集群、氢能产业集群、生物医药产业集群。各地以龙头企业、产业集群为核心，加快制造业转型，推动园区健康发展。

2. 重大项目建设成效显著

2020 年，广西西江经济带各地园区充分利用“双百双新”“千企技改”，积极开展工业“三企入桂”，引进了大批制造业新模式、新技术、新产品项目布局广西，工业发展迎来“增长期”和“全面收获期”。2020 年，广西西江经济带共推进“双百双新”产业项目 278 个，年度计划投资 750.0 亿元，截至 8 月 31 日，累计完成投资 538.6 亿元。推进了 2.0T 发动机、智能手机、电声产品、高端铝车身、新能源汽车动力电池、锂电新能源材料等一批补链强链项目建设。

截至 2020 年 7 月底，广州新开工的重大项目达 261 个，1642 个“攻城拔寨”项目共投资 3019.0 亿元，完成年度计划投资的 62.9%。2020 年，佛山安排重点建设项目 367 个，总投资 9263.1 亿元，年度计划投资 1091.9 亿元。引进平谦国际智慧产业园、海天华南研发生产基地、百度云计算（顺德）中心、龙江宝涌万洋数字装备园、和祐国际医院、开源芯片产研城等多个百亿元项目，助力佛山经济稳步前行。2020 年，肇庆新引进“4+4”产业链项目 199 个，计划投资 545.1 亿元；在建超亿元增资扩产“4+4”产业链项目 29 个，占超亿元增资扩产项目总数的 67.4%。截至 2020 年9 月底，云浮引进项目 96 个，总投资额 1073.6 亿元；动工项目 38 个，总投资额 474.2 亿元。大量项目的开工建设，使工业园区发挥出了较强的集聚效应。

3. 自主创新能力不断提高

各地园区加大创新支持力度，优化创新生态环境，推动各类创新要素向企业集聚，激发创新活力，推动科技成果转化。2020 年，广西西江经济带各地园区加快推动汽车、铝、机械、冶金等传统优势产业“二次创业”，乘用车、工程机械、内燃机、电解铜、氧化铝产量排名进入全国前五，传统产业迸发新活力；深入实施创新驱动发展战略，新兴产业不断发展壮大，新增战略性新兴产业企业 156 家，战略性新兴产业对工业增长贡献率超过 30%，新产业、新模式、新业态蓬勃发展，新能源汽车、智能电视、智能手机等新产品产量每年实现快速增长；不断加大科技经费投入力度，建立了企业主体、市场导向、政府支持的科技创新机制，强化企业创新主体地位，使科技对工业产业发展的推动力不断增强。2020 年，广西大中型工业企业研发经费达 90.2 亿元；工业企业专利申请数 6373 件（项），比 2015 年增长了 1.4 倍，一批拥有自主知识产权的核心技术取得突破。

2020 年，佛山深入实施创新驱动发展战略，科技创新能力进一步提升，体现为创新平台载体建设稳步加快、自主创新能力持续提升、创新创业环境不断优化。三龙湾高端创新集聚区建设加快，中科院苏州纳米所广东（佛山）研究院、佛山（华南）新材料研究院、佛山病原微生物研究院、佛山桃园先进制造研究院等创新载体建设加快，与大院大所共建各类创新载体累计达 100 家，省级新型研发机构 24 家。新增国家高新技术企业 884 家，总数达 5718 家。市创新创业引导基金市场化子基金总规模达 90.7 亿元。肇庆持续深入推进创新驱动发展“1133”工程，全方位参与粤港澳大湾区国际科技创新中心建设，扎实推进新型研发机构建设，已建设新型研发机构 20 家、省级及以上创新平台 217 家（包括国家级 8 家），认证高新技术企业 387 家。云浮 20 家企业被评为高新技术企业，现有高新技术企业 39 家。此外，现有国家级工程中心 1 家、省级工程中心 25 家、市级工程中心 31 家，省级新型研发机构 2 家、市级新型研发机构 3 家，省级重点实验室 2 家、市级重点实验室 3 家，省级企业科技特派员工作站 3 家。

专栏 1　佛山三龙湾高端创新集聚区

三龙湾是佛山举全市之力打造的战略性重大平台，是佛山推进粤港澳大湾区建设的核心平台，是做大做强广佛极点、推进两地深度融合发展的重要支撑区，是粤港澳大湾区建设国际科技创新中心的重点创新平台。根据《佛山三龙湾高端创新集聚区发展总体规划（2020—2035 年）》，三龙湾将被打造成为广东省推进粤港澳大湾区建设的重要发展平台和珠江西岸创新极核，以及面向全球的先进制造业创新高地、珠江西岸开放合作标杆、广佛融合发展引领区和高品质岭南水乡之城。自2019年三龙湾管委会挂牌以来，三龙湾的创新承载力、驱动力、影响力日益提高。截至2020年底，区域内已集聚500余家港澳企业，与港澳合作交流密切，港澳青年创新创业就业日益活跃。区域内的中德工业服务区是广东省扩大开放的合作平台之一。中德工业城市联盟已成为中、德两国重要工业城市间交流合作的名片，共有成员城市47个（中方城市27个，德方城市20个）。作为对外开放的“桥头堡”，三龙湾肩负着建设“中德工业服务区”和“中欧城镇化示范区”的使命，促成了一批对接德国工业4.0的重大产业、科技项目、科研型的工业服务机构落户并与佛山本土制造业无缝衔接，走出了对德合作的佛山路径。2020年4月2日，佛山三龙湾高端创新集聚区被首届环球城市招商引资推介大会评为“2020中国十大最具投资价值园区”。未来，三龙湾将依托联盟，加速推动对德合作，构建对外开放新格局，为加快构建“一核一带一区”区域发展格局做出贡献。

（三）园区改革建设不断深入

1. 园区改革不断深入

深化管理体制改革是促进园区高质量发展的重大内容。各地园区全面深化重点领域改革，深化“放管服”改革，打造一流营商环境，促发展凝活力。2020年，南宁把持续深化“放管服”改革作为优化营商环境的重要抓手，依法精简投资项目准入手续，简化审批程序，优化办事流程。实施“先建后验”管理新模式，缩短项目建设时间，切实提高工作效率。深化投资项目审批全流程改革，推行项目承诺制、容缺受理制等管理方式。全面开展工程建设项目审批制度改革，统一审批流程、信息数据平台、审批管理体系和监管方式。强化市场化导向，优化机构职能，创新开发建设运营模式和管理机制，不断增强园区发展动力活力。梧州推行项目承诺制，实施“链长制”，建立项目核查工作机制，全面推行“书记在现场”工作法，使25个项目通过企业投资项目承诺制直接落地，投资额超228亿元；贯彻落实各级减税降费政策；全力破解企业融资难题。贵港深入实施招商引资“主官工程”，持续深化“放管服”改革，落实减税降费惠企政策，主动为企业提供贴心服务，荣获“2020中国营商环境质量十佳城市”称号；企业投资环境满意度连续3年位居全区第一。来宾建立重点产业发展项目领导负责制，加大协调服务力度，加快重点项目的引进、建设进度。加快园区投资项目审批改革，实行企业投资项目承诺制、容缺受理制，打造一流营商环境。

广东各个园区推广“拿地即开工”政策，深入推进简政放权、放管结合、优化服务，深化行政审批制度改革，进一步优化营商环境。广州优化土地、人才、技术等要素，为企业制定优惠政策，改进政府审批相关服务，降低企业交易成本，建立有效的常态化政企沟通机制，进一步优化了营商环境。广州工业园区进一步推进营商环境纵深改革，推出“智政务+新邮政”、全国首创“区块链+AI”商事服务新模式，推出从“等企业”到“追企业”的“保姆式”审批服务，在创新制度设计、优化政务服务、畅通行政审批等若干重点领域和关键环节精准发力，全力打造市场化、法治化、国际化的营商环境新高地。全面深化“放管服”改革，积极推进政务服务“一网一门一次”改革、深化商事制度改革、推进工程建设项目审批制度改革，落实“拿地即开工”等政策，努力打造一流营商环境新高地。肇庆以“数字政府”改革建设为契机，推进“一门式一网式”政务服务，推进工业产业投资项目“双容双承诺”制度，建成“万企诉求服务中心+12345”的企业诉求疏解体系，实行全国统一的市场准入负面清单制度，实施“信用+审批”服务，不断优化营商环境。云浮有序推进“数字政府”建设，率先全面铺开营业执照“免证办”服务，推动244项涉税业务“非接触式”办理。

2. 园区建设水平不断提高

在广西，各地园区不断完善水、电、路网以及热气管网等基础设施，完善生产、生活服务配套设施，加强与城市基础设施和公共服务设施的有机衔接，探索开展智慧园区、绿色园区建设，打造宜居宜业的优质生活圈，为企业高质量发展提供优良环境。同时，创新生产要素供给体系。土地保障方面，做好园区土地使用规划和项目用地征地拆迁工作，全面清理闲置土地，盘活土地存量，提高土地资源利用效率；自治区财政拨款 6.35 亿元支持工业园区基建，各地设立重点产业发展专项经费，保障产业发展需要；加强政银企合作，拓宽产业发展融资渠道，引导各产业集群设立产业基金，扶持重点产业发展。尤其是南宁的强首府战略、柳州的现代制造城战略，更是促进了工业企业的高质量发展。

专栏 2　广西南宁强首府战略

2019 年 11 月 13 日，广西壮族自治区党委、政府出台《关于实施强首府战略的若干意见》，旨在共同推动首府南宁快马加鞭、提速发展，提高首位度，引领带动全区高质量发展。自强首府战略实施以来，南宁围绕“强工业、强创新、强金融、强枢纽、强开放、强治理”科学精准发力，经济增长质量明显提升，综合竞争力不断增强，顺利迈进全国经济 50 强城市行列。2020 年，南宁地区生产总值达 4726.34 亿元，位居全国 5 个自治区首府城市之首，“十三五”时期年均增长 5.80%。全市规模以上高技术制造业产值占全市规上工业产值比重为 29.70%。财政收入 796.09 亿元，占全区比重由 2015 年的 24.54%提升至 2020 年的 28.43%。外贸进出口总额达 986.00 亿元，“十三五”时期年均增长 22.00%。居民人均可支配收入 30114.00 元，“十三五”时期年均增长 7.50%。常住人口城镇化率为 68.91%，比 2015 年提高 7.56 个百分点。全市经济发展总量不断提升，发展水平日益提高，为加快实现高质量发展奠定了良好基础。

广东在组织实施各产业园区基础设施建设和改造提升，加快完善供水、电力、通信、燃气、交通、消防等配套设施的同时，加大村级工业园区改造力度。在发展过程中，广东发达地区建立了大量的村级工业园区，其对经济社会发展起到积极作用，但历史原因导致村级工业园区存在土地利用相对低效、产业相对传统低端、规划基础设施不完善、环保排污不达标、安全隐患频现等问题，在土地要素制约日益严重、产业转型加快、全球经济变革的关键时刻，通过村改可以赢得更多的产业发展空间。引入潜力大、前景好的新兴产业项目，培育壮大新增长极，抓住实现产业基础高级化、产业链现代化、跨越式发展的重大机遇，是传统产业优化升级的大势所趋，也是未来提升综合竞争力的关键所在，关乎高质量发展全局，得到广州、佛山等地重视。2020 年，广州继续整治提升 2700 多个村级工业园区，整治面积超 16 平方公里，有力推动了广州工业园区实现动能转换；佛山拆除、改建了 3. 21 万亩村级工业园区用地，“工改工”项目动工建设 1. 60 万亩，新建在建厂房面积超 2200 万平方米。通过拆除重建和综合整治，形成一批高品质创新产业园区载体。

（四）园区开放合作取得新成绩

2020 年，珠江—西江经济带工业园区加强与东盟的经贸合作，参与“一带一路”建设，在加强对外合作与交流、积极引进外资、促进外贸增长方面发挥了重要作用。

1. 工业开放取得务实成效

广西西江经济带工业园区企业积极参与“一带一路”、西部陆海新通道等建设，促进中国与东盟开放合作，努力办好自由贸易试验区，产业链对外合作迈出坚实步伐，优势产能合作取得显著进步，园区企业成为国际经济竞争的主要力量。截至 2020 年底，园区企业在共建“一带一路”国家和地区投资项目 42 个，上汽通用五菱印尼工厂等一批标志性对外合作项目建成投产。柳工、玉柴、金川、南国铜业等一批企业在国内外建立了制造基地、研发中心、销售中心和原料保供基地，电子信息、金属新材料、绿色石化等产业构建了跨境产业链、供应链。上汽通用五菱的全球车宝骏530出口量在中国制造的SUV中名列前茅，柳工叉车单月出口500辆，再创历史新高。第17届中国—东盟博览会积极推动西部陆海新通道建设、中国（广西）自由贸易试验区建设、东盟市场对接粤港澳大湾区、面向东盟的金融开放门户建设、中国—东盟信息港建设、中国—东盟卫生防疫合作等重点领域的合作，会上共签约国内、国际投资合作项目86个，合作项目规模创历史纪录。

2020年，广州通过推进“一带一路”枢纽城市建设，对共建国家和地区投资增长29.4%，共建国家和地区来穗实际投资增长19.9%。开展全产业链招商，新增落户世界500强企业5家，新设外商直接投资企业3446家。实际使用外资71.43亿美元。外贸进出口总额10006.6亿元，增长2.0%。跨境电商进出口总规模位居全国城市第一。对欧盟、日本的进出口保持两位数增长。深化南沙自贸区制度创新，累计形成创新成果506项，获全国复制推广42项。佛山积极拓展国际开放合作新空间，深度参与“一带一路”建设，培育壮大跨境产业链，支持一批“链主型”企业“走出去”，开展强强联合、兼并重组、高位嫁接，以更加积极主动的姿态融入全球产业链、供应链、价值链。2020年，佛山外贸进出口总额首次突破5000亿元，达5060.3亿元，比上年同期增长4.8%，增速位居珠三角9市第一。肇庆通过进一步扩大对外开放，放宽市场准入，缩减负面清单，搭建更多对外开放平台，营造更优质、更高效的营商环境，吸引新的外资项目落地，促进现有企业增资扩产。2020年，货物进出口总额412.7亿元，比上年增长2.1%。云浮出台促进外贸稳定增长16条措施，全力开拓“一带一路”新兴市场和国内市场，积极培育外贸新增长点，聚焦新项目、新商品，着力解决企业税务、授信等问题，外贸产品结构进一步优化。2020年，云浮外贸进出口总额117.2亿元，比上年同期增长6.6%，实现进口、出口“双增长”。

2. 区域合作不断深入

2020年，粤港澳大湾区成为珠江—西江经济带区域合作的热点地区，各地工业园区以融入粤港澳大湾区为重点，积极推进区域合作，区域协同发展取得新成效。

在广西，各地园区主动对接粤港澳大湾区建设等国家重大战略，创建“东融”产业承接平台，工业“东融”成效显著，一批批投资规模大、技术含量高的重大项目相继“落地生根”。2020 年，广西签约“湾企入桂”工业项目 1050 个，计划总投资 1.24 万亿元。作为广西“东融”门户城市，梧州围绕重点打造的再生资源、食品医药、冶金、机械、建材环保、电子信息等产业，主动承接粤港澳大湾区产业转移。2021 年上半年，梧州“湾企”有 21 家开工，开工数位居全区第一。截至 9 月底，全市在谈“湾企”项目 153 个，总投资 631.93 亿元；签订招商项目 92 个，总投资 520.82 亿元；开工项目 55 个，总投资 193.39 亿元。百色积极对接粤港澳大湾区，开展精准招商行动，积极承接广东地区共计 37 个产业项目转移，总投资约为 68 亿元，百东新区深百产业园、深圳众创产业园、深圳龙岗—百色靖西龙邦跨境合作产业园等平台成为区域合作重要载体。

专栏 3　粤桂合作特别试验区

位于两广交界的粤桂合作特别试验区，是国家区域发展战略珠江—西江经济带的重要组成部分，也是梧州对接粤港澳大湾区产业转移的主要功能区。该园区按照“抓好一个主战场、拓展两翼齐飞、实现三大突破”工作思路，搭建合作平台，畅通与粤港澳大湾区的循环，全力推动“湾企入梧”，已形成电子信息、新能源与节能环保、高端装备制造、食品医药四大主导产业。2020 年，该试验区（广西片区）加速产业集聚，注册企业 444 家，其中，近八成来自粤港澳大湾区，规模以上工业产值同比增长 152%，成为承接粤港澳大湾区产业转移集聚高地和粤港澳大湾区优质资源要素溢出的“蓄水池”。

广州健全工作机制，出台《粤港澳大湾区发展规划纲要》实施意见、三年行动计划、年度工作要点，推出了共建广深港澳科技创新走廊、实施 2

批共72项与港澳规则对接事项清单、支持港澳青年来穗创新创业等近中远期相结合的政策体系，推动各项任务落地落实。同时，签署《广州市深圳市深化战略合作框架协议》，实施第一批四大类27个重点合作项目。共建广佛高质量发展融合试验区。加快广清经济特别合作区“三园一城”建设，协同打造广佛肇清云韶经济圈，发挥了广州在粤港澳大湾区区域合作中的双核驱动、极点带动作用。佛山突出广佛同城优势，开展全方位联动对外招商。广佛两城将在《区域全面经济伙伴关系协定》（RCEP）、《中欧投资协定》等签署的大背景下，优势互补，加速构建更高层次的外循环发展新格局。肇庆全方位参与粤港澳大湾区建设，瞄准粤港澳大湾区重点平台载体扩能增效，主动承接粤港澳大湾区产业溢出，从粤港澳大湾区兄弟城市引进产业项目325个，投资总额503亿元，通过引入先进地区的产业项目，为本地产业建设注入新力量、新思维。云浮全域对接粤港澳大湾区、珠三角核心区，全面融入大市场大循环大平台，加快推进西江经济走廊建设，拓展云浮联通粤港澳大湾区与大西南的枢纽功能，持续深化交通互联、产业共建、政策共享、生态共济、社会共融，健全完善与粤港澳大湾区核心城市和周边地区的协同联动机制，在区域合作新格局中谋求大发展。

（五）园区工业绿色发展能力明显提高

1. 绿色发展水平显著提升

广西西江经济带工业园区非常重视绿色转型，通过产业园区生态化改造、企业清洁化生产，促进一二三产业融合发展，加强污染治理，推动节能减排，全力打造绿色低碳型经济体系和绿色生态全产业链。2020年，广西西江经济带各地工业园区铝、铜、钢铁等重点企业能耗和排放水平达到国内行业领先水平，高耗能行业工业投资占全区工业投资的比重由2016年的11.7%下降到2020年的9.9%。与2015年相比，规上万元工业增加值能耗累计下降0.76%，年均下降0.15%。万元工业增加值用水量累计下降56.2%。工业固体废物综合利用率达到54%。

2020年，广州完成燃煤机组、中小型燃煤锅炉整治，$PM_{2.5}$平均浓度连

续4年稳定达标，空气质量6项指标首次全面达标，优良天数比例首次超九成，环境治理取得历史新突破。佛山以环境质量改善为核心，突出精准治污、科学治污、依法治污，全力打好污染防治攻坚战。电力、陶瓷、玻璃、铝型材、锅炉等行业企业均已实施多轮治理，污染治理能力大幅提升，污染物减排效果明显。2020年1~11月，佛山市空气质量综合指数为3.28，同比改善21.9%；优良天数比例为90.7%，同比上升11.4个百分点；空气质量首次全面达到国家二级标准，PM_{10}、$PM_{2.5}$、二氧化硫、二氧化氮浓度均达历史最低水平。肇庆出台蓝天保卫战实施方案，引入第三方技术团队跟踪服务，充分运用无人机、颗粒物在线源解析等高科技工具、手段，狠抓工业源、移动源、生物质燃烧源、农牧源和扬尘源五大重点领域源头治理。空气质量综合指数的改善幅度、优良天数的增加幅度、$PM_{2.5}$浓度的改善幅度等三项数据均名列全省第一。云浮强化能源碳排放指标约束，切实做好能耗“双控”工作，持续推进电力、水泥、化工、陶瓷等重点行业升级治理，使全年空气质量优良率达98.1%，$PM_{2.5}$浓度达22μg/m^3。

2.积极推进园区绿色转型发展

广西全面推行清洁生产，构建循环经济产业体系，实施循环经济示范工程，鼓励建设一批循环经济工业示范基地。出台《广西加快推动工业互联网发展若干措施》，稳步推进广西工业互联网（云）平台、创新体验中心（梦工厂）、态势安全感知平台3个公共基础性平台建设；提升工业互联网支撑能力，软件和信息技术服务业收入快速增长，增速排全国前列；同时，推动企业数字化转型和新基建，围绕重点产业、重点园区，推动物联网、人工智能、机器人等新技术和传统产业融合，建设智慧园区、园区“工业云”、智能工厂等，推动互联网、大数据、智能制造与实体经济深度融合，通过提升智能制造能力赋予园区、传统产业绿色发展新动能。推进制造业智能化改造升级，2020年认定智能工厂示范企业28家、数字车间17个、自治区级企业技术中心24家。推动工业互联网加快发展。如数字化转型有效缓解了玉柴集团在“国六”推出后面临的产业竞争压力；上汽通用五菱等企业数字化改造成效明显。柳州全市大型工业企业生产装备自动化和半自动化率超过90%，60%的规模以上工业企业实现信息化管理，数字化研发设计工具普及率达65%，汽车产业有10%～15%的企业处于智能制造第一梯队。

广州工业园区科学谋划绿色发展，统筹推进“互联网+”计划，推动互联网与产业深度融合。全市规模以上企业“上云上平台”比例达40%。智能化生产、网络化协同、个性化定制等新业态、新模式加速发展。41个企业项目入选国家、省工业互联网领域的创新发展、试点示范、应用标杆等项目。2020年，佛山大力推动制造业数字化转型，推动生态环境保护产业与5G、人工智能、区块链等产业融合，加快形成新业态、新动能，拉动绿色新基建，引领万亿元先进制造业集群迈向绿色增长。共培育工业互联网应用标杆项目33个，省级以上“两化”融合管理体系贯标试点企业达173家，新增应用机器人3021台，打造工业互联网示范城市。肇庆将环保产业作为主导产业，出台《肇庆市环境综合治理和环保产业规划（2016—2030年）》及一系列措施，吸引一批高端环保产业和环保科研院所集聚落户。云浮着力打造低碳产业体系，积极推动企业进行清洁化改造和节能技术改造，发展绿色企业。共审核完成清洁生产企业161家，其中15家获得“省清洁生产企业”称号。大力发展氢能产业，以绿色低碳为标尺推进石材产业转型升级，在绿色转型上迈出坚实的步伐。

五 《规划》实施中存在的主要问题

近年来，珠江—西江经济带虽呈现快速发展的态势，但仍然面临诸多的基础设施建设短板、产业发展瓶颈和产城融合问题。区域内城市由于相似的区位条件、资源禀赋和发展阶段，产业同质化同构化问题严重，缺乏共建共享、产业协同和一体化发展的意识和机制，难以形成推动一体化发展的合力。工业园区虽在抗疫稳产、提高产业发展动能、推进园区改革开放、推进绿色发展方面取得了明显成绩，综合实力显著增强，区域一体化发展水平明显提升，但也要看到，其仍然存在基础设施建设投入不足、产业链配套水平低、“行政化”色彩较浓等突出问题。只有在深化改革和扩大开放中妥善解决这些问题，才能更好地促进工业高质量发展。

（一）设施互联互通水平较低，缺乏共建共享的合作机制

区域内外交通存在技术等级低、通航能力弱、“断头路”“瓶颈路”多等现象，公路、铁路、港口、机场等各种运输体系之间缺乏有效整合衔接。西江航道建设等级不高，大型泊位、专业泊位较少且分散，码头技术装备落后，仓库堆场等配套设施不足，生产作业效率较低。西江水利枢纽碍航问题突出，地方政府协调发电央企解决碍航问题的难度大。广西内河已建成的40座枢纽中，有33座存在不同程度的碍航、断航问题。左江、右江、红水河、柳江—黔江、桂江、贺江和绣江等七大支流未能与干流西江航运干线有效连接，云南、贵州的水上省际运输通道仍未被打通，百色、龙滩枢纽过船设施尚未开工建设。跨省（区、市）的道路衔接不通畅。连接珠江—西江经济带与粤港澳大湾区的南深高铁、沿海高铁尚未开工，与广东、湖南、贵州、云南分别有12条、4条、7条、3条高速公路待建，互联互通水平亟待提升。

（二）产业同质化同构化严重，生态环境保护的压力较大

珠江—西江经济带（广西段）产业基础薄弱，产业同质化同构化、发展方式粗放的局面尚未根本改变，先进装备制造业、高新技术产业和现代服务业发展滞后，新旧动能接续不畅。各个城市在制定本地区产业发展政策时，往往“求大、求快、求全”，热衷于建设那些投资大、见效快的重化工业，低水平重复建设和恶性竞争现象屡有发生。多数产业集聚度低、产业链短、分工协作水平低。原材料及资源型产业比重高、集约集聚发展水平低、产业链条短、科技含量低，高耗能产业增加值占规模以上工业增加值的37%左右，对生态环境造成很大的压力。万元工业增加值能耗、水耗和万元地区生产总值污染物排放量均高于全国平均水平。九洲江流域生态保护补偿仍然存在经费不足、标准偏低、范围偏窄、形式单一等问题，补偿模式以政府主导的“输血型”财政转移支付为主，政策补偿、

项目补偿、技术补偿、产业补偿、治理补偿不够，尚未建立常态化的、可持续的生态保护补偿机制。

（三）园区基础设施建设滞后，产业链配套水平亟须提升

从区域来看，广州、佛山、南宁、柳州等地因为经济发展水平较高，园区发展质量也比较高。当前，广西大部分园区的建设主要依靠政府投资，引入市场资源和社会化资本的有效渠道缺失。在服务供给方面，园区以低水平的公共服务供给为主，且提供的公共服务产品单一，能够提供中水系统再利用、污水垃圾集中处理、集中供水供热等高水平公共配套设施的园区还不多，不能满足企业基本生产需求，更谈不上满足企业差异化生产需求。部分产业园区存在产城脱节的情况，主要完善了生产功能，园区周边的公共交通、通信保障、超市、公寓、娱乐场所等基础设施建设以及教育、医疗、金融等社会化服务项目建设均较为滞后，给园区工作人员的生活和工作带来极大不便，这也是很多企业招工难的原因之一。广西园区普遍缺少投资规模大、技术含量高、产业链条长、牵动性强的优质项目。产业项目本地配套率偏低，产业关联度低、协作性差、链条偏短的问题尤为突出，使得很多粤港澳大湾区企业在选择广西作为投资地时望而却步。一部分已入桂的粤港澳大湾区企业，相关生产零部件仍需从粤港澳大湾区采购，这在一定程度上提高了其生产经营成本。与江西、重庆等中西部地区相比，广西的产业链配套建设较为滞后，在承接粤港澳大湾区产业转移时无论是质量还是数量均处于落后境地。如江西南昌在打造移动智能通信终端产业上，能够实现智能手机本地配套率达到90%，且引入整机企业达到13家，未来将成为全国重要的移动智能通信终端产业基地之一。又如重庆近年来笔电产业链、供应链相对齐全，连续7年全球产量第一，全球每3台笔电就有一台为重庆制造，且成功引入笔电产业关键零部件企业近900家，整机企业本地配套率在80%以上。

（四）核心城市带动作用不强，区域协同发展机制不健全

区域内缺乏辐射带动作用强的城市，除广州、佛山外，南宁等中心城市

集聚和辐射效应不足。广州、佛山等珠三角核心城市的辐射带动作用仅限于环珠三角地区，对珠江—西江经济带中上游的带动作用不大，而南宁作为珠江—西江经济带中上游核心城市的辐射带动作用较小，2020 年南宁地区生产总值为 4726. 34 亿元，仅相当于上海的 12. 21%、广州的 18. 89%、杭州的 29. 35%、南京的 31. 90%，远远没有达到“退二进三”的发展阶段。虽然建立了两广推进珠江—西江经济带发展规划实施联席会议制度和两省区政府分管领导现场对接会、工作座谈会制度，以及西江经济带城市共同体及市长联席会议、珠江—西江经济带沿线城市联合招商推介会暨西江绿色发展论坛等一系列的协调机制，但这些制度和协调机制较为松散，未能有效地突破原先各个城市各自为政的格局，相互之间缺乏必要的沟通和协调。流域内城市间虽有着不同程度的合作，但各自为政的现象仍然突出。

（五）港口产城联动融合程度低，园区“行政化”色彩较浓

珠江—西江经济带（广西段）城镇分布较为稀疏，孤立发展特征较明显。高等级运输通道较少，机场航线设置偏少，与国内外联系通道不畅。城际交通网络不健全，互联互通和运输服务水平较低。港口、园区与城市融合程度不高，一部分产业园区与主城区相距较远，教育、医疗、金融、物流等公共服务配套设施缺乏。当前，粤港澳大湾区产业园区开发建设运营呈现主体多元化、分工专业化、收益服务化、运作资本化的市场趋势，而广西园区平台的开发建设运营仍以政府为主导，依靠政府和管委会来运营，运营模式单一且“行政化”色彩浓厚，在市场化、专业化、社会化开发建设运营模式方面的探索不足，尤其缺乏市场化、专业化的园区管理运营团队，在目标任务、管理考核、用人及待遇、责权利捆绑等方面难以突破。广西产业园区市场化推进缓慢的一个基础性障碍是相关政府部门对产业园区市场化运作的主动意识不强，对园区的开发尚未形成开放的态度，更愿意遵循原有的路径，对园区平台尚未实现由管理向服务转变。受先行体制机制的限制，顶层设计尚未建立政府与专业园区运营商之间合理的利益分配和利益共享机制，这也是广西很难引入专业园区运营商、服务商参与园区平台市场化运作的重

要原因之一。园区平台招商引资同样存在“行政化”问题。当前，我国招商引资进入产业环境主导阶段，良好的产业基础、完善的产业链条、完备的产业配套成为影响投资者的首要因素，更多依赖政府的主导招商模式发展空间趋紧，招商实际效果也将日趋减弱。因此，“湾企入桂”招商引资机制需要有更大力度的改革创新，既要解决“招得来”的问题，也要有“留得住”的举措。

（六）要素市场供需矛盾突出，营商环境与周边差距明显

目前，珠江—西江经济带（广西段）各市都面临工业用地指标较少，基建投入大，启动资金缺乏，人才、科技力量缺乏，能源和原材料供应紧缺，环境保护任务重等问题，尤其是市、县一级工业用地指标相对较少，报批费用高、征地周期长，造成供地工作滞后，无法满足园区工业项目建设需求。现有人力资源供给结构难以满足粤港澳大湾区企业发展所需，既有高端科技创新人才的不足，也有熟练产业技术工人的缺乏。科技创新支撑能力不足，当前有意愿向外转移的粤港澳大湾区企业很大一部分属于“双高”产业，而“双控双碳”约束势必对承接此类产业项目时破除用能、环评方面的制约提出更高的要求，相关技术支撑显得尤为重要。在服务意识、行政效率、市场准入等方面与广东仍有明显差距。根据粤港澳大湾区研究院、21世纪经济研究院共同发布的《2020年中国296个城市营商环境报告》，在全国296个大中城市中，南宁市营商环境指数排在第29位，其中细分指标中的软环境指数、市场活跃度指数、市场总量指数、社会服务指数分别排在第40位、第38位、第44位、第34位，均落后于周边的长沙、昆明、南昌等城市。

（七）企业技术创新能力不强，对高端生产要素吸引力弱

2020年广西规模以上工业企业研发经费113.33亿元，是广东的4.5%、湖南的17.1%、江西的32.8%、云南的78.1%，排全国第22位；规模以上工业企业R&D人员全时当量20407人年，是广东的2.9%、湖南的16.8%、

江西的20.3%、云南的70.6%，排全国第22位；规模以上工业企业新产品销售收入2571.3亿元，是广东的5.8%、湖南的30.7%、江西的35.6%，排全国第18位；规模以上工业企业有效发明专利数8667件，是广东的2.0%、湖南的21.8%、江西的46.3%，排全国第18位。[①] 受市场容量、产业基础、营商环境等多重因素影响，珠江—西江经济带（广西段）引进的企业规模不大、实力不强，很难吸引到世界500强、中国500强企业的投资，主动融入全球产业链成效不佳。人才政策仍然集中在浅层次上，深层次的体制机制障碍仍然没有被打破。特别是人才激励政策没有进行大胆创新，股权、知识、技术、管理等生产要素参与分配等政策创新不够、力度不大，对高层次人才没有吸引力。

六　“十四五”时期珠江—西江经济带发展面临的机遇与挑战

当前，中国处于近代以来最好的发展时期，世界处于百年未有之大变局，二者同步交织、相互激荡。

（一）机遇

1. 全球产业链、供应链重新布局

从国际看，中美贸易摩擦和新冠肺炎疫情影响深远，贸易保护主义、单边主义抬头，经济全球化受挫，区域一体化加速，世界大国纷纷构建自己的“朋友圈”，日欧EPA、美墨加协定等一批高标准、排他性的自由贸易协定出台，我国也在积极推动包容、开放、渐进的RCEP。逆全球化、新冠肺炎疫情、新一轮科技革命相互作用，世界各国更加重视产业链、供应链安全，战略性产业链、供应链回归本土，强调关键核心环节自给自足成为趋势，全球产业链更短、更本地化、更分散化。基于产业链、供应链安全考虑，“一

① 资料来源：国家统计局网站。

带一路”建设将会更加重视与东盟的跨境产业链、供应链合作，连接粤港澳大湾区和东盟，珠江—西江经济带将迎来发展良机。

2. 我国深入实施区域协同发展战略

从国内看，“十四五”时期是我国由全面建成小康社会向基本实现社会主义现代化迈进的关键时期，是“两个一百年”奋斗目标的历史交汇期，也是全面开启社会主义现代化强国建设新征程的重要机遇期。在区域发展战略中，国家把区际互动合作和区域协同发展放在了更加突出的位置，以城市群、经济带为主要载体，构建“两横三纵”城市化战略格局，发挥核心城市和城市群对经济带的支撑带动作用，形成分工合理、功能互补、错位发展的区域发展格局。当前，广西已站在一个新的历史起点上，面临着建设粤港澳大湾区、新时代推进西部大开发形成新格局等战略机遇，这为其自身全面提升开放水平，借力粤港澳大湾区和西部经济腹地创造了有利条件。

3. 高水平开放平台形成集群优势

随着西部陆海新通道、面向东盟的金融开放门户、中国（广西）自由贸易试验区等国家级高水平开放平台落户广西，加上原来的综合保税区、中国—东盟博览会、中国—东盟信息港、中国—马来西亚钦州产业园、沿边国家级重点开发开放试验区等国家级平台，广西已经实现了贸易、物流、金融、信息、产业领域国家级平台全覆盖，一个有机联系的循环体系已具雏形，一旦贯通将形成集群化的综合竞争优势。特别是中国（广西）自由贸易试验区的获批建设将给进出口贸易、金融综合改革、利率市场化、服务开放带来一系列契机，成为引领广西实现更高质量发展的“火车头”和深化改革的“加速器”。

（二）挑战

在看到开放带来的机遇的同时，必须清醒地认识到开放带来的挑战，如低成本优势的加速丧失、新一轮区域协同发展格局中的卡位竞争等。

1. 新旧动能接续不畅

传统的资源开发型产业和重化工业发展动能衰减，先进制造业和战略性新兴产业接续不上，传统产业占比依然较高。2020 年，广西黑色金属冶炼和压延加工业、有色金属冶炼和压延加工业、非金属矿物制品业等七大产业实现主营业务收入 7222. 33 亿元，占全部工业的 40. 9%。[①] 糖业发展面临生产成本居高不下、国际糖价冲击严重、产业链条亟须延长等问题，铝产业发展面临过高的用电成本导致电解铝生产不足问题。黑色金属冶炼和压延加工业、化学原料和化学制品制造业等增长乏力。承接产业转移以资源型、粗加工型产业为主，发展方式粗放，产业链条短，科技含量低，工艺装备落后，处于价值链低端。战略性新兴产业基础薄弱，企业规模普遍偏小，拥有自主知识产权的项目不多，许多企业自主开发新产品的能力不足，市场竞争力较差。

2. 产业投资吸引力下降

承接劳动密集型产业转移的低成本优势加速丧失，难以与越南、柬埔寨等东盟国家竞争，同时，在吸引中高端产业投资方面又难以与江西、湖南、四川、重庆等中西部地区抗衡。如图 1 所示，通过对比 2015 ~ 2020 年广西与江西、湖南、四川、重庆、越南等周边地区及国家的外商直接投资（FDI）情况，可以看出，广西 2015 ~ 2020 年的外商直接投资总额一直是最低的，2020 年广西实际利用外商直接投资 13 亿美元，仅是越南的 4. 2%、湖南的 6. 2%、江西的 8. 9%、四川的 12. 9%、重庆的 61. 9%。从发展趋势看，呈现触底反弹的“U”形态势，从 2015 年 17 亿美元的最高点急剧下滑，2018 年触底到 5 亿美元，2020 年反弹到 13 亿美元。

3. 区际互动合作难以突破

目前，虽然两广已经建立了联席会议、现场对接会、工作座谈会等机制，但是这些合作机制较为松散，没有形成紧密联系的利益共同体，在产业

① 《广西统计年鉴 2021》，广西壮族自治区统计局网站，2021 年 10 月 31 日，http://tjj. gxzf. gov. cn//tjsj/tjnj/material/tjnj20200415/2021/zk/indexch. htm。

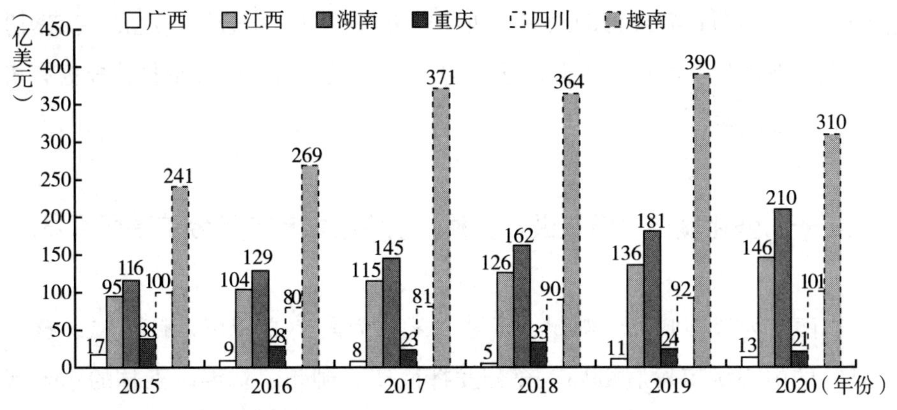

图 1　2015～2020 年广西与周边地区及国家 FDI 对比

资料来源：Wind 数据库。

协同发展、城市错位发展、流域生态保护补偿等一些跨区域的关键问题上难以有效突破。作为跨省区合作园区，粤桂合作特别试验区两个片区没有实现同步规划、同步设计和同步推进，还需要在管理机构、行政审批、财税、人才、资金筹措等方面加大体制机制改革创新力度，尽快形成可复制可推广的经验。粤桂合作特别试验区还存在管理运行机制、行政审批、财税、土地、人事制度改革、金融综合改革等方面创新不足的问题，亟须国家在体制机制改革创新上给予大力支持。

七　下一步广西推进珠江—西江经济带发展的对策建议

“十四五”时期，要坚持以习近平新时代中国特色社会主义思想为指导，全面贯彻党的十九大和十九届历次全会精神，深入贯彻落实习近平总书记对广西工作的系列重要指示精神，正确把握整体推进和重点突破、生态环境保护和经济发展、自身发展和协同发展的关系，按照“城市、产业、市场”三位一体的发展思路，以中心城市支撑产业转型升级和经济高质量发展，以产业集群的制造能力对接粤港澳大湾区创新资源和现代服务业，以粤港澳大湾区的消费升级带动珠江—西江经济带“三生融合”[①] 发展，探索协同推进生态优先和绿色发展新路子，努力将珠江—西江经济带打造成为有机融合的高效经济体。

（一）强化城市“增长极”引领，以中心城市支撑经济高质量发展

以南宁为核心城市，柳州、贵港、玉林为副中心城市，打造“一核三支点”的中心城市发展格局。充分发挥南宁、柳州、贵港、玉林的辐射带动作用，强化区域中心城市之间、中心城市与小城镇之间的联动，建设以南宁为核心的南崇城市经济圈，以柳州为中心的柳来河城市经济圈，以贵港、玉林为双核的贵玉城市经济圈。明确中心城市的发展定位，加大在基础设施、产业发展、创新体系等重点领域的支持力度，加大在财政、金融、投资、土地、人才等方面的支持力度，给予中心城市更多的先行先试权限和更大的自主发展权。借鉴长株潭一体化的成功经验，在自治区层面成立都市圈发展协调推进领导小组，统筹协调推进都市圈发展工作。支持都市圈县（市、区）开展相对集中的行政许可权改革试点工作。支持五象新区申报国家级新区，加快研究区划调整等重大改革事项，强力推进强首府战略的实施。

（二）推进产业“集群式”嵌入，实现与粤港澳大湾区“四链”融合

采用“双飞地”模式推动汽车、机械等全产业链产业集群融入粤港澳大湾区创新链、供应链和价值链；依托广西在汽车、机械等产业的制造优势和完整产业链优势，加强与粤港澳大湾区国际科技创新中心、综合性国家创新中心、广州—深圳—香港—澳门科技创新走廊等的对接，引进先进技术成果，在广西进行中试放大或二次开发，推动科技成果转化。积极搭建区外科技合

① 指生产、生态、生活“三生融合”。

作创新载体，在区外建立孵化器，将孵化成果引到区内进行转化和产业化，并以基金方式对其中有前景的项目进行投资，采取“区外孵化+广西资本投资+区内产业化”一体化的方式，促使重大原创性技术快速与广西产业对接。

（三）推进市场“一体化”发展，服务于粤港澳大湾区消费升级

围绕粤港澳大湾区建设、海南全面深化改革和西部陆海新通道建设，满足粤港澳大湾区消费升级需求以及海南自由贸易港、西部陆海新通道对现代服务业的需求，推进生产、生态、生活“三生融合”，大力发展生态健康产业、生态旅游产业。整合流域内旅游资源，以资源区划为着眼点、文化因素为主线、交通环境为纽带，重新组合与调整现有的旅游资源格局，培育沿江黄金旅游产业带。依托特有的山水脉络与地理风貌、口岸资源与生态风情，实施边境一线“绿边”“彩边”农经工程，串联银滩、防城港三岛三湾、京族三岛、金海湾红树林生态旅游区、山口红树林保护区、茅尾海国家海洋公园等绿色资源，打造以绿、蓝为底色的“边海道千里旅游带”。发挥粤港澳大湾区农业科技、管理、品牌、市场开发优势和两广内陆的土地、劳动力、农产品资源、生态优势，构建现代农业一体化产业链，打造生态健康产业示范带。

（四）健全港口功能设施，加快构建全面对接粤港澳大湾区的互联互通网络

健全珠江—西江经济带（广西段）港口多式联运功能与贸易集散功能，积极引进一批粤港澳大湾区物流企业参与港口建设，提高广西融入粤港澳大湾区港口体系、实现一体联动发展的能力。一是完善提升港口功能。优化完善以南宁港、贵港港和梧州港为全国内河主要港口的功能，完善柳州港、来宾港、百色港和崇左港作业区及周边商贸物流设施功能布局，健全多式联运与贸易集散功能，推动形成“三主四副”港口辐射体系。二是提升两广港口功能联动能力。支持广州港参股或控股西江流域广西港口，联合组建珠江—西江航运交易所，为客户提供集货运交易、传播交易、金融保险、航运

动态、业务咨询等功能于一体的“一站式”服务体系，实现珠江—西江经济带（广西段）与广州港、虎门港、深圳港的“港港联运”，为珠江—西江经济带产业链、供应链联动发展提供助力。三是推进商贸物流集聚区建设。以港口及其周边物流园区为载体，着力建设南宁铁路港、柳州铁路物流基地等一批通达粤港澳大湾区的商贸物流集聚区或物流园区，吸引粤港澳大湾区物流企业入驻港口物流枢纽、冷链物流园区、地区分拨中心、跨境物流中心（崇左）、国际物流港、物流集散中心等，积极融入粤港澳大湾区世界级港口群建设。

坚持客货并重，加快推进珠江—西江经济带与粤港澳大湾区在公铁航等通道网络方面的全方位对接，构建与粤港澳大湾区的 2 小时通勤圈，推动形成高效便捷的综合交通运输网络。一是提升省际公路通达度。加强省际交通规划对接，加快建设南宁至湛江、博白至高州高速公路，推动贵阳经柳州、梧州至广州、澳门等高速公路建设，打通省际交界地区“断头路”，提升交界地区路网等级，进一步加密对接广东的省际通道。加强高速公路与重要港口、铁路枢纽、机场、产业园区的衔接，提升枢纽节点辐射带动能力。二是推进铁路提速增线扩能。规划建设南宁至湛江、南宁至深圳、南宁至九龙的高铁，加密开往广州、深圳、珠海方向的高铁。加快实施柳肇铁路建设，推动岑溪至罗定既有铁路扩能改造等，构建粤桂两省区的铁路运输大通道。三是进一步提高西江航道的运输能力。以西江航道、过船设施、港口码头及各式联运建设为重点，加快推动西江航运干线贵港至梧州 3000 吨级航道工程建设，加快推进贵港二线、西津二线和红花二线船闸主体工程等项目建设，提升西江航运功能，打造畅通粤港澳大湾区的水上大通道。

（五）升级打造产业承接平台，做好产业大招商、招大商

一是重点鼓励有条件的“湾企入桂”产业承接平台探索建设、运营、招商、管理和园区服务的市场化模式。探索划定专业区块，通过政府购买服务的方式，面向全国公开选聘园区专业运营管理团队，由专业团队进行招商

运营、企业培育、管理服务，通过每年设定园区建设发展目标对外包团队进行绩效考核，并根据绩效支付服务费。探索建立股份制园区，划定专业区块供客商投资土地开发以及基础设施建设。积极推动园区管委会向产业服务者转变，精简内设机构，实行扁平化管理和“一站式、一条龙”服务。二是着力提升“湾企入桂”产业承接平台发展能级。对标对表粤港澳大湾区产业镇的成功经验，着力提升园区平台产城融合水平，对功能不分区、产业布局无序、企业配套关联度不高的园区进行升级改造。加强与粤港澳大湾区产业融合、互补、联动式发展，加大力度引入专业园区运营商，推动建设一批特色专业产业“园中园”。三是努力提升园区平台关键环节配套能力。根据产业发展规划以及建设实际，切实提高土地集约利用率，提升园区基础设施配套等级，完善生产与生活配套功能。鼓励园区平台围绕重点发展产业链，尤其是针对企业敏感度最高的一些产业链环节提供相应的生产性服务支撑，打造高端综合配套服务区。以便利化、数字化、智慧化、绿色化为目标，不断完善园区水、电、路网以及热气管网等基础设施建设，完善生产、生活服务配套设施建设，打造宜居宜业的优质生活圈，提升园区发展和承载能力。

继续做强专业化政府招商队伍，做精专业机构招商，做优“以商招商”，做活“引才招商”。同时，也要鼓励园区平台引进、培育、组建专业化招商公司，积极推行第三方招商。积极在粤港澳大湾区搭建面向广东省园区的市场化招商平台、产业转移综合服务机构或科技创新前移平台，鼓励龙头企业或第三方机构参与建设运营，并制定相应的激励措施，如根据“湾企入桂”企业数、项目产值或成果转化情况给予奖补，加强对平台运营单位的资金支持和奖励。鼓励园区平台引进和培育一批市场化科技中介服务机构，支持服务机构建设集技术转移、投融资、价值与风险评估、供需对接、知识产权等于一体的“一站式”科技服务平台。持续推进产业链招商，每条标志性产业链配置一个专业招商团队，密切跟踪龙头企业信息，对标企业的配套需求，引进上下游与之配套的企业，补强产业链的薄弱环节。加快研究编制粤港澳大湾区产业指南及目标企业指南第二册，结合广西机械制造、金属新材料、化工新材料、电子信息等主导产业，细分行业目标企业信息，指导全区各地精准招商、靶向招商。探索推行招商“链长制”和“链主制”。“链长”负责挂帅、统筹、制定规划等工作，而“链主”企业则处于市场的核心地位。“链长”要协调产业链上各个节点的活动，同时鼓励“链主”企业联合中小企业建立风险共担、利益共享的协同创新机制。

（六）创新运营模式，推进园区集群化、集约化发展

通过加大直接融资的比例和引导民间资本进入园区基础设施建设领域，鼓励社会资本与专业机构以BT、BOT、TOT、PPP、独资、合作等多种方式参与园区建设与管理。实施园区整合计划，大力推动园区布局由分散式向集约式转变，围绕产业链、价值链精准招商，全力引进一批能够建链补链延链强链的项目，促进产业集群发展。全面推进“亩产论英雄”园区招商改革，着重做好存量土地挖掘文章，采取企业自行二次开发或者政府回收再开发等方式对园区内产业层次低、用地效益差的土地进行开发。建立产业园区建设统筹推进机制，协调园区基础设施、标准厂房、重大项目、产业招商和要素保障，打造产业高质量发展新平台。强化工业投入保障，狠抓龙头企业带动行业发展，加强工业用地储备，营造加快工业发展的良好环境。以企业（项目）发展需求为导向，健全线上线下“双平台”，持续推进政务服务模式创新，全力打造全方位的政务服务模式和政策支持体系；加快“放管服”改革，增强主动服务意识，实行企业投资项目承诺制、容缺受理制等管理方式，简化企业审批手续，提升投资建设便利度；不断优化园区营商环境，全力做好征地拆迁、项目资金、行政审批、前期设计等要素保障，打造全方位的服务供给体系，推动项目快落地、快建设、快见效。

抢抓全球产业链重构机遇，实施重大产业集群培育行动，着力培育现代产业集群，提高产业综合配套能力，推进产业集聚发展。围绕“强龙头、补链条、聚集群”，重点引进新一代信息技术、智能装备制造、节能环保、新材料、新能源汽车等战略性新兴产业，引导产业链向工业园区延伸，推动

产业集群建设，打造一批百、千、万亿元工业园区和产业。根据各工业园区特色产业选择上下游相关企业，进行产业链招商，着力引进产业关联度高、带动力强、产业链长的综合项目，带动上下游关联产业配套跟进，发挥园区规模效应、集聚效应和辐射效应。结合产业发展趋势和产业发展重点，在用地、用电、信贷、社保、税收等方面优先给予政策倾斜，扶持企业做大做强。持续推进补链强链项目建设，支持骨干企业发展成为行业龙头企业，加强上下游企业布局规划，提供政策、资金、人才等全方位支持，推动形成共生互补的产业生态体系。通过实施技术改造、数字化转型赋能，巩固提升传统产业优势，全面推进传统产业“二次创业”，加快培育新兴产业、未来产业，提升产业链、供应链稳定性及现代化水平，不断夯实园区经济的根基。加大项目督导力度，激发企业投资建设积极性，对重点项目、重点企业实施“一事一议”“一企一策”专项扶持，确保项目顺利推进。加快推进“智慧园区”建设，建设园区“工业云”，引导鼓励企业“触网上云”，推动互联网、大数据、智能制造与实体经济深度融合。

（七）创新合作模式，推动“飞地经济”园区在广西落地

支持粤港澳大湾区城市在珠江—西江经济带发展“飞地经济”，按照“合建”园区分别管理、“共建”园区共同管理、“租借”园区自我管理模式，通过联合出资、项目合作、资源互补、技术支持等方式，建立和完善“飞地经济”产业合作区税收征管和利益分配机制；鼓励广西企业和机构在深圳、广州、佛山等市创建“飞地经济”园区和“科创飞地”。建设现代服务业合作区。鼓励粤港澳大湾区企业在广西建立研发中心，加快建设中国—东盟技术转移中心、中国—东盟信息港南宁核心基地等协同创新基地平台。加快组建由广东省或有关市授权的投融资平台与试验区投融资平台合资参与的粤桂投资开发股份有限公司。共同组建跨境产业园区，利用东盟的加工技术和大量劳动力资源，为有意接触和投资东盟的粤港澳大湾区企业提供更便捷的途径。

目前，国内合作共建园区共享利益按合作双方在地区生产总值、财税、

土地收益等方面的利益分成采取按比例分成、分期按比例分成、“按比例分成+产业基金”、按股份分成等四种模式。广西应加快制定有关跨区域产业园区合作双方的园区建设管理责任分担以及经济指标统计、财税收入分成的指导意见，各产业园区合作双方应遵照自治区指导意见的要求，制定产业园区的开发、建设、管理以及经济指标统计、财税收入分成等实施细则，在园区的建设、运营、收益上，形成双方责任共担、利益共享的激励机制。探索制定主要经济指标协调划分的政府内部考核制度。探索“一企一策”的更具个性化的利益共享机制政策导向。探索建立跨区域投资、税收等利益争端处理机制。

（八）加强生态保护，建立跨区域生态保护补偿长效机制

加强政府主导，拓宽资金渠道，进一步争取中央的政策支持，在实践中不断完善集区域补偿（纵向）、流域补偿（横向）和要素补偿（部门）于一体的补偿体系。深化九洲江流域生态保护补偿资金绩效评价工作，围绕生态保护补偿范围、标准等进行科学测算。逐步探索由单一的资金补偿方式，扩展到资金补偿、产业扶持、技术援助、人才支持、就业培训等多元化的补偿方式。如上下游各级政府、各部门间开展对口帮扶补偿，帮助上游地区贫困乡村修建污水处理设施；鼓励和引导受益企业支持上游地区散养户和养殖企业建立标准化、集约化、清洁化的生态养殖基地、养殖小区和肉类加工企业，生产高端绿色的肉类产品；鼓励和支持高等学校和职业技术学校安排一定数量的毕业生到上游地区开展支教、技术培训；等等。

（九）着力提升要素保障能力，纵深推动优化营商环境

强化工业企业用地保障。保持产业园区存量工业用地总量不减，分类明确每年出让土地中的工业用地比例。积极推进灵活工业用地出让方式，工业用地采用招拍挂方式出让（先租后让），出让底价和成交价格可按照不低于所在地土地等别对应的工业用地最低价执行；研发用地采用招拍挂方式出让（先租后让），在确定出让底价时可以基准地价评估法为主、市场比较法为

辅；支持工业用地带方案出让和标准地出让等多种方式；利用空余或闲置工业厂房、仓储用房等存量工业用地资源进行改造，不改变用途、仍兴办工业项目的，可以实行协议出让，不再增缴土地价款；存量工业用地经批准提高容积率和增加地下空间，且不改变土地用途的，不再增收土地价款。提供全方位人才招引服务。各地在引进企业尤其是行业龙头企业的同时配套制订用工支持计划，探索制定“一企一策”人才服务政策。积极对企业引进的人才落实住房、落户、入学、就医和薪酬补助等政策，制定引导务工人员返乡就业的奖励政策。开展职业技能提升行动，推动高校、职业院校开设职业素养培训课程、建设校企合作职业培训基地。加强用电用能保障。鼓励直接或通过售电公司参与市场化交易，优先执行市场化交易合同，享受市场化降价红利。鼓励在政策许可范围内发展冷、热、电三联供等综合能源，降低用能成本。加大财政资金投入，抓住国家加大专项债券支持力度的重大政策机遇，用好各类资金，重点支持重大工业项目建设和园区建设。加强政银企合作，拓宽产业发展融资渠道，引导各产业集群设立产业基金，扶持重点产业发展。持续推动减税降费，降低企业经营成本。

坚持把握全区工作重中之重，秉承营商环境“没有最好，只有更好”“没有完成时，只有进行时”的思想，把优化营商环境作为务实推进“湾企入桂”行动的关键举措。一是积极打造一流政务服务品牌。持续扩大“一网通办”范围，聚焦“一件事一次办”，加快推进流程再造，在减环节、减材料、减时间上做出更大努力，让企业办事更高效、更便捷。全面推动开展数据治理，推动部门之间的系统集成、资源共享、业务协同更进一步。加快促进线上线下深度融合，有效推动服务再优化、能级再提升，真正做到服务事项“马上办、就近办、网上办、掌上办”。二是积极营造更优发展环境。主动对标对表营商环境优良地区标准，强化企业需求导向和营商环境关键问题导向，以企业集聚度、活跃度、感受度作为衡量标准，着力补短板、强弱项。努力增强窗口服务人员的服务意识，加强相关业务培训，为企业提供专业周到的服务。三是加强政策的有效供给。积极拓展多方渠道，深入了解“湾企入桂”的真实诉求，政策举措的研究制定环节要有企业的实际参与，政策举措的实施推进环节要主动做好宣传解读，力求在土地、环境、人才、资金等方面精准供给，注重更加务实有效的政策体系构建。

（十）积极争取国家政策支持，支持桂东承接产业转移示范区扩容升级和沿边经济带建设

充分利用好广西毗邻东盟和粤港澳大湾区的区位优势，利用好东盟市场、国内市场以及粤港澳大湾区的创新能力，打好东盟牌、东融牌和西部陆海新通道牌，融汇集成各类重大平台的政策优势，积极争取国家加大对承接产业转移示范区的政策支持力度，在财税、金融、产业、用地、人才等方面制定与毗邻国家相比更具竞争力的政策，整合粤港澳大湾区、海南自由贸易港等的具有竞争力的制度创新与服务创新，营造综合税负成本更低、投资贸易更便利、亲商服务更优质且关税水平相当的营商环境。找准在粤港澳大湾区、东盟之间产业链和供应链上的位置，重点培育壮大电子信息、装备制造、大健康等符合广西比较优势的产业。围绕“强龙头、补链条、聚集群”，支持国内外企业以中国和东盟为主要市场，以广西为基地，将产业链的重要环节布局在广西，加快推进“三企入桂”，打造内联外合、承上接下的国际国内产业链，推动产业迈向中高端。支持桂东承接产业转移示范区扩容升级，在原有桂东 4 市的基础上把广西其他地市纳入示范区范围，加大对广西重点产业集聚区基础设施、科技研发平台等方面的支持力度。进一步加大对沿边开发开放试验区、跨境经济合作区、综合保税区和自由贸易试验区等开放发展平台的支持力度，加快推进沿边口岸、公路、铁路、通信等基础设施建设，实施沿边加工贸易倍增计划，引导机电产品集群和高新技术产品集群等东盟市场需求量大的加工贸易集群向广西沿边地区集聚。

专 题 篇

Special Reports

B.2

珠江—西江经济带制造业发展状况、问题与对策分析

伍先福　李欣宇*

摘　要： 加快构建新发展格局背景下推动国内制造业高质量发展已成为经济提质升级的主攻方向。珠江—西江经济带是对内陆地区延伸国内大循环、对邻国连接国内国际双循环的纽带，推动珠江—西江经济带制造业高质量发展对提升我国制造业整体发展水平和助力构建新发展格局具有重要意义。近年来，珠江—西江经济带制造业"质"与"量"逐步提升，机制与政策日益完善，互联互通效率不断提升，产业集聚度持续提高。与此同时，制造业比重下滑，存在整体发展水平不高、两极分化程度严重、经济联系强度低、竞争力有待提升等问题，珠江—西江经济带西端存在产业结构不完善、创新能力不足、产业效益不高、高端化转型不足等问

* 伍先福，经济学博士，广西师范大学经济管理学院教授、硕士生导师，研究方向为产业经济、世界经济；李欣宇，广西师范大学经济管理学院硕士研究生，研究方向为数字经济与高质量发展。

题。因此，有必要对其加强科学规划，以政策引导重提制造业比重，以科技创新驱动珠江—西江经济带制造业实现追赶，通过数字和制造融合发展与品牌打造，加快建设具有国际竞争力的制造业城市群，“以点成线、以线成面”推动东部经济向西南地区延伸，打造珠江—西江经济带新增长极，加速实现双循环。

关键词： 珠江—西江经济带　高质量发展　双循环　制造业　数字化

一　珠江—西江经济带制造业发展状况分析

（一）制造业发展质量不断提升

珠江—西江经济带制造业发展共涉及 31 个行业，其中，非金属矿物制品业、汽车制造业、金属制品业、电气机械和器材制造业为主要特色优势产业。以珠江—西江经济带高端装备制造业为例，截至 2019 年 1 月，新引进投资额亿元以上的装备制造业项目超 1000 个，推动 489 个投资额亿元以上项目新投产，涉及智能制造、工业机器人、新能源汽车等先进装备制造业领域。

以珠江广州、肇庆两市和西江南宁、梧州两市为例，细看经济带各城市制造业发展情况。2019 年，广州工业增加值增速同比上涨 4.8 个百分点，规上高技术企业为工业增加值增长贡献超过 1/5，其中，医药制造、航天器材制造、电信制造、医疗器械制造增加值分别增长 16.8%、10.4%、24.1% 和 33.0%。肇庆近年来加大制造业招商引资力度，全力打造以电子信息产业、汽车零部件产业以及新能源汽车产业为主的制造业产业集群，制造业发展步伐加快。2020 年“4+4”制造业实现总产值 2206.25 亿元，占规模以上工业总产值超七成。2020 年上半年，南宁规上工业总产值增速同比上涨 4.0 个百分点，增加值增速同比上涨 4.5 个百分点，疫情发生背景下仍然保持高增长。梧州 2020 年规模以上工业增加值涨幅超过 15.00%，高技术企业数量比“十二五”期末增长近 80.00%，资源利用方面也实现工业税收平均增长 14.76%、工业用电量平均增长 7.56%，梧州成为第二批国家工业资源综合利用基地之一。

（二）主要园区与重大项目规模持续扩增

综观珠江—西江经济带近年来制造业的发展，各市制造业主要园区基础设施建设不断完善，园区规模不断扩大，重要项目引进增多，产业集群逐渐成形。

“十三五”以来，梧州把完善园区平台建设作为推动工业提质升级的重要手段，以全面“东融”为重点和依托，推动园区错位发展、特色发展。截至 2020 年底，梧州共有获得自治区分级认定的工业园区 10 个，园区规划面积 13200 公顷，入园企业 726 家。百色充分利用基础设施建设专项资金、政府专项债券、战略合作、项目业主自建等，抓好园区基础设施建设，重点推进粤桂扶贫协作（跨境）产业园、深百产业园、百文园区、桂黔园区基础设施建设，打造经济新增长极。

南宁、肇庆、云浮三市产业集群发展较快，南宁 2020 年重点发展以合众汽车、瑞声科技、天际汽车等为代表的 75 个重大项目，通过引进 500 强企业、产业链核心企业以及龙头企业发展电子信息产业，通过招商引进汽车企业发展新能源汽车制造业产业集群。肇庆近年来通过引进重大产业项目打造制造业产业集群。以推进小鹏汽车、风华高科、海螺水泥、中车交通等重大产业项目成功打造出肇庆“4+4”产业集群的雏形。云浮创新产业项目近年来呈现“异军突起、齐头并进”的发展势头，在龙芯中科、同方股份等龙头企业的辐射带动下，一批信息技术应用创新产业链项目迅速落户云浮，实现集聚发展。

（三）营商环境与政策不断优化

粤桂两省区推动经济合作更加深入，积极出台了若干政策文件，从项目用地、产业链配套、物流联运、奖励扶持、公共设施配套等方面为合作项目落地提供保障，为全面对接粤港澳大湾区、提升做实珠江—西江经济带提供坚强的机制和政策后盾。政策落地上，以珠江—西江经济带部分城市为例，佛山持续深化“放管服”改革，逐步完善有利于制造业发展的体制机制，深入落实各项促进民营经济高质量发展和减税降费政策措施，把打造一流营商环境作为一号改革工程，打造“中国制造业成本洼地”。百色全面落实重点开发开放试验区建设实施方案，着力优化营商环境，积极采取措施，进一步优化完善土地、税收、人力资源、财政奖补等方面的招商引资优惠政策，在产业政策、要素保障上给予支持。

（四）经济带联通体系加快建设

珠江—西江经济带为实现联通体系畅通一直在完善基础设施项目建设。广西为融入粤港澳大湾区，承接东部地区产业转移，正积极投入现代化综合交通网络建设，在铁路、公路、水路、机场设施以及通信基础设施项目上持续发力。铁路方面，规划连接两广的“十铁”已建成过半，截至2021年5月底，完成年度投资约8亿元，旨在形成两省区联通公交化、高密度的新格局；公路方面，规划连接两广的“十八高”已建成“六高”；水路方面，长洲水利枢纽三线四线船闸建成通航；机场设施方面，建成南宁吴圩、桂林两江国际机场新航站楼，柳州、白莲等两省区航线共计14条，已经基本接入粤港澳大湾区航空网络；通信基础设施方面，建成两广国际直接数据专用通道，达成省际出口带宽4000G扩容目标，出省方向电路累计达46条。

经济带各城市也在加速联通设施建设，从而为衔接经济带发力。以百色为例，百色加快工业交通物流体系保障建设，积极建设西部陆海新通道。通过推进高速公路和铁路网布局，有机衔接百色重点开发开放试验区的开放引领区、重点开发区和绿色发展区，加强重点工业园区与铁路枢纽的连接，降低企业物流成本；推进田林至西林等高速公路建设，加强港口、水道建设，实施航道整治，加快建设航运物流中心；推进百色港口码头项目，建设隆林板坝港作业区、田林港区八渡作业区等港口码头项目，形成千吨级“黄金水道”，提升通航能力。

（五）制造业转移彰显特色

珠江—西江经济带制造业分布具有区域梯次特色，广州以高技术制造业为主，肇庆、云浮、贵港、南宁、梧州、崇左的非金属矿物制品业专业性与盈利能力较强，发展基础较好，产业投资量相对更大，区位优势明显。电气机械和器材制造业比较优势更大的城市为梧州、佛山，汽车制造业的专业化程度和盈利能力以柳州、广州为首，肇庆、佛山金属制品业发展势头更好。在不断承接广东产业转移的过程中，广西积极推动与粤港澳大湾区先进制造业产业集群的衔接发展，形成了一批特色优势制造业产业集群。例如，粤桂智能家电产业园、柳东华润综合体等一批龙头企业项目落户柳州；桂林成功引进华为、比亚迪、深科技、智慧产业园孵化中心、光大云创谷、富力综合城等高技术制造业项目；国光梧州产业基地21条生产线带动粤港澳大湾区上下游关联企业入驻，初步形成智能电声产业链及产业集群。

（六）制造业集聚度提高

2015~2019年珠江—西江经济带各市制造业区位熵计算结果如表1所示。i城市j产业从业人员区位熵（LQ_{ij}）计算公式为：$LQ_{ij}=(G_{ij}/G_i)/(G_j/G)$。其中，$G_{ij}$代表$i$城市$j$产业从业人数，$G_i$代表$i$城市规模以上工业企业从业人数，$G_j$代表珠江—西江经济带11市$j$产业从业人数，$G$为珠江—西江经济带11市规模以上工业企业从业人数。

表1　2015~2019年珠江—西江经济带各市制造业区位熵

市	2019年	2018年	2017年	2016年	2015年
南宁市	0.9946	0.8040	0.8515	0.8776	0.8680
柳州市	1.0825	0.9580	0.9481	0.9613	0.9690
梧州市	0.7540	0.4994	0.6825	0.6237	0.6150
贵港市	0.4532	0.2785	0.3296	0.4099	0.4442
百色市	0.5954	0.5498	0.5214	0.5410	0.6213
来宾市	0.8638	0.7110	0.6993	0.7277	0.7860
崇左市	0.5537	0.5350	0.6926	0.7805	0.7681
广州市	1.1195	1.0575	1.0243	0.9878	0.9888
佛山市	0.9705	1.1469	1.1515	1.1451	1.1355
肇庆市	0.9638	1.0242	1.0183	0.9685	0.9513
云浮市	1.3360	0.9897	1.0937	1.0851	1.1214

资料来源：《中国城市统计年鉴》。

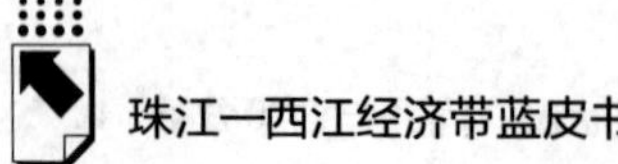

由表 1 可知，珠江—西江经济带制造业集聚度在 2015~2019 年整体上呈现提升趋势，表明自 2015 年以来，经过不断改革创新，珠江—西江经济带制造业形成了一定的规模，制造业集聚水平得到不断提升，具备了一定的竞争优势。其中，2019 年，广州市、云浮市与柳州市的区位熵均大于 1，反映出这三大城市的制造业集聚度较高。广州市作为省会城市，不仅具有坚实的经济基础、显著的区位优势、良性的政策制度导向与支持，而且拥有强大的海陆空交通优势，通过不断完善基础设施等，其制造业变得相对较发达，并呈现出集中发展的态势；云浮市则处于广州市 200 公里范围以内，能够较好地依托广州核心城市的知识、技术溢出效应，承接来自其他地区的制造业转移；柳州市是广西最大的工业基地，作为中国同时拥有东风、一汽、上汽、重汽四大汽车集团的城市，有着扎实的制造业基础，在此驱动下，柳州市的制造业尤其是汽车制造业专业化水平快速提升，在全国范围内保持着较强的市场竞争力。

（七）制造业绿色发展效益提升

2021 年，粤桂两省区重点生态建设保护工程大力推进实施，退耕还林、森林碳汇任务扎实推进，生态环境保护联防联控机制继续健全。此外，2021 年 1~5 月，广西全区 115 个国家地表水监测断面中，水质优良比例为 97.4%。以工业城市柳州市为例，“十三五”期间，柳州市以“一年常绿，四季观花”作为建设原则和理念，人均公园绿地面积 13.88 平方米，市区公园面积超过 2000 公顷。

（八）产业数字化转型势头初显

智能制造作为制造强国的主攻方向已成为制造业企业的共识。珠江—西江经济带制造业企业近年来迈出了数字化转型步伐，出现了一批由制造业企业牵头的重点攻关项目。佛山市以制造业龙头企业为发力点，开始制造业数字化转型，通过产业链重点企业和环节带动上下游链上相关企业的数字化转型，多年来佛山市企业技术改进投入一直位居广东省第一。云浮市大力推广应用具有自主核心技术的信息技术设备，创新“应用+研发+产业”的发展模式，大力推动自主信息技术设备产业化和规模化发展，走出了一条借助信息技术应用创新融入粤港澳大湾区发展的创新之路。

（九）招商引资与平台建设力度加大

聚焦“精招商、招精商”，珠江—西江经济带各市专门成立招商工作组，集结高素质专业化招商队伍，通过主动上门对先进城市的优质制造产业进行资源招商，并围绕当地主导产业进行配套资源招商。例如，肇庆市以“4+4”产业为主导，仅在2021年上半年就引进新产业项目426个，其“4+4”产业项目无论是在引进数量还是在投资额等要点指标上的比例都具有相对突出的优势。2021年上半年，柳州市完成规模以上工业总产值同比增长超两成，自年初以来其工业经济一直持续保持稳健良好的增长态势，同时，柳州市加大开展产业招商行动力度，以轨道交通、电子通信、智能机器人、生物制药等产业为主加大招商引资力度，力争引进新项目300个以上，形成新的发展动力。

二　珠江—西江经济带制造业发展存在的问题分析

（一）制造业比重逐年下降

珠江—西江经济带11市的制造业相对发展水平以第二产业产值占GDP的比重表示。根据图1，2015~2019年，11市第二产业产值占GDP的比重整体呈现下降趋势，除广州和肇庆以外的9市均在2019年达到了最低值。一方面，第三产业发展迅速，虽然国家以及各地方政府不断出台相关政策文件促进制造业的发展，但制造业产值增速显著落后于第三产业，使得第二产业产值占GDP的比重不升反降；另一方面，地方企业“脱实向虚”问题突出，实体产业的资金流失或金融资金进入实体经济领域的比例过低，盘桓在金融系统内部，会导致实体经济根基不稳问题。图2体现了珠江—西江经济带11市的产业结构，以第二产业与第三产业增加值比值作为测算依据，可反映出各市的产业结构调整变化趋势与结果。

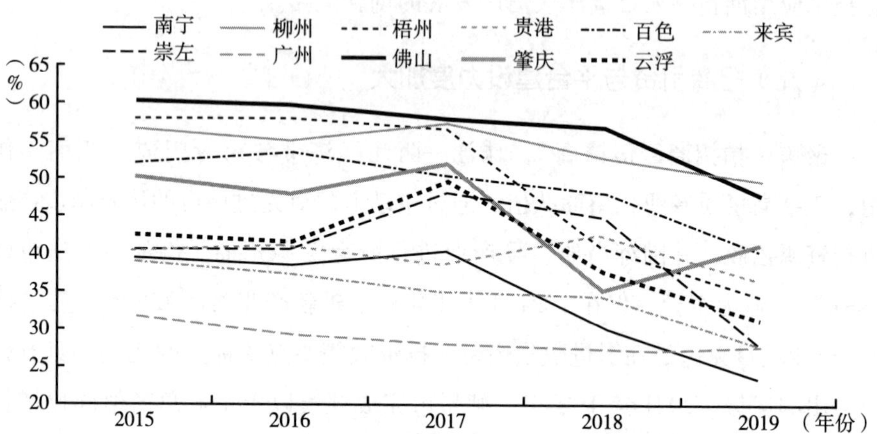

图1　2015~2019年珠江—西江经济带各市第二产业产值占GDP的比重

资料来源：《中国城市统计年鉴》。

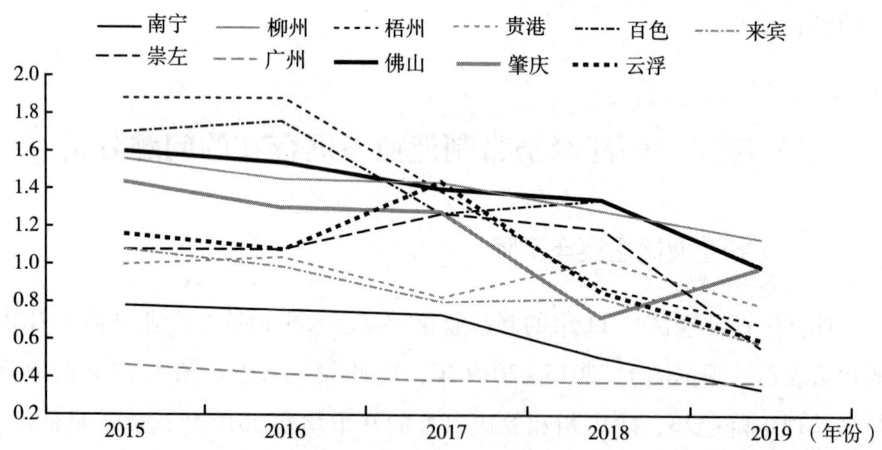

图2　2015~2019年珠江—西江经济带各市第二产业与第三产业增加值比值

资料来源：《中国城市统计年鉴》。

根据图2，珠江—西江经济带各市第二产业与第三产业增加值比值整体上波动式下跌，也印证了上述分析。

（二）经济带内制造业发展不平衡

2019 年，广州规模以上工业企业总产值为 19554 亿元，而广西全区制造业实力最强的柳州全部工业企业总产值也只有 4407 亿元。从 2015~2019 年珠江 4 市与西江 7 市地区生产总值的比较中可以发现，虽然西江地区也取得了一定的发展，但两个经济带之间的差距整体上呈拉大趋势，西江 7 市地区生产总值的增速不及珠江 4 市的一半，甚至个别年份地区生产总值还出现了下滑。如图 3 所示，以 2019 年为例，西江经济带 7 市地区生产总值为 12556 亿元，珠江经济带 4 市地区生产总值为 37551 亿元，两经济带地区生产总值差额持续扩大。

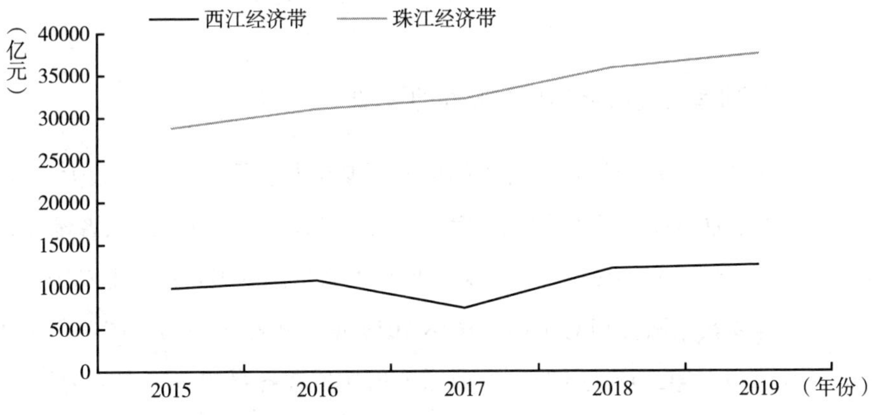

图 3　2015~2019 年珠江—西江经济带地区生产总值

资料来源：《中国城市统计年鉴》。

同时，广东与广西发展两极分化严重。2019 年，除去广州、佛山，广东其余地区人均 GDP 均未达到经济带平均水平，西江经济带只有柳州的人均 GDP 超过了平均水平。各市两极分化严重，如图 4 所示，发达城市广州的人均 GDP 分别是梧州、贵港、百色、来宾、崇左的 4.8、5.5、4.6、5.4、4.3 倍。

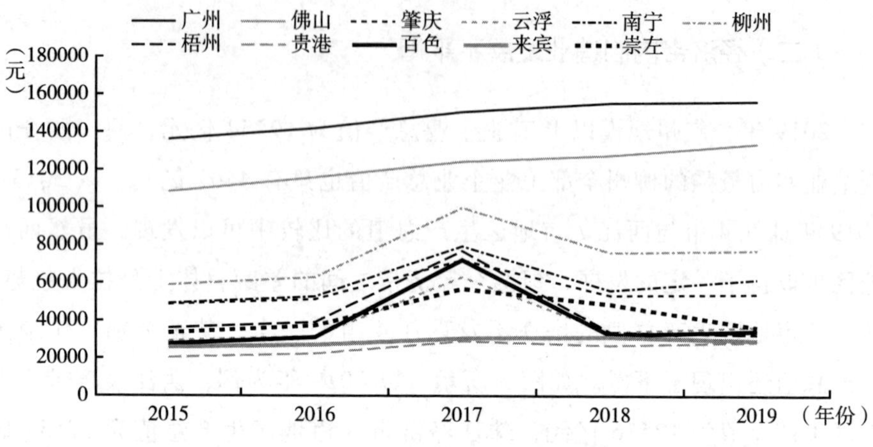

图 4　2015~2019 年珠江—西江经济带各市人均地区生产总值

资料来源：《中国城市统计年鉴》。

（三）制造业高端化方面形成鲜明对比

由于珠江—西江经济带内各市间的发展基础与资源禀赋存在较大差异，其制造业的发展水平也不尽相同。第一，以广州和南宁为例，二者都是珠江—西江经济带的核心城市，并在各自所属的省区起辐射作用，劳动力、资金、技术等要素禀赋都相对集中。虽然 2019 年广州和南宁第二产业产值占 GDP 的比重以及第二产业与第三产业增加值比值在各自的省区中均为最低，但广州制造业发展水平却远高于南宁。从产业结构来看，广州产业体系完整，轻、重工业体系齐备，传统制造业强势，注重做大做强 IAB（新一代信息技术产业、人工智能产业、生物医药产业）、NEM（新能源产业、新材料产业）企业并发挥其引领作用，促进传统产业转型升级和现代产业新体系的整体提升。广州支柱产业包括汽车、电子通信、石油化工、消费品；新主导产业包括 IAB 与 NEM。以广州汽车集团为代表的汽车制造业、以广州医药集团为代表的生物医药制造业发展势头良好，自动化、数字化水平高，其中，广汽集团与广药集团均入围世界 500 强企业。而南宁的制造业基础薄弱，缺乏完善的产业链与龙头企业，未能形成集群优势与规模经济。一是从行业分布看，41 个行业大类中南宁只有 28 个，工业增加值占比超过 10.0%的行业仅有 2 个，分别是木材加工和木、竹、藤、棕、草制品业及非金属矿物制品业，合计占比达到 61.1%。过于依赖传统行业，造成全市工业运行整体风险承受能力较弱。二是南宁轻、重工业发展不平衡。轻、重工业增加值的比重分别为 14.4%、85.6%，重工业增加值增长 17.5%，增速高于轻工业增加值。第二，佛山和柳州分别为广东和广西的工业强市，二者工业基础水平较高，产业链条较为完整，2015~2019 年，二者第二产业与第三产业增加值比值均大于 1，第二产业产值占 GDP 的比重均大于 50.0%。但佛山制造业体量远大于柳州，且佛山毗邻广州，地缘优势明显，其交通、信息等基础设施较为完善，制造业发展前景优于柳州。而柳州工业大多为传统产业，产能较为落后，亟须进行制造业转型。第三，肇庆、云浮与百色、梧州的矿产资源均较为丰富，经济发展分别在广东和广西处于较低水平，但在承接产业转移方面，肇庆和云浮在地理位置上更有优势，且对知识外溢的吸收易于百色和梧州。进一步来说，梧州紧邻广东省，是珠江—西江经济带的连接点，同时也是广西融入粤港澳大湾区的“排头兵”，其区位优势大于百色，更易于承接粤港澳大湾区的产业转移，补足产业链空缺，延长产业链长度，提升制造业的发展水平，从而促进珠江—西江经济带制造业的流动。

基础设施、资源禀赋、技术实力等因素对制造业企业区位选择有明显影响，基础设施、人力资本要素、创新能力不足会减弱制造业转型升级动能，造成制造业产品价值链附加值难以提升，进而影响区域制造业集聚水平。以贵港市为例，2018 年，贵港市第二产业营业收入为 1044.37 亿元，其中制造业营业收入为 889.84 亿元，占第二产业营业收入的比重约为 85.20%。具体从产业类型看，资本密集型与劳动密集型制造业营业收入较高，占比分别高达 41%、29%，而技术密集型制造业营业收入最低，仅占 13%（见图 5）。相比劳动密集型制造业，技术密集型制造业面对创新研发活动的反应更为灵敏，从而更易实现有效创新产出，推动制造业高质量发展。相较于珠江经济带，西江经济带因其地理位置、基础设施等处于劣势，未来仍需努力提升制造业高端化程度。

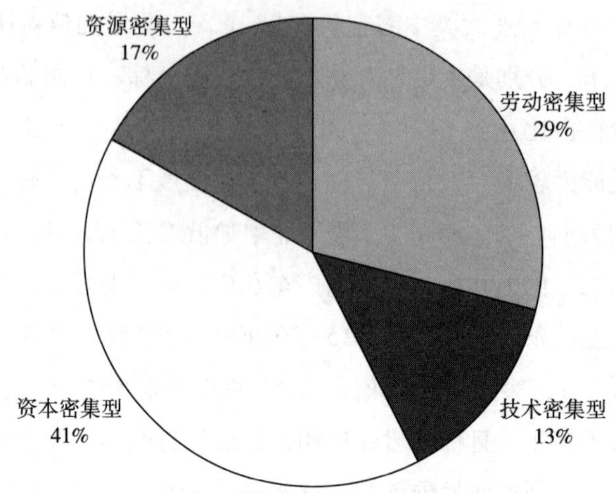

图 5　2018 年贵港市制造业营业收入结构

资料来源：广西壮族自治区统计局和《贵港市统计年鉴 2019》。

（四）制造业专业化水平参差不齐

根据表 1 2015~2019 年各市制造业区位熵对比情况，部分城市制造业还未形成显著且稳定的集聚度，不具备较高的专业化水平及明显的市场竞争优势。佛山市、肇庆市的区位熵均在 1 附近呈现上下波动态势，充分说明虽然两市制造业集聚度近年来有所提高，但尚不稳定，可能与城市技术创新能力不足、产业层次总体不高等问题有关。进一步分析广西 7 市的制造业区位熵发现，不同城市间的发展差异较为明显。南宁市的区位熵虽整体呈现显著增长趋势，但均略低于 1，表明南宁市的制造业集聚水平目前尚不是很高，但制造业专业化水平与市场竞争力正朝着上升的方向发展，需要重点利用地区科技发展带动制造业集聚。相比之下，贵港、梧州、百色、来宾、崇左等市的区位熵普遍较低，均在 0.87 以下，表明西江经济带这几个市的制造业集聚水平有待进一步提高。

（五）制造业发展创新动力不足

技术革命浪潮涌起，双循环背景下珠江—西江经济带迎来了难得的机遇。由于珠江—西江经济带各市制造业发展水平差异较大，广西欲实现跨越式追赶，就要将视野跳过低端制造业转向高端制造业，而创新是广西地区实现跨越式发展的驱动力。

相对而言，珠江—西江经济带制造业高技术企业少，传统制造业占比高，创新能力较弱。以最发达的广州为例，其 2019 年高技术企业增加值占规模以上工业企业增加值的比重仍不足 30%，由此可推断珠江—西江经济带高技术产业的比重较低，经济带制造业发展以传统制造业为主。从表 2 中可知，2019 年广州专利申请数为 177223 件，高于全国平均水平。而广东其他 3 市与广西 7 市专利申请数远低于全国平均水平，其中，云浮、梧州、贵港、百色、来宾、崇左的专利申请数均不足 3000 件。2019 年珠江—西江经济带平均专利授权数 16323 件，远低于全国平均水平，广东地区广州、佛山专利申请及授权情况较好，西江经济带的专利申请及授权情况则十分不理想，就连柳州、南宁的专利申请及授权数也不及广州、佛山的 1/10。

表 2　2019 年珠江—西江经济带各市专利申请及授权数

单位：件

	广州	佛山	肇庆	云浮	南宁	柳州	梧州	贵港	百色	来宾	崇左
专利申请数	177223	81011	7031	2148	5414	7323	1556	2369	1140	888	821
专利授权数	104813	58747	4524	1349	1949	4290	1042	1350	635	477	381

资料来源：《中国城市统计年鉴》。

（六）缺乏品牌与龙头企业

在制造业集聚化发展的过程中，龙头企业是引领发展的核心。以肇庆“4+4”产业集群为例，肇庆相继引进小鹏汽车、宁德时代等“链主产业”，其中的龙头企业是最具发展潜力的一部分，在“链主产业”带动下，新能源汽车产业集群快速成长，在2021年上半年，新能源汽车产业链相关产业实现工业总产值占全市规模以上工业总产值的近1/10。虽然珠江—西江经济带制造业产业集群集聚度整体不断提升，但其发展速度较为缓慢，最为关键的是，由于缺乏实力强大的产业龙头的带动，整个经济带的产业创新支撑动力略显不足，产业在深度嵌入的全球价值链中仍处于“为他人提供配套”的位置，抗风险能力仍相对较弱。

（七）制造业外流较严重

在产业发展的支撑要素由初级向高级转变的历史进程之中，传统的低端制造业生存空间越来越小。但由于关键技术、基础设施、人才、资金、服务等方面依旧不足，珠江—西江经济带制造业迈向高质量发展仍然存在障碍。中国经济最活跃的地方，主要集中于珠三角、长三角下面的县（市、区），苏州、无锡、佛山、东莞、泉州、南通等经济强市均为其中的典型，这些制造业城市在初级要素成本不断提升之后，制造业必然出现外迁趋势。而地级市的城市能级又使得它们对于技术、人才等高级要素的吸附力无法与省会城市、中心城市相提并论，珠江—西江经济带各市制造业还要提升地方发展条件，从而提升竞争力。对于珠江—西江经济带各市而言，如何创造条件防止产业资源流失、把制造业高端价值环节集聚起来，是需要深刻反思和继续努力解决的新问题。

三　促进珠江—西江经济带制造业高质量发展的对策建议

当前，珠江—西江经济带制造业面临比重逐年下降、发展水平参差不齐、高端化程度较低、易被低端锁定等一系列问题。国家“十四五”规划与2021年《政府工作报告》均提出了保持制造业比重基本稳定、增强制造业竞争优势的基本要求，不仅体现了制造业对于实体经济的重要性，也为珠江—西江经济带制造业的高质量发展指明了发展方向。

（一）保持经济带制造业比重合理稳定

全球出现的去工业化和制造业产值与比重下降的问题，在我国也普遍存在，但具体分析，我国制造业比重下降的原因不可一概而论，其关乎国外制造业回流、我国产业结构调整、工业周期性回调等多方面。但长期以来，制造业一直是我国经济发展的命脉，是立国之本、强国之基，尤其在疫情发生以后这段特殊时期乃至更长时期内，制造业自主可控将是面对严峻国际经济形势的内在要求。加快构建新发展格局背景下，珠江—西江经济带在双循环格局下占据着国际出海和国内西南地区延伸的重要经济地理位置，保持制造业比重合理稳定不仅是保障经济带经济稳定与增长的必要条件，也是经济带融入新发展格局的必然要求。因此，必须重视制造业在经济发展中不可替代的战略意义。

在政策上，政府部门应当积极完善鼓励制造业企业发展的政策，继续投入建设综合性高效服务平台，强化金融、土地等要素保障，从各方面着手降低企业成本、方便企业运行流程，为制造业发展铺路以改善珠江—西江经济带制造业比重下滑的现象并有效促进制造业比重回升。

在技术上，我国制造业发展与发达国家存在差距的根本原因在于面临技术瓶颈，科技创新是打开我国与发达国家制造业技术隔阂大门的“金钥匙”。因此，就珠江—西江经济带制造业发展而言，一方面，要积极与国内国际其他地区相关产业进行技术合作，引进、学习和探讨工业技术，缩小技术差距；另一方面，要加大政府研发投入，努力解决技术薄弱问题，夯实制造业基础，加强产学研合作，鼓励技术创新，为突破技术瓶颈发力。

在人才培养上，一方面，政府要加强对新兴技术制造业人才的培养，以培养制造和数字融合型人才为目标，提升职业教育水平，增加工科专业人才的就业渠道并提升其工作待遇；另一方面，积极引进制造业行业稀缺人才，为珠江—西江经济带的制造业发展提供人才支撑。

（二）以转移和创新提升经济带制造业高端化程度

对内，珠江—西江经济带存在两头制造业高端化程度差距大的问题；对外，经济带制造业高端化程度与工业发达地区也存在差距，制造业高端化发展空间大。因此，珠江—西江经济带制造业在迈向中高端进程中一方面要缩小经济带内两极差距，另一方面要坚持协同发展、共同攀升。

首先，西江经济带7市应继续发力，承接广东和发达地区相对高端的产业转移，进一步对接好广深港澳、广珠澳科技创新走廊，加强与港澳创新资源的协同联动，整合利用好粤港澳大湾区创新资源，加快粤港澳大湾区创新资源在本地的产业转化，并积极开展高端产业合作，引进高技术产业，从而提升西江经济带的制造业高端化程度。其次，各城市应鼓励龙头企业牵头构建线上线下相结合的大中小企业创新协同、产能共享、供应链互通的新型产业生态，提升制造业产业链的关联性，组建技术联盟，集中优势资源，针对产业发展的“卡脖子”关键技术开展联合攻关。鼓励优势企业开展海外布局，融入全球创新网络，整合全球研发技术资源，打造全球科技创新成果产业转化中心。

（三）推动制造业数字化智能化转型

数字经济背景下，数字化智能化转型是制造业提升核心竞争力的关键一招，珠江—西江经济带要加大技术研发投入，加速制造业数字化智能化转型的步伐，以龙头企业重点项目为牵引，推进制造业与数字经济融合发展。

加大技术研发投入，推进制造业数字化转型。坚持问题导向，抓住关键环节，完善政策措施，加大财政扶持力度，为企业数字化智能化转型做好服务保障。鼓励企业家顺应数字化智能化发展趋势，推动制造业数字化智能化转型。充分发挥龙头企业的引领作用，推动龙头企业在应用新技术、布局新产业、创造新模式等方面率先探索，充分发挥“头雁效应”，依托工业互联网平台与产业链上下游中小企业深度互联，带动产业链上下游中小企业“上云、用云”。

推进“新基建”，加快制造业数字化布局。经济带制造业企业要抓住数字化智能化机遇，坚定走制造业和数字经济融合发展的道路，加快珠江—西江经济带智能制造发展。政府也可以通过一系列举措推动制造业高端化进程。在基础设施建设方面，推进城际高铁、物联网、基站、工业互联网、大数据中心等“新基建”，并根据各市制造业特色配套其他相关基础设施，例如，增加新能源充电桩促进新能源汽车产业发展。建设开放共享的数字化创新发展平台，通过资源设施共享，支持数字化快速发展，深化科技体制改革，加快科技成果与制造业的融合应用，鼓励支持战略性新兴产业集群式发展，加大对中小制造业企业的扶持力度，鼓励大众创业、万众创新，促进数字化智能化向制造业赋能。

（四）引进和打造经济带制造业龙头品牌

打造龙头品牌，以资源整合提升制造业竞争力。秉持宁缺毋滥原则，坚持做精做强，打造具有实力和高价值的制造业企业品牌。可以适度增加制造业企业的国有份额，以国有企业的带头作用巩固产业链安全机制。还要调节资源并使之流向龙头企业，在金融政策方面，鼓励包容多种融资方式，在研发投入上加大政府支持力度，加快产业链关键技术研发，加快形成一批具备产业链整合能力和核心竞争力的大型骨干企业。

规划特色园区，补齐产业关键配套短板。严守工业红线，保障产业空间，结合工业园改造，加强重大载体建设，强化新兴产业优质项目的用地保障。从产业链安全的角度，高标准、高质量、高技术规划建设重点产业链关键环节配套园区，发展各地支柱产业必需的配套产业。

引进重大项目，形成产业集群。落实重点制造业龙头企业和主要项目的带动机制，首先，制定产业链链头带动发展方案；其次，对各市重点制造业产业链和制造业产业集群进行分析，确定和打造产业链龙头企业与项目，梳理产业链蓝图的缺失环节、遗漏环节和薄弱环节，以此对这些环节实施精准招商、补链强链；最后，落实产业链、龙头企业、重点项目的跟踪负责制，健全政府服务工作的联系制度，为产业链发展提供服务、保障，为制造业的链式集群发展铺路。

B.3
依托珠江—西江经济带构建区域产业链供应链研究

曹剑飞　叶荣聪*

摘　要： 广西应主动融入粤港澳大湾区产业协作体系，把推进产业链上下游深度对接作为产业“东融”的主攻方向，聚焦粤港澳大湾区主导产业链，充分发挥连接粤港澳大湾区和东盟的独特优势，依托自身资源禀赋与产业基础，从长远着手，以推动形成两广企业、政府之间的利益关联方式为切入点，瞄准短板建链补链强链，积极承接粤港澳大湾区新兴产业与传统产业转移，打造“粤港澳大湾区研发+北部湾制造+东盟组装”产业链供应链，推动产业基础高级化和产业链现代化，在推动广东、广西产业融入双循环新发展格局中不断提升系统竞争力。

关键词： 珠江—西江经济带　粤港澳大湾区　产业链供应链

当今世界正经历百年未有之大变局，新冠肺炎疫情推动全球产业链布局向多元化、区域化和本土化调整。靠近市场、就地生产、构建本土产业链供应链成为国家、地区与大型企业推进产业组织空间重塑的重要方向。面对复杂多变的严峻形势，国家牢牢把握扩大内需这个战略基点，加快构建以国内

* 曹剑飞，广西社会科学院区域发展研究所副所长、副研究员，研究方向为区域经济、产业经济和经济全球化；叶荣聪，广西金融职业技术学院（广西银行学校）组织人事处人事科科长，高级人力资源管理师，研究方向为区域经济、人力资源。

大循环为主体、国内国际双循环相互促进的新发展格局，保产业链供应链安全，鼓励把产业链价值链的关键环节留在国内，支持中西部地区承接产业转移。这为广西发挥综合优势和依托珠江—西江经济带深化与粤港澳大湾区合作、融入国内国际产业链共同提升产业链供应链稳定性提供了契机，也为广西承接东部地区产业转移、促进传统产业转型升级、培育新兴产业创造了有利条件。

一　依托珠江—西江经济带构建区域产业链供应链的重大意义

2020年4月17日，中央政治局会议指出，当前经济发展面临的挑战前所未有，必须充分估计困难、风险和不确定性，保产业链供应链稳定。世界面临百年未有之大变局，贸易保护主义、单边主义抬头，各种风险和挑战频出，尤其是新冠肺炎疫情发生以来，全球产业链供应链出现诸多“梗阻”，给经济社会发展带来了严峻的挑战。在此背景下，有必要进一步加强与周边国家的产业合作，共同应对全球产业链供应链的挑战，发挥有力的区域稳定锚作用。

从周边国家来看，东盟国家与我国的关系越来越紧密。一方面，2018年，东盟10国人口数量达到6.45亿人,[①] 我国对东盟进出口总额达5878.7亿美元，占我国外贸进出口总额的12.7%,[②] 占与共建“一带一路”国家外贸进出口总额的45.2%。[③] 2019年，我国对东盟进出口总额达6414.59亿美元，占我国外贸进出口总额的14.0%，东盟成为我国第二大贸

① 根据Wind数据库数据整理计算。

② 《2018年12月进出口商品主要国别（地区）总值表（美元值）》，中华人民共和国海关总署网站，2019年1月14日，http：//www.customs.gov.cn/customs/302249/zfxxgk/2799825/302274/302275/2166513/index.html。

③ 陈芳：《商务部：2018年我国与“一带一路”沿线国家外贸总值占比达27.4%》，中国证券网，2019年1月24日，https：//news.cnstock.com/news，bwkx-201901-4329462.htm。

易伙伴。[①] 2020年，我国对东盟进出口逆势增长6.7%，进出口总额达到6845.99亿美元，占我国外贸进出口总额的14.7%，东盟成为我国第一大贸易伙伴。[②] 另一方面，受中美贸易摩擦等因素影响，越来越多的粤港澳大湾区电子信息、轻纺等产业在越南、柬埔寨、缅甸等东南亚国家建设生产基地，影响了我国东部地区产业梯度转移到中西部地区的进程，对国家产业链安全构成一定挑战。

广西作为我国西部唯一有出海口且与东盟国家陆海相邻的省级行政区，区位优势明显。2017年4月，习近平总书记在视察广西时指出，广西参与"一带一路"建设，要立足"一湾相挽十一国，良性互动东中西"的独特区位优势，释放"海"的潜力，激发"江"的活力，做足"边"的文章，全力实施开放带动战略，打造全方位开放发展新格局。[③]《中共中央国务院关于新时代推进西部大开发形成新格局的指导意见》明确指出，"加快珠江—西江经济带和北部湾经济区建设，鼓励广西积极参与粤港澳大湾区建设和海南全面深化改革开放"。[④] 广西依托珠江—西江经济带深化与粤港澳大湾区合作，构建区域产业链供应链，是贯彻"一带一路"倡议、建设粤港澳大湾区等重大部署的具体举措，是落实习近平总书记赋予广西"三大定位"新使命的务实举措，具有重要的战略意义。

一是有利于维护国家产业链供应链稳定，强化广西与粤港澳大湾区产业合作对接，将使粤港澳大湾区原本考虑外迁东南亚的企业在考虑我国完整供应链优势后，更加倾向于在国内和国外同时建立相互配套的生产基地，延长

① 《2019年12月进出口商品主要国别（地区）总值表（美元值）》，中华人民共和国海关总署网站，2020年1月14日，http://www.customs.gov.cn/customs/302249/zfxxgk/2799825/302274/302275/2833764/index.html。

② 《2020年12月进出口商品主要国别（地区）总值表（美元值）》，中华人民共和国海关总署网站，2021年1月14日，http://www.customs.gov.cn/customs/302249/zfxxgk/2799825/302274/302275/3511695/index.html。

③ 彭清华：《奋力书写21世纪海上丝绸之路新篇章》，人民网，2017年6月30日，http://theory.people.com.cn/n1/2017/0630/c40531-29373172.html。

④ 《中共中央国务院关于新时代推进西部大开发形成新格局的指导意见》，中华人民共和国商务部网站，2020年7月2日，http://www.mofcom.gov.cn/article/b/g/202007/20200702980318.shtml。

国内价值链长度；部分粤港澳大湾区跨国公司为进一步深耕我国超大规模市场，也将加快向中西部地区布局，进而优化我国的供应链生态，保障供应链安全。粤港澳大湾区企业在广西邻近地区布局，既有利于获取专业化分工收益，也有利于开拓西南市场和东盟市场，推动企业由外向依赖向服务国内市场转变，进而增强企业产业链供应链的稳定性和安全性。

二是有利于推动东西部地区协调发展，拓宽内需空间。广西对接粤港澳大湾区发展，深度参与区域价值链分工，畅通要素在珠江—西江经济带的自由流动，将有助于推动广西产业转型升级，提升城市间产业分工协作水平，带动城市间的空间经济联系及其发展，形成珠江—西江经济带制造业联动发展新优势，增强供给体系对粤港澳大湾区市场的适配性，形成需求牵引供给、供给创造需求的高水平动态平衡。为沿海地区开放引入沿边、内陆合作开放模式，为沿边、内陆地区开放引入沿海开放要素，对其他地区的沿海、沿边、内陆开放结合具有示范意义。

二　依托珠江—西江经济带构建区域产业链供应链的有利因素

广西与粤港澳大湾区同属岭南，语言相通，习俗相近，人缘相亲，自古以来就有着良好的区域合作。近代以来，华南地区的港埠之间、港埠与内地中心城市之间形成了以香港为中心，以广州、南宁、梧州为特定区域中心的商品贸易结构。当前，粤港澳大湾区需要通过扩展腹地提升发展能级，而广西资源丰富、要素成本低，与粤港澳大湾区发展的互补性相对较强。两地之间的交流合作基础也比较深厚，劳务、政府、政企、企企、市场等各领域的交流广泛，这为广西依托珠江—西江经济带深化与粤港澳大湾区合作、提升产业链供应链稳定性创造了良好条件。

（一）区位交通优势

从区位交通看，广西具有毗邻东盟、中南和西南、粤港澳大湾区等三大

市场的区位优势。随着粤港澳大湾区产业溢出和西部陆海新通道建设，广西分享粤港澳大湾区部分枢纽功能的条件逐渐具备，有望汇聚来自三大市场的货物、要素和信息，成为匹配三大市场供需的前沿窗口。一方面，广西北部湾是西部陆海新通道三条主通道的出海口，是陆海联运的连接点，是新通道的国际门户港。西部陆海新通道的三条主通道，分别从重庆、成都出发，经南宁、柳州、百色至北部湾港口出海。西部陆海新通道将推动西部地区形成对外开放新格局，其与长江黄金水道一起，为西部内陆省份搭建了“向南铁路、向东水运”两条出海通道，为这些地区利用两个市场、两种资源，实现高质量开发开放创造了条件。另一方面，西部陆海新通道推动“一带一路”发展，向南连接中南半岛经济走廊和海上丝绸之路，向北通过重庆、成都等连通中欧班列，连接新亚欧大陆桥、中俄蒙、中国—中亚—西亚、中巴经济走廊，不但延伸了“一带”，更将“一带”与“一路”连接起来，形成覆盖亚欧大陆的南北相通、东西互济、陆海相连的交通网络，有助于加强共建国家货物资源往来，深化分工关系，实现互动发展。随着东盟在国家开放战略中的重要性上升，广西位势得以提升，有望得到国家更多支持，给集聚要素和产业资源从而实现发展和崛起带来重要助力。

（二）产业结构优势

从产业结构看，广西与粤港澳大湾区互补性明显，广西专业化程度较高的产业与粤港澳大湾区专业化程度较高的产业存在明显“错位”，广西对接粤港澳大湾区产业合作具备良好条件。广东着重发展中高端制造业，占据研发、设计、复杂零部件生产等高增值环节，提供庞大消费市场；广西承接广东产业溢出，为广东产业提供配套服务，作为农产品等消费品的重要供给源。从工业化发展阶段看，广西与粤港澳大湾区工业化发展存在阶段性差距，“错峰”发展空间广阔，产业合作潜力巨大。广西目前位于工业化中期阶段，在这一阶段，制造业开始从轻工业向重工业过渡，第三产业开始起飞，资本密集型产业发展对区域经济支撑作用明显。而这一时期的粤港澳大湾区处于后工业化阶段，制造业开始从资本密集型产业向技术密集型产业转换，产业现代化水平大幅提升。综上而言，当前广西与粤港澳大湾区存在明显的工业化发展阶段差距，广西对接粤港澳大湾区产业合作、推动两地产业“错峰”发展具备良好条件。

（三）产业配套优势

从产业配套看，近年来，广西各市按照“南向、北联、东融、西合”的区域发展要求，主动对接粤港澳大湾区产业合作，推进建设产业合作园区，逐渐完善相关产业配套设施建设。梧州发挥毗邻珠江—西江黄金水道和与广东肇庆接壤、与粤港澳大湾区直接相连的优势，特别是发挥粤桂合作特别试验区的作用，陆续从粤港澳大湾区引进涵盖食品、医药、建材、纺织产业在内的各类型企业 65 家，逐渐建立起电子信息、纺织加工、精细陶瓷优势产业集群。玉林发挥本地柴油发动机产业优势，相继从粤港澳大湾区引进装备制造、机械加工等一批先进重工业企业，或从粤港澳大湾区购买智能自动化等先进装备，提升了传统优势产业发展水平；同时，玉林也在服装制造、医疗健康等传统轻工业优势领域积极引进粤港澳大湾区企业，例如，玉林（福绵）生态纺织服装产业园按照产业链集中发展要求和严格的环保标准，从粤港澳大湾区引进纺织企业 139 家，已形成织布、纺纱、印染、水洗、制衣、辅料生产以及销售、商贸、物流配套一体化的纺织服装上下游产业全产业链式转移。钦州依托港口和石化产业基础，相继吸引粤港澳大湾区的华营化工、恒益化工等石化企业落户本市，推动形成“一滴油，两根丝”高端绿色化纤产业布局，填补了广西锦纶、涤纶化纤产业空白。北海则依托电子产业园，通过与粤港澳大湾区企业合作，引入了以显示屏产业为代表的电子信息产业和数码小家电产业，并从劳动密集型环节入手逐步延伸产业链，对当地经济的带动作用逐步增强。贺州也利用靠近粤港澳大湾区的优势落实“东融”战略，以陶瓷建材等产业起步，逐步加大承接粤港澳大湾区产业转移的力度，以承接粤港澳大湾区印刷产业转移为主的产业园区基本建成。

（四）综合成本优势

从综合成本看，广西的劳动力、土地等资源优势明显，产业发展综合成本较低，具备承接产业转移的潜力和条件。劳动力优势是广西对接粤港澳大湾区产业合作的重要依托。目前，广西一般工人的工资每月比珠三角一般工人的工资低2000元左右，广西籍民工还可以在当地就业，加之广西住宿、生活等成本也远低于珠三角，因此广西在综合用工成本方面有明显优势。广西建设用地指标较多，用地成本较低，尤其是很多产业园区正在大力招商，这不但有助于企业降低成本，为粤港澳大湾区企业整体搬迁提供空间，而且有利于引入配套产业链企业，形成新产业集群。广西水电供应和矿产资源充足，素有“有色金属之乡”美称。资源优势成为广西吸引产业投资和产业转移的重要动力源。此外，广西通过增量配电业务改革，使粤港澳大湾区企业在迁入广西时可以享受中小企业用电优惠政策，这将降低企业用能成本。

三　依托珠江—西江经济带构建区域产业链供应链的不利因素

近年来，广西依托珠江—西江经济带深化与粤港澳大湾区产业链供应链合作，承接了不少来自广东的产业转移项目，提升了珠江—西江经济带跨区域产业链供应链合作水平。但也面临着制造业产业基础薄弱、创新能力不强等多种问题，大部分产业不具备承接粤港澳大湾区产业价值链中端制造环节分工的能力，更不用说高端研发、设计、品牌等产业价值链高端环节。

（一）存在的问题

1. 广西产业基础薄弱

一是产业链短、产品附加值低。广西原材料及资源型产业比重高，产业链不长，集约集聚发展不够，科技含量不高，高耗能产业增加值占规模以上工业增加值的37%左右。作为全国铝资源丰富的地区，2020年广西氧化铝产量达 941.06 万吨，占全国的 12.87%，而电解铝产量只有 217.77 万吨，仅占全国的 5.87%。[①] 广西大部分特色资源只用于原材料初级加工，如果不合理布局、科学发展资源型产业，一旦资源枯竭，地方经济社会发展可能出现倒退。二是先进制造业规模小。广西先进制造业特别是高技术制造业[②]规模小、占比低、发展水平不高。2020 年，广西高技术制造业营业收入占规上工业营业收入的比重仅为 8.1%，R&D 经费投入仅占全部工业的 6.7%。[③] 三是消费品工业不发达。消费品工业大部分属于低能耗产业，广西在发展家用电器、电子产品、糖果食品、纺织服装等日用消费品方面具有一定的基础和条件。面对东盟和中南、西南地区近 9 亿人口的广阔市场，发展潜力巨大。但目前，广西几乎没有知名的大型消费品生产加工企业，没有形成自主的产品和品牌，没有主导市场的消费终端产品。四是战略性新兴产业发展缓慢。广西战略性新兴产业基础薄弱，企业规模普遍偏小，拥有自主知识产权的项目不多，许多企业自主开发新产品的能力不足，市场竞争力较弱。产业所属门类较多，行业较为分散，集聚度不高，尚未形成配套齐全、功能完备的产业链，发展环境亟须改善。产业人才数量偏少，缺乏高层次创新创业领军人物。

2. 广西产业创新能力不强

企业技术创新能力不强，具有自主知识产权的核心技术和知名品牌较少，产品科技含量不高，产品附加值低。有色金属、制糖、钢铁、茧丝绸等优势产业缺乏多层次加工体系，特色资源很难发挥优势。根据中国科技发展战略研究小组和中国科学院大学中国创新创业管理研究中心联合编写的

---

① 《2020 年广西壮族自治区国民经济和社会发展统计公报》，广西壮族自治区人民政府网站，2021 年 3 月 12 日，http：//www. gxzf. gov. cn/gxyw/t8329130. shtml。

② 根据《国家统计局关于印发〈高技术产业（制造业）分类（2017）〉的通知》，高技术制造业包括医药制造，航空、航天器及设备制造，电子及通信设备制造，计算机及办公设备制造，医疗仪器设备及仪器仪表制造，信息化学品制造等六大类。

③ 《广西统计年鉴 2021》，广西壮族自治区统计局网站，2020 年 4 月 15 日，http：//tjj. gxzf. gov. cn//tjsj/tjnj/material/tjnj20200415/2021/zk/indexch. htm。

《中国区域创新能力评价报告2020》①，如表1所示，2020年广西创新能力综合值排全国第23位，较上年下降2位。从分项指标看，实力指标②排第19位；效率指标③排第20位；潜力指标④排第20位。从一级指标看，广西知识创造综合指标排第13位，较上年下降3位；创新环境综合指标排第25位，较上年上升6位；企业创新综合指标和创新绩效综合指标分别排第24位和第18位，均较上年下降1位；知识获取综合指标排第28位，较上年上升2位。

表1　2020年广西创新能力综合及分项指标全国排名

	2020年综合指标		2020年分项指标排名		
	指标值	排名	实力	效率	潜力
综合值	21.54	23	19	20	20
知识创造	22.83	13	19	7	22
知识获取	9.82	28	25	30	14
企业创新	17.32	24	20	25	22
创新环境	20.38	25	20	26	17
创新绩效	36.11	18	17	19	12

资料来源：《中国区域创新能力评价报告2020》。

如表2所示，2020年，与周边的贵州、云南、江西、湖南、重庆、四川相比，广西创新能力综合指标排倒数第2位，仅高于云南。从实力、效率、潜力3个分项指标看，广西全面落后于江西、湖南、重庆、四川，仅在实力和效率2个指标的排名中高于云南、贵州，但潜力指标排名远远低于云南、贵州，在7个省（区、市）中排倒数第1位。如表3所示，从知识创造、知识获取、企业创新、创新环境、创新绩效5个一级指标看，知识创造

① 基本上使用的是2018年的数据。

② 所谓实力指标是指一个地区拥有和投入的创新资源，包括科技投入水平、科研人员规模、专利数量和新产品数量等。

③ 所谓效率指标是指一个地区单位投入所产生的效益，如单位科研人员和研究开发经费投入产生的论文或专利数量。

④ 所谓潜力指标是指一个地区创新发展的速度，也就是与上年相比的增长水平。

方面，广西在7个省（区、市）中排名比较靠前，排第3位，但其他4个一级指标都排在倒数第1位或第2位。

表2　2020年广西与周边地区创新能力综合及分项指标全国排名

	2020年综合指标		2020年分项指标排名		
	指标值	排名	实力	效率	潜力
江西省	25.10	16	18	19	3
湖南省	28.06	12	12	13	8
广西壮族自治区	21.54	23	19	20	20
重庆市	29.38	10	17	7	12
四川省	28.50	11	8	14	17
贵州省	23.24	20	24	21	4
云南省	20.92	25	20	30	10

资料来源：《中国区域创新能力评价报告2020》。

表3　2020年广西与周边地区创新能力一级指标全国排名

	知识创造		知识获取		企业创新		创新环境		创新绩效	
	指标值	排名	指标值	排名	指标值	排名	指标值	排名	指标值	排名
江西省	17.77	25	10.68	27	28.23	12	25.20	15	37.35	15
湖南省	20.98	21	15.86	16	34.33	8	25.10	16	38.40	14
广西壮族自治区	22.83	13	9.82	28	17.32	24	20.38	25	36.11	18
重庆市	22.74	14	18.44	10	31.51	10	25.81	12	44.37	7
四川省	29.21	9	13.75	21	26.40	15	27.68	9	42.70	11
贵州省	23.44	12	15.28	19	21.11	20	18.98	28	37.03	16
云南省	13.64	29	12.94	25	20.16	22	20.81	23	33.46	21

资料来源：《中国区域创新能力评价报告2020》。

3. 广西生产要素市场发展滞后

主要表现为生产要素市场发育不完全。一是金融市场发展滞后。2020年，总部设在广西的证券公司、基金公司、期货公司总数为2家，在7个省（区、市）中，与贵州并列排倒数第1位，与江西的268家差距较大；总部设在广西的上市公司总数为38家，排在第5位，与四川的136家、湖南的117家差距较大。如表4、表5所示，2020年，广西在股票市场和债券市场分别筹资 28 亿元和 1731 亿元，都排在第 6 位。[①] 地区性银行、小贷公司、村镇银行、担保公司、融资租赁公司等适应中小企业融资特点的中小金融机构发展滞后，风险投资、天使投资等适应高技术产业、战略性新兴产业特点的融资方式没有发展起来，投融资担保体系、企业征信体系不完善，使得企业特别是中小企业、民营企业融资难问题突出。二是人才市场发展滞后。由于存在户籍限制、所有制限制、社会保险限制等问题，人才还不能够跨地区、跨部门、跨行业进行合理流动，使企业特别是中小企业很难吸引到优秀的人才。三是技术市场发展滞后。创新成果产业化中介机构少，技术创新成果转移机制亟待建立，知识产权保护机制不健全，创新主体的利益不能得到有效保护，这都影响了创新主体的积极性。科技成果转化缺乏畅通稳定的资金供应，特别是中小企业在初创期、种子期融资时，资金供应没有制度保障。四是土地市场发展滞后。土地一级市场没有放开，二级市场发育不全，土地不能自由流转，不仅导致了土地使用效率低、供应不足，也影响了企业融资能力。另外，市场化程度低导致了生产性服务业发展落后，造成了生产性服务业与工业化发展要求不相适应。上面提到的这些因素并不是相互独立的，而是环环相扣、互相影响的，并综合在一起造成了广西企业特别是中小企业生产要素供给紧张，成本上升压力加大，民营经济发展滞后，自主创新能力弱，产业结构层次低，最终表现为工业总量小、工业化进程滞后。

表 4　2016~2020 年广西与周边地区股票筹资对比

单位：亿元

年份	江西省	湖南省	广西壮族自治区	重庆市	四川省	贵州省	云南省
2016	201	249	148	197	377	92	171
2017	69	622	8	57	337	20	174
2018	75	231	38	35	314	67	67
2019	27	46	51	148	147	25	59
2020	215	482	28	173	324	26	107

资料来源：Wind 数据库。

① 根据 Wind 数据库数据整理计算。

表 5　2016~2020 年广西与周边地区债券筹资对比

单位：亿元

年份	江西省	湖南省	广西壮族自治区	重庆市	四川省	贵州省	云南省
2016	931	1922	890	1180	571	814	1013
2017	479	1569	681	1204	1248	193	982
2018	1135	1370	745	1214	6797	238	1315
2019	1008	1218	1069	1870	4704	816	2076
2020	909	7653	1731	4070	5745	1962	2330

资料来源：Wind 数据库。

4. 广西园区建设管理水平亟须提高

珠江—西江经济带（广西）部分产业园区发展相对滞后，基础设施与粤港澳大湾区相比差距较大，高水平的产业园区相对较少，现有产业园区普遍存在产业链缺失严重、相关产业配套能力较差、园区基础设施和公共服务配套供给水平低等问题，影响了广西与粤港澳大湾区产业链供应链上下游的协同发展。如部分园区标准厂房规划建设水平不高，不符合粤港澳大湾区转移企业生产运营要求。部分园区配套设施建设不够完善，教育、医疗、金融、物流等公共服务配套设施缺乏，产城融合程度较低，无法满足转移企业职工的生活需求，造成进驻的粤港澳大湾区制造业企业面临用工荒问题。现有工业园区大多采用的是“工业园区管委会+平台公司”的管理运营架构，在机构设置、资源配置、鼓励约束等方面“行政化”趋势明显，很难适应市场化的激烈竞争。这种管理运营架构名义上实现了行政管理主体与开发建设主体的分离，但实际上二者有着千丝万缕的关系。首先，平台公司“行政化”色彩过浓，会出现一些问题，比如，实际出资人缺位、缺乏有效的内控、机构臃肿、反应迟钝、思想僵化、官僚主义等；其次，平台公司的组织结构越来越不适应当今园区专业化发展的趋势，平台公司对产业链、供应链、价值链的熟悉程度远远不如专业化的园区运营商；最后，平台公司提供的服务和产品具有一定的“公共产品”属性，一般企业的一些绩效考核指标并不完全适用于平台公司，不能用单纯的经济指标来对其进行考核和激励，而社会效益指标又不容易量化。

5. 两广合作体制机制有待进一步健全

目前，珠江—西江经济带产业链供应链整合缺乏良好的利益分享机制，导致在区域竞争之下，广西空有区位、文化等优势却难以形成实际的承接竞争力，以至于难以与粤港澳大湾区企业开展产业链供应链上下游合作。一是一些跨行政区产业园区至今在发展方向、发展重点上难以达成一致，导致跨行政区项目合作协调难度极大。二是一些共建园区与飞地在涉及企业地区生产总值核算、财税归属、资金投入等相关利益问题时难以达成一致，影响合作的后续开展。三是两广跨区域协调机制缺乏约束力和强制性，例如，粤桂县域经济产业合作示范区由两个分属不同省区的县级政府进行协调，且形式较为松散，缺乏深入推进项目的能力。再如，广东、广西两省区高层确定的粤桂合作特别试验区，本来应该在两广经济一体化中发挥示范带动作用，但受体制机制不健全、短视等因素的制约，粤桂合作特别试验区中的广西和广东两个片区至今没有实现同步规划、同步建设目标，在管理机构、行政审批、财税、人才、资金筹措等方面还没有达成一致。

（二）面临的挑战

1. 面临粤港澳大湾区优质要素“虹吸效应”和中低端产业“越顶转移”的双重挤压

一方面，为了让产业拥有足够的竞争力，粤港澳大湾区将进一步集聚要素打造产业集群，形成规模效应，对周边地区资源特别是对优质要素的“虹吸效应”可能更强。同时，国家着力将海南打造成对外开放新高地，随着海南自贸港建设推进，其对高端服务业的“虹吸效应”也将会显现。特别要重视的是，琼州海峡通道问题在“十五五”时期解决的可能性较大，一旦海南与广东的通道打通，粤港澳大湾区高附加值制造业、生产性服务业等必然优先向海南转移，广西将会受到明显影响。另一方面，中南、西南地区在要素成本、市场规模、营商环境等方面与广西不相上下，甚至优于广西，是广西承接产业转移的主要竞争者。据湖南省商务厅不完全统计，截至2019年2月，已有超过5000家的广东企业和超过30万名的粤籍人员在湖南创业，比亚迪、菲亚特等重大项目纷纷落地。[①] 四川与香港、澳门分别建立川港合作会议机制、川澳合作会议机制等，与广东签署自贸区战略合作协议。截至2018年6月，吸引超过5000家香港企业在四川投资，实际使用港资560亿美元，在香港上市的四川企业高达22家。[②]

2. 广西与东盟陆路通道存在诸多障碍，对广西发挥面向东盟的枢纽和门户作用形成制约

东盟自身建设能力较弱。自2010年东盟发布互联互通总体规划以来，历经10年效果不尽如人意，原因在于东盟机制相对松散导致协调力和行动力不足，成员国面临资金缺乏、决策和执行效率低下等难题，这些不利因素将继续阻碍广西与东盟陆路通道建设。

3. 国家层面对东盟国家的对接布局有向云南侧重的趋势

习近平总书记赋予云南“三个定位”使命，其中一个就是建设面向南亚东南亚辐射中心。国家层面提供了大力支持，比如，2020年国家骨干冷链物流基地建设名单中包括云南昆明，但没有广西的城市；《国家综合立体交通网规划纲要（2021—2050年）》规划在云南建设29个机场，广西只有16个（2019年底云南建成机场15个，广西建成7个），到2035年云南昆明将成为国际航空枢纽，广西南宁、桂林将建成区域航空枢纽。目前，云南正在加快建设中越、中老、中缅国际通道，泛亚铁路中线、西线建成后，将进一步强化云南与东南亚国家的联系。广西如果不抢抓有利时机将区位优势转化为发展优势，打造国内国际双循环重要节点枢纽，则有可能在中国与东盟对外开放大格局中被边缘化，错失赶超跨越和“换道超车”的良机。

---

① 《湖南加速对接粤港澳大湾区》，《湖南日报》2019年2月22日，https：//hnrb. voc. com. cn/hnrb_ epaper/html/2019-02/22/content_ 1373060. htm? div=-1。

② 《泛珠内地省区对港澳交流频繁　合作成果丰硕》，搜狐网，2018年2月21日，https：//www. sohu. com/a/283838113_ 100019186。

四　依托珠江—西江经济带构建区域产业链供应链的思路与重点

（一）思路

从广西看，要顺应粤港澳大湾区产业开拓西南、西北市场腹地的转型发展需求，依托珠江—西江经济带积极承接粤港澳大湾区产业转移，推动形成跨区域产业链供应链分工体系与生态体系。一是围绕广西优势资源与农产品加工开发，面向粤港澳大湾区引进一批龙头企业，延长产业链、做精深加工。二是依托铁路、公路、航道等通道及其节点城市开发需要，与粤港澳大湾区共同打造面向西南、东盟等的商贸物流载体，连带发展加工工业，推动形成跨区域供应链。三是发挥要素综合成本优势，承接粤港澳大湾区制造业转移，推动形成纵横交错的产业分工体系。四是依托珠江—西江经济带，建设科创走廊，推动粤港澳大湾区创新成果在广西孵化，形成粤港澳大湾区科创、广西孵化的分工格局。

推动广西与粤港澳大湾区形成跨区域产业链供应链分工体系与生态体系的关键是以资本合作、利益共享等方式推进产业链供应链延展、推动上下游协同整合。借鉴广东辖区内共建园区的利益分成方式，以“飞地园区”“飞地港口”为载体，深化广西与粤港澳大湾区的合作，推动广西企业园区与粤港澳大湾区形成一种较为紧密的利益关联关系，采取托管、股份合作、产业招商等多种模式赋予广东方面更大的园区发展主导权。借助于广东先进的管理模式，完善珠江—西江经济带（广西）的市场经济体系体制，推进要素市场发育，优化整体营商环境，促进产业要素流动和产业链供应链共建。

综上所述，要以港口或园区的战略平台为突破口，以利益关联方式快速推动粤港澳大湾区与广西产业链供应链的一体化发展，实现粤港澳大湾区高端产业要素向广西各园区及港口（包括物流基地）周边地区的快速集聚，推进广西与粤港澳大湾区之间产业链供应链的延展与整合，形成对粤港澳大湾区的反向支撑，构建面向双循环新发展格局的跨区域产业链供应链分工体系与生态体系，提升双循环下的系统竞争力。

（二）重点

以产业链、创新链、供应链和价值链串联广西和粤港澳大湾区，建设粤港澳大湾区的产业配套区和产业协作区，推动汽车、工程机械、动力机械等广西先进制造业产业集群嵌入粤港澳大湾区产业链、创新链、供应链和价值链。

1. 融入粤港澳大湾区产业链供应链

紧紧围绕纺织、建材、家电、电子信息等产业，依托中新南向大通道，面向西南、西北市场与东盟市场，发挥广西各城市已有产业优势，主动对接融入粤港澳大湾区产业链供应链体系，积极承接大湾区产业链供应链部分环节，推动形成融粤港澳大湾区与珠江—西江经济带（广西）为一体的完整产业链格局，提升产业链供应链稳定性。

建设粤港澳大湾区的产业配套区。粤港澳大湾区的优势在于开放活跃的思想、高素质的人才、较高的创新能力、灵活高效的政策制度、完善的制造体系和要素体系，而广西的优势在于区位、低成本以及一些平台政策。要推动纺织、建材等劳动密集型和资源密集型产业向产业链中高端升级，与粤港澳大湾区形成“粤港澳大湾区研发、设计+广西制造”的产业链分工格局。对于新一代信息技术这类高端产业来说，其对土地、劳动力等传统生产要素不敏感，而对人才、创新、高效完善的市场体系敏感。因此，广西在发展新一代信息技术产业上没有优势，必须另辟蹊径，参照粤东、粤西、粤北地区的定位，主动承接珠三角产业转移，推动粤港澳大湾区制造业上游的原材料、零部件及配套服务的供应商，下游的产品或服务的营销网络向珠江—西江经济带（广西）转移。要围绕家电、电子信息、机器人、修造船和海洋工程等先进制造业，重点引进和发展一些零部件企业，甚至是核心零部件企业，引导产业向模块化、系列化、集群化发展。要围绕粤港澳大湾区新一代信息技术、海洋工程装备、新能源汽车、高端装备制造等战略性新兴产业的新材料需求，依托投资稀土、有色金属等，积极引进和发展相关的新材料产业，积极开拓以东盟市场为重点的共建“一带一路”国家市场。

建设粤港澳大湾区的产业协作区。支持南宁、北海两大信息产业集聚区主动与深圳相关园区或企业集团合作，建立共享数字经济园区；支持柳州、玉林、南宁等广西智能制造城主动与佛山、东莞等粤港澳大湾区制造业集聚区对接，构建跨区域产业链梯队分工体系。加快北海—澳门葡语系国家产业园、粤桂合作特别试验区、粤桂黔高铁经济带合作试验区（桂林）广西园等产业对接平台建设，强化广西与粤港澳大湾区的产业协作机制创新。同时，利用中国—东盟信息港、西部陆海新通道、面向东盟的金融开放门户及自贸区等平台以及政策优势，发挥东盟市场、西南市场的吸引力，围绕贸易、物流、金融先重点引进一些粤港澳大湾区的现代信息服务业，再带动软件业的发展。积极争取国家在制度政策创新、重大项目布局等方面的支持，推动以移动互联网、社交网络、云计算、大数据为特征的第三代信息技术向跨境电子商务、交通基础软件、软件外包、北斗导航、智慧城市、金融信息服务、医疗信息服务和智能制造等领域渗透融合，培育形成中国与东盟权威数据咨询与交易服务、技术转移与合作全链条服务、统一跨境支付与结算服务、线上线下融合互动交流服务、国际合作语言服务五大优势服务。

2. 推动产业集群嵌入粤港澳大湾区价值链

当前融入粤港澳大湾区的重点是对接，而不是承接，是基于广西现有的产业基础和制造能力与粤港澳大湾区的创新资源、现代服务业实现对接。粤港澳大湾区将向创新中心转变，实现服务业升级，其制造功能将逐步弱化，一部分功能将向外转移。同时，在后工业化的过程中，其创新功能和服务功能要与制造功能对接。广西在汽车、工程机械、内燃机等很多产业领域都形成了具有一定规模和竞争力的产业集群，具有先进的制造水平，如果与粤港澳大湾区的创新功能和服务功能对接，将会是一个双赢的结果。从广西的三个产业集群看，其又可以分为两种类型，第一种类型是汽车与工程机械产业集群。这是一个产业链完整的产业集群，生产的是最终产品，面向的是消费者。第二种类型是内燃机产业集群，这个产业集群是产业链上的某个产业环节，生产的是中间产品，面向的是厂商。

推进汽车与工程机械产业集群与粤港澳大湾区对接。广西应依托在汽车、机械等产业中的制造优势和产业链完整优势，加强与粤港澳大湾区国际科技创新中心、综合性国家创新中心、广州—深圳—香港—澳门科技创新走廊等的对接，引进先进技术成果，在广西进行中试放大或二次开发，推动科技成果转化。研究建立离地孵化器和飞地技术研发外包中心，合作建设离地研发联合体和众创空间，重点承担"异地研发孵化、技术合同外包、驻地招商引智"等功能，就地吸引粤港澳大湾区科技人才、创投基金和尖端项目进驻。以广州、深圳等中国最具创新活力的城市为重点，加强传统汽车、工程机械产业与行业内新技术、新产业、新业态、新模式的对接，通过合作、代工等模式实现传统产业制造能力与制造"新势力"的理念、设计、技术和模式的优势互补，通过合作、代工的模式进一步吸引制造"新势力"到产业配套相对完善、产业链相对完整的城市投资建设生产基地。加强与粤港澳大湾区现代服务业对接，把当地的现代物流企业、金融保险企业纳入供应链，打造物流、仓储、配送、码头业务，发展供应链金融、物流产业园。

推进内燃机产业集群与粤港澳大湾区对接。围绕珠江西岸先进装备制造产业带建设，加强与粤港澳大湾区智能制造装备、船舶与海洋工程装备、节能环保装备、轨道交通装备、通用航空装备、新能源装备、汽车制造装备、卫星及应用装备等先进装备制造业领域的对接。按照"贴身服务、量身定制"的合作理念，采用前方技术团队"量身定制+客户体验"和后方总部基地"技术支持+组织生产"的模式，通过在粤港澳大湾区建立研发生产基地等方式接入终端产品用户的供应链和创新链，通过研发生产基地的中继作用，把粤港澳大湾区客户的需求准确、及时地传输到后方总部基地，由后方总部基地组织供应链企业生产并负责把产品送到客户手中。以佛山为重点，围绕汽车整车、新能源汽车和专用车三大基地建设研发生产基地；以珠海为重点，围绕船舶与海洋工程装备、通用航空装备等产业建设研发生产基地。以满足市场需求为导向，围绕产业链创新的核心主体，通过产业链协同创新参与到粤港澳大湾区创新链中。积极搭建区外科技合作创新载体，在区外培育孵化器，将孵化成果引到区内进行转化和产业化，并以基金方式对其中有前景的项目进行投资，采取“区外孵化+广西资本投资+区内产业化”一体化的方式，将重大原创性技术与广西产业快速对接；借鉴华为在美国、以色列、印度、俄罗斯等国建立研发中心的经验，选择到粤港澳大湾区建立研发中心，或利用当地高水平设计人才，或瞄准当地数学人才、软件人才等。

五　依托珠江—西江经济带构建区域产业链供应链的对策建议

《粤港澳大湾区发展规划纲要》中明确提出：“发挥粤港澳大湾区的辐射引领作用，统筹珠三角九市与粤东西北地区生产力布局，带动周边地区加快发展。构建以粤港澳大湾区为龙头，以珠江—西江经济带为腹地，带动中南、西南地区发展，辐射东南亚、南亚的重要经济支撑带。”① 这要求深化两广合作，充分借用“飞地经济”模式，加大政策对珠三角要素流动和产业向广西转移的支持力度，延展两广产业链供应链，推动上下游互联互通和协同发展，推动粤港澳大湾区与珠江—西江经济带形成梯度发展、分工合理、优势互补的产业协作体系。

（一）建设广东自贸区飞地园区，打造跨区域产业链供应链合作整合的推进器

在更大空间范围内拓展经济腹地、提升资源要素配置功能是粤港澳大湾区增强自身在全球区域内核心竞争力的重要战略。珠江—西江经济带是粤港澳大湾区西南方向的战略拓展区，也是粤港澳大湾区由中心城市蓄力引领向多点开花格局转变的战略预留区。依托珠江—西江经济带加快推动自贸区

① 《中共中央国务院印发〈粤港澳大湾区发展规划纲要〉》，新华网，2019 年 2 月 18 日，http：//http：//www. xinhuanet. com/politics/2019-02/18/c_ 1124131474_ 2. htm。

（港）跨区域布局及多片融合式发展，是最终实现珠江—西江经济带一体化发展格局的重要抓手。在拓展模式上，广西依托珠江—西江经济带，一是构建对接广东自贸区的一区多园发展机制。应通过功能承接在柳州、贵港、梧州等城市建立广东自由贸易试验区飞地园区，借助于广深地区的先进管理经验、理念为珠江—西江经济带注入发展活力，推动广深总部自由贸易试验区与飞地园区的联动发展，实现一体化发展新格局。二是推动广西自由贸易试验区与广东自由贸易试验区的制度协同。应推动广西自由贸易试验区南宁、崇左片区深化与香港、澳门、广东（前海蛇口、南沙、横琴）自由贸易试验区三大片区的合作，重点复制粤港澳大湾区的成功经验，营造全面接轨粤港澳大湾区的制度体系，进而为引进粤港澳大湾区供应链管理、产业链加工等环节提供便利环境，推动形成一体化陆海分工新格局。

（二）支持南宁建设区域性供应链管理中心，推动跨区域产业链供应链合作与整合

围绕扩展东盟市场与服务西南市场需求，依托中国—东盟信息港与珠江—西江经济带合作机制，发挥西部陆海新通道优势，争取粤港澳大湾区支持，在南宁规划建设区域性供应链管理中心，推动珠江—西江经济带内两地企业以互惠方式共同成长，支持两地企业建立持久稳定的上下游战略协作关系，以此提升产业链供应链的稳定性。一是与粤港澳大湾区合作，加快推动南宁供应链金融服务中心建设。深化南宁与粤港澳大湾区香港、深圳、广州的金融合作，大力引进广深供应链金融企业，支持大型供应链企业集团运用区块链技术，提高供应链上下游企业资金配置效率，尽快形成面向东盟市场与西南市场的供应链金融中心，提升南宁在珠江—西江经济带产业链供应链建设中的金融服务功能。二是建设跨区域企业供应链信息共享平台。依托重点承接产业，推进新一代信息技术在供应链管理中的应用，支持粤港澳桂专业供应链管理服务企业共建统一信息网络和服务网络，全方位整合两广物流、商流、资金流和信息流，提供一站式、全方位的系统服务，打造融集中采购、发展采购执行、产品销售、物流仓储、标

准制定、技术推广、供应链金融等业务为一体的供应链平台。三是建设跨区域信用信息共享平台。加快信用信息平台以及银行、海关、司法、质检、税务等部门信用信息在珠江—西江经济带的共享。依托现有的信用信息体系，推动两地在应收应付账款逾期、抵押违约、供应链金融违约等供应链失信违约方面的信息整合，建设供应链信用信息平台和数据库，推动企业信用信息在供应链情景下的共享共用。四是加快引进与培育具有现代供应链运营能力的核心企业。引导支持已有大型企业集团强化内部供应链管理，跨区域吸纳和培育中小企业参与供应链构建，鼓励具有平台基础和信息化优势的供应链管理服务企业延伸服务链条，面向西南、西北市场与东盟市场，为客户提供整合优化资源配置的供应链管理方案与运营服务。五是加快建设完善跨区域产业链供应链合作支撑保障体系。与广东联合推动信用体系建设和通用基础类、公共类、服务类供应链标准制定，多方联动共建复合型供应链人才的培养、引进、交流体系。加强珠江—西江经济带行业组织与产业联盟建设，联合制定统一的珠江—西江经济带供应链规则，充分发挥中介组织作用。

（三）在粤港澳大湾区推进离岸孵化园区建设，推动形成跨区域创新链分工合作的新模式

大力探索运用离岸孵化新模式，借助粤港澳大湾区国家自主创新示范区、国家高新区等政策创新优势与人才资源及技术优势，支持推动各市围绕自身主导产业在粤港澳大湾区高新区等载体内部建设广西创新孵化园区。以驻粤港澳大湾区创新孵化园区为载体，深化与广州、深圳等粤港澳大湾区中心城市的合作，依托三地创新政策与科创资源集聚优势，采取股份投资等多种市场化模式，面向粤港澳大湾区高端创新人才引进一批将来可以在广西落地的待孵化项目，积极支持本地中小企业“走出去”，在粤港澳大湾区进行孵化，建立完善离岸孵化科研成果创新服务体系，孵化培育一批高技术企业和产业项目，推动形成粤港澳大湾区孵化、广西落地的产业链创新链分工体系。

（四）加大飞地园区管理体制机制创新力度，进一步完善跨区域产业链供应链合作平台

借鉴江西、湖南等地区已有飞地园区成功发展经验，探索跨区域合作共建共享新模式，争取与粤港澳大湾区共建产业园区、公共技术服务平台等，形成链条互补、协作配套发展新格局。一是推动飞地管理模式变革创新。借鉴香港、深圳法定机构管理模式，推动飞地园区管理体制机制创新，面向粤港澳大湾区产业园区广纳高端成熟型人才，增强人才干事动力，提升园区的运营发展能力。二是谋划推动托管与股份合作园区建设。针对基础设施及周边配套相对较好的园区或片区，采取托管与股份合作等形式，与广州、深圳、佛山等地区的园区管理机构、园区运营集团、大型园区企业集团等共同探索托管及股份合作的模式与方式，积极引进先进团队进行管理，做活体制机制。三是加快理顺粤桂合作特别试验区利益协调机制。粤桂合作特别试验区是广西 CEPA 先行先试示范基地之一，应在强化粤桂合作、推动与粤港澳大湾区联动发展上发挥示范带动作用。遗憾的是长期以来，粤桂合作特别试验区在行政审批、土地开发、财政税收以及管理权限等方面不能形成统一的配置管理，导致其开发建设工作难以实现整体快速推进，示范效应并未形成。应大胆创新，按照市一级行政管理职能赋予粤桂合作特别试验区管委会充分的管理权限。

B.4

推动珠江—西江经济带与粤港澳大湾区产业链供应链创新链融合发展研究

文建新　车吉轩　张鹏飞*

摘　要：　近年来，自治区党委、政府高度重视“东融”，发出了“东融”总动员令，把“东融”作为重要战略开放合作方向，但产业“东融”特别是工业“东融”基础较为薄弱。主动融入粤港澳大湾区建设，是当前乃至未来一段时期进一步提升做实珠江—西江经济带的重要契机。本报告以产业链供应链创新链融合为导向，从体制机制、共建园区、产业融合、协同创新、区域布局、市场开拓、要素支撑等方面，提出推动珠江—西江经济带与粤港澳大湾区产业链供应链创新链融合发展的对策建议。

关键词：　珠江—西江经济带　粤港澳大湾区　“三链”

2021年4月习近平总书记在广西视察时，要求广西在服务和融入新发展格局上展现新作为，强调“要主动对接长江经济带发展、粤港澳大湾区建设等国家重大战略……把独特区位优势更好转化为开放发展优势”，[①] 为广西全面融入粤港澳大湾区提供了行动纲领和科学指南。珠江—西江经济带

---

* 文建新，广西产业与技术经济研究会执行秘书长，中级经济师，研究方向为区域经济、产业经济；车吉轩，南宁师范大学硕士研究生，研究方向为产业经济；张鹏飞，广西工业和信息化厅信息中心正高级经济师，研究方向为区域经济、工业经济。

① 邓建胜、李纵：《把独特区位优势更好转化为发展优势　广西加快发展开放型经济》，崇左市人民政府网站，2021年8月14日，http：//www.chongzuo.gov.cn/zwdt/t9808881.shtml。

是联系广西与粤港澳大湾区的重要纽带，近年来，虽然其与粤港澳大湾区的工业合作取得了良好成效，但产业链供应链创新链（以下简称“三链”）之间协同配套程度不高，严重制约广西工业“东融”。加快推动珠江—西江经济带与粤港澳大湾区产业链供应链创新链融合，对于广西在新发展格局下充分展现工业开放合作新作为，更好促进独特区位优势转化为开放发展优势，进而在推动工业高质量发展上闯出新路子具有重要意义。

一　珠江—西江经济带与粤港澳大湾区“三链”融合发展的现实基础

（一）推动“三链”融合的顶层设计机制不断完善

广西与粤港澳大湾区建立了泛珠三角区域合作、粤桂扶贫协作、粤桂黔高铁经济带联席会议等合作机制，珠江—西江经济带沿线各市建立多项“东融”机制，深入实施“东融”战略。一是泛珠三角区域合作（“9+2”）不断深化。成功举办了第十一届泛珠三角区域合作与发展论坛暨经贸洽谈会，以及泛珠三角区域合作行政首长联席会议。二是沿江各市积极探索“东融”新机制。如梧州市探索建立粤桂跨省区组织工作学习交流机制、西江经济带城市共同体及市长联席会议机制和城市间市长联席会议机制。贺州市设立“东融”工作领导小组办公室，统筹推进广西“东融”先行示范区建设，成立驻广州办事处和驻粤港澳大湾区经贸联络处。贵港市成立了接受粤港澳大湾区辐射领导小组和专项工作小组，统筹协调全市接受粤港澳大湾区辐射相关重点领域专项工作。

（二）与粤港澳大湾区联动互补现代产业体系初步形成

一是形成以电子信息、纺织服装、造纸及木材加工等为主的代工产业链。电子信息成为承接粤港澳大湾区产业转移成效最显著的产业，也是工业融入粤港澳大湾区市场最具基础的产业，纺织服装、造纸及木材加工等承接产业转移成效明显。二是冶金、有色金属、建材等资源型产业供应链深度融入粤港澳大湾区市场。此类资源型产业的产品较为丰富，涉及钢材、钛合金、不锈钢等不同种类，产量大，约1/3的产品进入粤港澳大湾区市场。三是汽车、石化、食品、医药等产业“东融”成效有待提升。当前，广西承接粤港澳大湾区相关产业转移项目偏少，产品融入粤港澳大湾区市场步伐偏慢。

（三）各地“东融”策略为“三链”融合厚植发展土壤

沿江各市充分发挥自身特色优势，深入实施“东融”开放战略，全方位、宽领域、多层次对接粤港澳大湾区，持续加快工业“东融”步伐，为深化“三链”融合发展奠定了基础。如梧州市提出“全面对接粤港澳大湾区、深度融入珠三角、提升珠江—西江经济带、建好广西东大门”；贺州市提出“建设广西‘东融’先行示范区”战略定位；南宁市、柳州市充分发挥要素集聚和产业集群优势，积极对接、融入、联动粤港澳大湾区产业链供应链创新链；百色市充分借助与深圳市的对口合作机制，大力推进百东新区深百产业园、粤桂扶贫协作（跨境）产业园、深圳众创产业园等产业园区建设。

（四）服务“三链”融合的平台载体提质扩能

经过多年的发展，沿江各市基本形成了以粤桂合作特别试验区、广西东融产业园、粤桂黔高铁经济带合作试验区等平台为引领，以各市综合性、专业性的“东融”产业园区为重点的平台载体体系。各地根据产业转移的趋势和要求，规划建设了一批产业转移专业园区，取得了较好的成效，这些园区成为促进粤港澳大湾区优势产业转移，推动优势产业、产品融入粤港澳大湾区市场的重要载体。新建了柳江家电产业园等一批以承接粤港澳大湾区龙头企业为核心的专业产业园区，以及梧州市进口再生资源加工区、容县经济开发区电子产业园等一批以承接粤港澳大湾区产业链整体转移为核心的特色产业园区。

（五）与粤港澳大湾区产业协同创新合作发展基础巩固

近年来，广西与粤港澳大湾区不断加大科技创新合作力度，为推动粤港澳大湾区科技创新资源向广西辐射奠定坚实基础。2018 年 9 月，广西与广东两省区科技部门签署融入粤港澳大湾区科技合作协议，共同构建区域科技创新体系，两广科技主管部门每年各设立 1000 万元“粤桂科技合作联合资金”。广西知识产权局与粤港澳大湾区知识产权部门签署《“一带一路”背景下泛珠三角区域知识产权合作协议》。共同实施加快粤桂合作特别试验区协同创新发展行动计划，以粤桂合作特别试验区为试点，共同打造跨省区合作科技园区的标杆。

（六）与粤港澳大湾区“三链”融合的基础仍然薄弱

当前，广西工业“东融”的层次明显偏低，程度明显不够，产业链融入亟待拓展深化。一是层次偏低，面向粤港澳大湾区代工生产特征明显。承接的产业项目普遍层次偏低，缺乏自主品牌建设，创新发展能力明显不足，高附加值产业和先进制造业承接明显缺乏，导致产业链条短、知名品牌少、企业竞争力不强。二是布局分散，链式集群效应未能形成。整体统筹性不强，各类园区承接产业转移布局分散，产业雷同度高，精准布局性差，尚未形成强有力的统一规划、协同“东融”的发展格局。三是市场融入度不高、开拓力不强，资源型、原料型产品供给特征突出。产业发展模式粗放，工业产品层次不高，缺少对粤港澳大湾区市场的精准分析和精准切入，具有比较优势的产业未能实现对粤港澳大湾区市场的充分融入和拓展。

二　珠江—西江经济带与粤港澳大湾区“三链”融合发展存在的差距

对标对表粤港澳大湾区产业转移趋势和周边地区融入粤港澳大湾区进展，珠江—西江经济带推进工业“东融”发展在思想理念、区位优势、区域竞争、协同机制、研发创新 5 个方面仍存在明显差距。

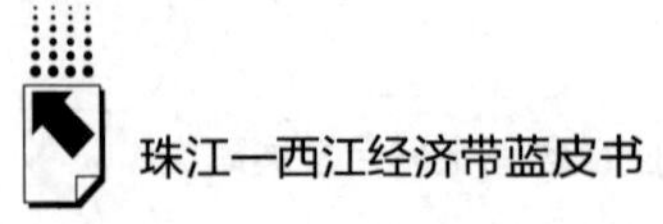

（一）思想理念差距：对新一轮产业转移趋势和特征认识不足，严重制约工业“东融”措施落到实处

当前，新一轮产业转移正在出现，人们对其趋势和主要特征还没有非常肯定的判断。总的来看，未来几年将是产业转移合作的“窗口期”，在这样的背景下，必须更好地营造开放合作氛围，不断强化企业主体的市场竞争和开拓意识。但长期以来，广西商业文化、开放意识、国际眼光相对缺乏，思想解放不够、改革意识不强、服务意识缺乏、工作方法保守等现象仍有存在；对民营企业“清”有余而“亲”不足，对标粤港澳大湾区高度市场化、国际化营商环境要求仍有很大差距，一些开放政策难以落到实处，如作为承接东部产业重要载体的部分，园区对“四新经济”缺乏“法无禁止即可入”的理念；主动突破体制机制障碍、敢闯敢拼的社会氛围不浓，政策创新乏力。

（二）区位优势差距：粤港澳大湾区内部产业转移增多，珠江—西江经济带优势有所减弱

近年来，粤港澳大湾区内部城市间产业转移步伐加快，粤西、粤北城市面向粤港澳大湾区的产业承接关联更紧密、机制更完备。其中，东莞、惠州等已成为粤港澳大湾区核心城市产业转移主阵地，肇庆加快构建“广深港澳研发+肇庆承接孵化转化”创新协作新模式，着力打造粤港澳大湾区产业转移集聚地，与邻近的梧州功能定位雷同，将产生较大的竞争压力。云浮和潮州加快打造陶瓷、食品、新材料、新能源、生物医药健康5个500亿级产业集群，对邻近的贺州、玉林形成竞争压力。

（三）区域竞争差距：周边区域竞争日益激烈，政策和交通优势有所减弱

在政策方面，湖南省出台针对粤港澳大湾区中高级人才引进的22项支持政策，江西省从工业用地基金奖励、企业投资财政奖励、总部经济纳税奖励、智能制造装备产业扶持基金奖励、高技术企业税收减免奖励等方面出台

专项支持政策。在区域互联互通方面，贵广高铁、广昆高铁等交通设施的完善拉近了贵州省、云南省与粤港澳大湾区的“距离”，湘粤港直通快车、南珠海航班、京港高铁、武广高铁让湖南省进入粤港澳大湾区的“3 小时经济圈”，江西省即将建成通车的赣深高铁将赣州至深圳的通行时间缩短至 2 小时。这些都使得部分粤港澳大湾区转移产业越过广西向周边其他地区溢出。

（四）协同机制差距：行政推动仍是主要方式，利益共享机制尚未健全

与长三角一体化过程中行政、市场融合推进机制不同，粤港澳大湾区跨区域协同机制仍处在探索推进阶段，行政推动仍是主要方式，推进工业“东融”仍面临诸多政策困境。珠江—西江经济带与粤港澳大湾区在生态环境、营商环境、制度环境等领域的深层次的精准衔接机制尚不健全。如粤桂合作特别试验区粤桂两地管委会之间联合管理方式松散粗放，未能按照试验区的顶层设计建立完整的管理架构、进行一套班子集中垂直管理，存在明显的“西热东冷”现象。

（五）研发创新差距：企业技术创新能力较弱，仍以模仿创新为主

经过多年发展，广西尚未建成一所能支撑工业高质量发展的理工类大学。2020 年，全区全社会研发投入不足 170 亿元，不到广东的 1/10；超过九成的规上工业企业没有研发活动，有产学研合作的企业仅占 4.01%，国家级企业技术中心仅 15 家，不足全国的 1.00%；创新平台偏少，国家级工程（技术）研究中心不足全国的 2.00%，国家重点实验室 1 家。

三　珠江—西江经济带与粤港澳大湾区“三链”融合发展的重要趋势

从粤港澳大湾区产业转移来看，其呈现出较为明显的“双转移”、产业链整体转移和抱团转移、以合作共建园区为主要途径、受中美贸易摩擦影响较大等趋势。

（一）广东“双转移”战略继续实施，产业持续向粤东西北地区转移

粤港澳大湾区产业转移分为三大圈层，第一圈层为粤港澳大湾区内部转移。由深圳、广州等粤港澳大湾区核心城市向周边的东莞、佛山等地转移。如华为先后将终端业务、企业数据中心从深圳坂田迁至东莞松山湖。第二圈层为向粤东西北欠发达地区转移。2013 年，广东省委、省政府印发《关于进一步促进粤东西北地区振兴发展的决定》，随着产业和劳动力“双转移”的不断推进及大项目的相继落地，部分地区已呈现出良好的发展势头。第三圈层为向泛珠三角区域内外省区以及东盟等境外转移。2016 年国务院印发《关于深化泛珠三角区域合作的指导意见》，引导产业有序转移承接。目前，泛珠三角各省区已设立各类产业转移对接园区 20 多个，形成闽粤经济合作区、粤桂合作特别试验区、粤川自贸区等跨省区产业合作平台。

（二）产业链整体转移和抱团转移正在成为粤港澳大湾区产业转移的主导模式

随着要素生产成本的不断上升和市场竞争态势的日趋激烈，同区域或同行业有一定地缘关系或业缘关系的企业开始结伴转移，产业链整体转移和抱团转移的产业转移模式出现，并逐步占据主导地位。如广东顺德的家居产业长期在国内处于领先地位，其在向湖南益阳转移的过程中，采取产业链抱团转移的模式，在湖南益阳形成了一个集“产、展、研、销与专业采购”于一体的航母式家居全产业链平台。

（三）合作共建园区是承接粤港澳大湾区产业转移的重要途径

近年来，广东省探索出多种行之有效的园区合作共建模式，推动粤港澳大湾区产业转移取得新成效。目前韶关、梅州等 10 个市与广州、深圳等 5 个珠三角市建立了省级产业转移工业园，涌现出佛山顺德（英德）产业转移工业园、深圳（汕尾）产业转移工业园等成功典型。合作共建园区在资

源、产业、科技、人才、管理、体制等多领域实现了优势互补、合作共赢，正在成为承接粤港澳大湾区产业转移的重要途径。

（四）加工制造领域和中低附加值环节仍将是粤港澳大湾区产业转移的重点

粤港澳大湾区自身拥有一个非常巨大的、“走不掉”的市场，家电等领域占全球市场的 1/3 左右，庞大的市场需求无法仅通过境外加工企业来满足，更重要的是，粤港澳大湾区的生产企业多年来已在国内形成了完整的配套体系。从近年来产业转移的规律来看，高附加值的研发设计和市场渠道等环节需要大量的人才和信息乃至金融支撑，仍将可能留在粤港澳大湾区，加工制造领域和中低附加值环节仍将是粤港澳大湾区产业转移的重点，对于这一点必须要有现实的理性认识，应当紧抓精准环节和关键领域，实现工业“东融”的长期储备和长远谋划。

（五）中美贸易摩擦升级将迫使粤港澳大湾区部分出口型企业生产基地外迁转移

2018 年以来，随着中美贸易摩擦的不断升级，粤港澳大湾区部分出口型企业生产基地加快外迁转移步伐，其中以三星生产基地整体外迁和苹果生产基地产能转移最具代表性。同时，中美贸易摩擦发生后，越南通过出台系列优惠政策推动其成为我国企业输美产品生产基地转移的重要目标地。

四　加快推进珠江—西江经济带与粤港澳大湾区“三链”融合发展的对策建议

（一）破除体制机制交流障碍

1. 建立完善统一、高效、有序的跨省区产业合作新机制

目前，负责融入粤港澳大湾区相关工作的主要有珠江—西江经济带（广西）规划建设管理办公室等机构，但这些机构与粤港澳大湾区的对接交

流主要集中在基础设施方面，在产业方面特别是工业方面的对接交流不足，相应的融入对接机制仍不完善。因此，粤桂两省区可集聚未来重点合作对接的主导产业，探索设立珠江—西江经济带与粤港澳大湾区工业合作委员会，建立常态化产业合作对接省区际、厅际联席会议制度，加强从高层到基层的产业合作交流，统筹推进“三链”对接合作、企业和项目落地等重大事项。

2. 加强承接轻工业转移的组织领导

轻工业是粤港澳大湾区规模最大、优势最突出的产业。目前，从珠江—西江经济带（广西）承接粤港澳大湾区的产业类型来看，主要为电子信息、纺织服装、木材家具、食品加工、不锈钢制品等轻工业。然而，当前广西轻工业的管理比较分散，涉及工信、二轻联社及中医药管理等部门，统筹推进轻工业发展的力量不强，成效也不太理想。为此，应改革完善现有广西二轻行业管理体制机制，建立承接轻工业转移的工业机制，这既是新形势下适应行业发展趋势、建立统一高效的轻工业管理架构、推动全区轻工业加速振兴的客观要求，也是广西系统研究、全面精准承接粤港澳大湾区轻工业的迫切需要。

3. 建立设区市对口承接产业转移工作机制

目前，珠江—西江经济带（广西）承接粤港澳大湾区产业转移缺乏区市联动和统一组织领导，沿江各市基本处在各自为战、无序竞争的状态；招商也以开展“大呼隆”式的活动为主，难以做到精准有效，效果也自然大打折扣。下一步，应强化产业转移政府属地责任，瞄准广州、深圳、佛山、东莞、中山、珠海、惠州、江门、肇庆等珠三角重点地区，推动各设区市与上述地区建立对口承接产业转移工作机制，建立市与市一一对应的长期联系沟通合作关系。

（二）破除共建园区不足障碍

1. 积极推动合作共建产业园区

发挥示范带动作用，加强广东、广西两省区工信厅的沟通协作，建立合作工作机制，创新推进粤桂产业合作的方式和方法，积极推动合作共建产业园区，并在园区建设及产业项目引进建设方面给予政策支持。同时，以共建产业园区为载体，加强粤桂两省区产业合作，共同推进产业项目落户共建产业园区。

2. 推动市县与广东重点企业合作共建园中园

参考中滔模式，鼓励工业园区积极引进广东有实力有能力的行业龙头企业建设专业产业园区，由企业负责设计、规划、投资建设专业产业园区，以企业为主体负责专业产业园区的建设、招商及运营，并充分利用龙头企业的资源和影响力进行招商，进一步促进特色产业集聚发展。园区管委会则主要负责专业产业园区的征地拆迁、项目建设服务等工作。

3. 创新跨省区产业园区运营新模式，打造一批具有示范效应的“产业飞地”园区

一方面，打造“粤桂两省区厅际联席会+园区管委会+运营公司”管理运营新样板，积极开展园区企业化、市场化建设运营改革试点，形成“投入—产出—再投入”可持续发展运营模式，在跨省区产业合作、园区共建、利益共享等方面突破创新，打造一批跨省区合作园区改革新典范，培育一批体制机制实现重大突破的产业合作园区。另一方面，制定完善“产业飞地”合作机制、税收征管和利益分配机制，推动两省区合作共建“产业飞地”园区。

（三）破除产业融合不畅障碍

聚焦广东“双十”产业集群，紧紧把握粤港澳大湾区产业转移趋势，立足西江沿线各市产业基础，按照“强龙头、补链条、聚集群”的总体要求，重点抓好“关键行业（加工制造）、关键平台（飞地经济）、关键优势（要素引进和协同）、关键主体（城市对口合作）”四个“关键”，打造一批优势互补、紧密协作、区域互动、互惠双赢的产业链供应链创新链，构建需求牵引供给、供给创造需求的产业协作内外循环新格局。

1. 抓龙头、重配套，探索资源引企业、市场换产业、区位优势变产业优势的转移承接新路径

高效承接电子信息、智能家电、汽车、现代轻工纺织、高端装备制造、

智能机器人等产业链，精准引进和承接一批产业链下游企业和项目，加快完善产业链条，推动优势产业链延伸，加快形成龙头带动、链条齐备、集群显著的发展格局。

2. 巩固提升传统优势产业链核心竞争力

加强培育品牌产品、品牌企业，强化供应链基地建设，着力提升产品供应能力，推动冶金、有色金属、建材、碳酸钙、板材、果蔬加工等产业链深度开拓粤港澳大湾区市场。

3. 建设数字化产业链供应链平台

跟踪粤港澳大湾区产业链供应链外迁情况，推动外迁企业在沿线布局产业链供应链关键核心环节、重要生产环节、高价值环节以增强产业链供应链稳定性。

（四）破除协同创新合作障碍

围绕产业链部署创新链，围绕创新链布局产业链，加强与粤港澳大湾区科技创新合作，加强创新要素对接，探索“科创+产业”模式，促进创新链与产业链深度融合。

1. 完善协同科技创新机制

支持广西企业、机构在深圳、广州等创新资源集聚地设立科创平台，成立产业创新联盟，探索“异地研发孵化、驻地招才引智”协同创新模式，形成“研发、孵化在粤+制造、转化在桂”协同创新格局。

2. 搭建跨区域科技创新平台

支持与粤港澳大湾区共建产学研合作示范基地、产业技术创新战略联盟，积极对接广深科技创新走廊，吸引广深、港澳科研团队落户西江沿线城市，重点建设南（南宁）柳（柳州）桂（桂林）科技创新走廊、国家科技成果转化服务（南宁）示范基地。

3. 强化人才交流合作

支持广西高校与粤港澳大湾区知名高校、科研院所采用结对共建、培训交流、科研合作、联合攻关、委托培养方式开展交流合作，探索共建科技创新园区、科技研发与人才培养基地，联合培养创新人才、高层次技术人才。

4. 搭建公共技术服务平台

探索建立粤港澳大湾区科技成果转化承接区，建立跨省区科技成果转化信息对接平台，有序推动粤港澳大湾区科技成果向广西转移转化。

（五）破除区域布局协同障碍

树立区域发展“一盘棋”思路，加强规划统筹和布局优化，支持西江沿线城市聚焦资源禀赋、产业基础、区位交通等，重点选择 3~4 个主导产业进行精准培育和精心打造，促进产业分工合理、协同发展，形成科学布局、分工协作、优势互补的产业发展格局。

1. 加强城市间产业链分工与协作

以区域发展规划为引领统筹推进区域协同发展，建立跨市产业发展协调机制、重大事项共商共建机制，采用“总部+制造、终端+配套、研发+转化”等模式，支持南宁、柳州、桂林等中心城市建立总部基地、终端基地、研发中心，完善供需链、协作链，鼓励周边地区建设制造基地、配套（原料）基地、转化基地；支持主导产业相近或具备产业链上下游关联的设区市协同构建一批跨市产业链，明确重点发力环节和发展的中间产品、终端产品。

2. 推动园区间协同发展

强化园区间产业协同、功能协同，支持主导产业相近或具备产业链上下游关联的园区共建“伙伴园区”，打造一批专精特新产业园区；支持国家级园区与县域工业园区共建“飞地园区”，利用国家级园区品牌优势，加快县域工业园区转型升级；发挥千亿元园区、500 亿元园区引领带动作用，建设一批供应链基地、产业链配套园区，推动与百亿元园区、特色园区产业链供应链形成互联互通、互促互动的良性循环格局。支持主导产业相近或具备产业链上下游关联的园区进行整合。

（六）破除市场开拓渠道障碍

加强与粤港澳大湾区工业品产销对接，鼓励优势工业品走出广西、走入

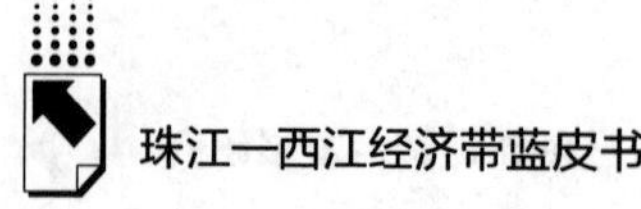

粤港澳大湾区市场。

1. 积极举办粤港澳大湾区工业品展销活动

出台补贴政策支持重大成套设备、建材等优势产品“东融”发展，培育广西工业会展品牌，扩大市场影响力。

2. 建立工业品购销联盟

整合重点企业、行业及地区资源，建立工业品购销联盟，加强供应链配套服务，实现采购需求信息互通，以及供应商资源、商品资源共享。

3. 编制工业品推荐目录

选取龙头企业的重点产品，编制工业品推荐目录，定期在粤港澳大湾区相关媒体宣传报道，提升工业品影响力。

4. 创新拓展工业品销售渠道

支持工业企业利用互联网、大数据、人工智能等不断创新营销模式，发挥行业协会、商会等社会组织作用，采用政府搭台、市场运作、企业主体、社会参与的营销联盟模式，拓展营销渠道。

（七）破除要素政策支撑障碍

1. 加强工业用地保障

将新引进粤港澳大湾区的行业龙头企业项目或单项冠军企业项目优先列入自治区“双百双新”产业项目，并全部列入年度自治区层面统筹推进重大项目，项目新增建设用地指标由自治区统筹安排并实行核销制。对新承接粤港澳大湾区的重大工业项目，采取“一事一议”，确保土地供给。

2. 全面降低用电成本

广西拥有丰富的水电、火电、风电、核电等资源，但是企业用电成本依然普遍较高。广西大工业用电不同电压等级电价为每度电 0.556~0.626 元。广东实行峰谷分时电价，与广西相邻的肇庆，大工业用电电度电价每度比广西便宜 0.1 元，广州、佛山、东莞等市电度电价每度也比广西便宜 0.01~0.02 元，低谷电度电价约为每度 0.3 元。

3. 加快建设一批标准厂房

加大对产业园区基础设施项目建设的投入力度，支持园区建设多层标准厂房，提高园区承载能力，促进工业招商引资项目尽快落地建设。安排自治区本级财政资金支持特色产业园区标准厂房项目建设，重点支持实施强首府战略及“东融”产业园区标准厂房建设。

B.5 “双碳”背景下珠江—西江经济带（广西）工业高质量发展路径研究

张卫华　李美莲　尚毛毛*

摘　要： 推进碳达峰、碳中和工作和加快工业高质量发展，是珠江—西江经济带（广西）经济社会发展的两个核心任务，必须两手协同推进，确保经济社会健康持续发展。然而，当前珠江—西江经济带（广西）传统高耗能行业占比仍然较高，面临加快承接产业转移与能耗指标配套缺乏、高耗能行业锁定与新兴产业支撑乏力、能耗基数偏低与能源结构腾挪空间有限等三个“两难”。未来必须从优化存量引进增量、提升能源结构适配性、推动跨流域协同发展等方面发力，着力解决“双碳”目标与工业高质量发展之间的不匹配问题。

关键词： “双碳”目标　工业高质量发展　珠江—西江经济带（广西）　产业绿色转型

一　正确认识“双碳”目标与高质量发展的辩证关系

（一）“双碳”目标是高质量发展的行动指南

“十四五”时期，国家提出要全面贯彻新发展理念，做好碳达峰、碳中

---

* 张卫华，广西壮族自治区发展和改革委员会四级调研员，高级经济师，研究方向为宏观经济；李美莲，广西宏观经济研究院助理研究员，研究方向为产业经济；尚毛毛，广西宏观经济研究院区域经济研究所负责人，高级经济师，研究方向为区域经济。

和工作，为到2030年实现碳达峰、到2060年实现碳中和的“双碳”目标任务打下坚实基础。2021年以来，国家重点开展碳达峰、碳中和“1+N”政策体系[①]构建工作，并计划选择100个具有代表性的城市和园区开展碳达峰试点建设。广西壮族自治区党委、政府高度重视碳达峰、碳中和工作，开展推动全区制定出台碳达峰、碳中和“1+N”政策体系系列文件的重点任务。2021年4月习近平总书记视察广西时强调，要把碳达峰、碳中和纳入经济社会发展和生态文明建设整体布局，建立健全绿色低碳循环发展的经济体系，推动经济社会发展全面绿色转型。[②] 珠江—西江经济带作为广西对接粤港澳大湾区的前沿阵地，是承接产业转移的先行示范区，也是全区工业高质量发展的重要引擎，必须把“双碳”目标任务融入工业发展的方方面面，两手协同推进，才能确保经济社会健康持续发展。

（二）高质量发展是“双碳”目标的内在要求

推动工业高质量发展是推动广西经济加快发展的重要抓手，也是实现在全国“赶超进位”的必修课。“十四五”开局之年，自治区党委、政府就做出一系列密集部署，加快提升广西工业发展内生动力，召开工业振兴大会、制订工业振兴三年行动计划、推进“双百双新”重大产业项目，铆足干劲要把工业短板补齐、工业链条拉长、工业质量提升。近年来，随着粤桂黔高铁经济带等合作平台的加快建设，珠江—西江经济带（广西）沿线城市工业加快发展步伐，承接了一批东部地区转移产业，在粤桂产业联动上探索了一系列区域合作新模式，初步构建了沿江产业联合、园区平台联建、生态环保联治等协作机制，为提升服务“东融”发展的能力和水平探索形成了沿江经济带模式。然而，珠江—西江经济带（广西）沿线城市产业多处于低附加值的初级加工环节，资源型、“两高”型行业占比偏高等问题仍然存在，必须紧紧围绕“双碳”目标任务，倒逼

① “1+N”政策体系：1个顶层设计文件+碳达峰行动方案及分领域分行业实施方案+系列保障方案。

② 《习近平时间丨绿“建”未来　打造低碳新生活》，“新华社新媒体”百家号，2021年9月19日，https：//baijiahao. baidu. com/s？ id=1711313819936545496&wfr=spider&for=pc。

工业企业加快技术改造升级，推动珠江—西江经济带（广西）高质量发展与绿色转型双向协同。

（三）实现“双碳”目标与高质量发展两手并重

当前和今后一个时期，推进“双碳”工作和加快工业高质量发展，是珠江—西江经济带（广西）经济社会发展的两个核心任务，二者应是对立统一的辩证关系。从统一性而言，“双碳”目标任务是工业高质量发展的根本遵循，也是倒逼工业转型升级的催化剂，推动实现“双碳”目标任务主要解决的是珠江—西江经济带（广西）供给侧结构性改革和能源结构优化问题；而工业高质量发展是推动实现“双碳”目标任务的必要条件，也是走出资源型、高能耗行业发展困境的一剂良药，加快工业高质量发展主要解决的是产业补链延链的问题。从对立性而言，“双碳”目标任务是“踩刹车”的限制要求；而工业高质量发展对于珠江—西江经济带（广西）而言，是要实现规模数量的“高”与质量效益的“高”同步发展，属于“加油门”的前进目标。如何平衡这二者的关系，既能在绿色转型中实现新旧动能平稳转换，又能在产业结构优化中获得匹配的能耗指标，是珠江—西江经济带（广西）高质量发展进程中的一个重要问题，必须予以高度重视、专题解决。综合而言，必须将“双碳”目标任务融入珠江—西江经济带（广西）工业高质量发展的全局中考虑，既要树立危机感和紧迫感，又要把握好全局和局部关系，增强“一盘棋”意识，在重大问题上以全局利益为重，把握好当前和长远的关系，放眼长远认真研究，循序渐进、创新思路、尽力而为，走出一条新时代资源型地区和后发展地区绿色转型的新路子。

二　珠江—西江经济带（广西）工业高质量发展面临的三个“两难”

（一）加快承接产业转移与能耗指标配套缺乏的“两难”

从国家产业布局方向看，在全球产业布局变化和新冠肺炎疫情冲击之下，国家鼓励东部地区产业向西部地区转移，将西部地区打造成为产业链供应链安全的最后屏障，珠江—西江经济带（广西）迎来了又一轮承接产业转移的重大机遇。2020 年 5 月，国务院印发的《关于新时代推进西部大开发形成新格局的指导意见》进一步提出，要在西部地区打造若干产业转移示范区，积极对接京津冀协同发展、长江经济带发展、粤港澳大湾区建设等重大战略，凡有条件在西部地区就地加工转化的能源、资源开发利用项目，支持在当地优先布局建设。一方面，珠江—西江经济带（广西）作为衔接东部地区与东盟国家产业的桥梁，在承接东部产业转移的过程中必须依靠工业产能的提升，才能扩大生产规模、形成集聚效应，而工业产能的提升又不可避免地带来能耗刚性增长。另一方面，“能耗跟着项目走，但能耗指标没有跟着项目走”，国家下达广西的能耗指标相对有限，珠江—西江经济带（广西）承接东部地区产业转移出现了新的问题。“十三五”时期，国家下达广西能源消费增量为 1840 万吨标准煤、单位地区生产总值能耗下降目标为 14%、单位地区生产总值碳排放量下降目标为 17%，而自治区下达各市的能耗指标更少。“十四五”时期，在国家“双碳”目标要求下，珠江—西江经济带（广西）的能耗总量指标将进一步收紧，这极大地制约了梧州、玉林、贺州等广西“东融”的重要城市承接粤港澳大湾区产业转移的项目需求。尤其是部分粤港澳大湾区产业链延伸的“非禁止”项目（如金属深加工、建材家具类、大数据中心等项目），由于体量大，能耗偏高，一批产业转移重大项目因无能耗空间而无法落地，这给珠江—西江经济带（广西）承接产业转移带来了极大困难。

（二）高耗能行业锁定与新兴产业支撑乏力的“两难”

珠江—西江经济带（广西）既是原材料生产和能源消耗重点区域，也是自治区甚至华南地区很多产业循环的发起点和连接点，然而尚未摆脱资源依赖型经济发展模式，高能耗、高碳排放的地区锁定效应已形成，难以在短时间内快速转变，新兴产业尚未形成新的有力支撑。从产业结构看，工业经济转型动力仍受制于资源型、高能耗行业，不利于新兴产业集群和产业体系

的形成。珠江—西江经济带（广西）产业基础薄弱，资源开发型产业比重高、集约集聚发展水平低，产业链条短、科技含量低，近年来承接的产业大多是石化、造纸、燃煤发电等项目，进一步推高能源消耗。其中，珠江—西江经济带（广西）高耗能产业增加值占规模以上工业增加值的37%左右，对工业经济增长的贡献率约达43%，对生态环境造成很大的压力；而高技术行业增加值占比只有8%，对广西工业经济增长的贡献率只有9%，工业结构转型升级成效并不明显。从龙头企业带动力看，缺乏实力雄厚、带动力强的高技术企业。广西柳州钢铁集团有限公司、广西玉柴机器集团有限公司、五菱汽车集团控股有限公司、广西柳工机械股份有限公司等企业进入中国制造业500强榜单，但主要涉及钢铁、机械、汽车产业等传统产业，没有与战略性新兴产业和高技术产业相关的企业。随着经济社会发展加快向高质量发展转变，新材料、新能源汽车、智能制造装备等新兴产业快速发展，对珠江—西江经济带（广西）传统产业企业发展空间形成前所未有的挤压态势。

（三）能耗基数偏低与能源结构腾挪空间有限的“两难”

近年来，珠江—西江经济带（广西）清洁能源装机占比、非化石能源消费占比已经远高于全国平均水平，节能减排降碳空间收窄，挖掘潜力难度进一步加大。长期以来，珠江—西江经济带（广西）水电占据能源结构的半壁江山，“十三五”时期，非化石能源发电量平均占比超过50%，连续3年全额消纳清洁能源，实现“零弃水、零弃风、零弃光”，未来能源结构调整导致二氧化碳降低排放空间有限。企业节能技改空间已经不大。“十三五”以来，珠江—西江经济带（广西）着力推进火电、钢铁、化工等重点行业清洁生产技术改造，从严从紧控制“两高一资”及低水平重复建设项目和产能过剩建设项目，着力淘汰有色金属冶炼、水泥、陶瓷等行业落后产能，综合能耗较大行业已基本实现节能技改，主要工业企业均已完成脱硫脱硝等减排工程，统调燃煤机组完成超低排放改造，大部分工业生产的技术与工艺水平基本达到国内先进水平，工业危险废物安全处置率达100%，基本实现城镇生活垃圾无害化处理率100%，单位产值能耗下降进入瓶颈期。此外，随着钢铁产能提升和东部产业向西转移逐步推进，大气减排空间也几乎被耗尽，未来这些重点承接转移的产业通过技改节能的难度加大。

三 “双碳”背景下珠江—西江经济带（广西）工业高质量发展路径

按照中央部署要求，“双碳”是一项必须完成的约束性任务，珠江—西江经济带（广西）必须在坚持全国“一盘棋”中，秉持主动积极姿态，科学稳妥循序渐进，从自身实际出发，把“双碳”目标作为工业高质量发展的纲领性要求，着力破解发展的各项难题。在“双碳”目标倒逼下，一方面要优化落后存量，通过产业技术改造，进一步淘汰落后产能，扩大能耗空间；另一方面要引进高端增量，通过延长产业链，形成完备的绿色产业体系。同时，既要从自身出发进一步优化能源结构，充分挖掘清洁能源利用空间，最大限度降低化石能源的消费占比，也要加强跨流域的分工协作，共同探索“双碳”背景下工业高质量发展路径。

（一）优化落后存量，对标先进水平推动技术升级改造

把“双碳”纳入珠江—西江经济带（广西）发展整体布局，把环境容量作为项目准入的门槛，既要严格控制新上高耗能高排放项目，加大源头管控力度，也要通过节能改造、节能监管腾出能耗空间，为上马新项目好项目创造条件，推动新增投资与能耗强度降低目标和长期“碳中和”目标相匹配。

1. 加快推进高耗能行业节能技改工作

通过实施重点行业、重点企业标准“领跑者制度”等，打造重点行业单位产品能耗等标杆，对产业链上各生产环节及产品能耗水平进行周期性评定，深入开展能效达标对标活动，鼓励企业对标国际国内先进生产水平及能耗水平，带动行业整体能效提升。以六大高耗能产业为试点，探索低碳产业

园区试点，推动低碳、零碳产业体系建设，加快推进行业节能技改工作。一方面，推动以清洁能源代替煤炭、原油等传统化石能源的多元化发展模式，加快淘汰落后和过剩产能，从源头上减少能源消耗和污染物排放。另一方面，在高耗能行业领域，排查筛选优势企业和共性技术攻关、产业链提升、协同创新、重大技改等优势项目，予以大力支持。

2. 加大绿色转型资金支持力度

去产能是一个既有“减法”也有“加法”还有“乘法”的过程，淘汰落后产能的同时，可以依托技术创新和国家政策支持、新的经济热点向其他行业辐射，实现“乘数”效应。因此，珠江—西江经济带（广西）要通过政策引导、绿色金融支持高耗能产业结构、重点制造业结构优化，以专项资金支持的方式降低企业利用清洁能源的成本，提升清洁能源消费占比；支持试点行业领域引入“碳排放消费约束”机制，扶持重点产业全产业链绿色化建设，完善政策激励体系和配套措施，倒逼高耗能产业生产、流通等环节绿色转型。

3. 防止以技改名义增加产能、扩大能耗总量的问题

要进一步加大力度，认真论证并合理制定未来钢铁、煤炭等传统行业化解过剩产能的目标，根据市场需求，设定行业能源消费总量“天花板”，原则上停止审批新建煤矿、新增产能技术改造和煤矿生产能力核增项目。对于现有产能，实行“减量置换”，对环保、能耗、安全生产达不到标准和生产不合格或淘汰类钢铁产能的，要依法依规有序关停退出。

（二）引进高端增量，积极培育集聚新兴产业动能

珠江—西江经济带（广西）劳动密集型和技术、资本密集型产业具有较明显的比较优势，只有不断推动产业链高级化、低碳化，才能从根本上将珠江—西江经济带（广西）资源优势转化为发展优势。因此，必须以巩固产业链、补齐产业链短板、优化产业链配套、强化产业链重点环节为重点，既要延长珠江—西江经济带（广西）传统优势产业链条，加强上下游企业的合作，又要引进相关配套企业，推动产业集群化发展。

1. 以保产业链稳定为抓手，推动传统产业“有中生新”

短期内，“双碳”要求会抑制部分高耗能、高排放的传统行业发展，因此应立足珠江—西江经济带（广西）传统特色产业的发展基础，倒逼行业向高端化延伸。近年来，在全区工业高质量发展的推动下，珠江—西江经济带（广西）瞄准特色优势产业和未来发展方向，延伸布局了一批关键产业链供应链，不断壮大“工业树”、繁茂“产业林”，具备了一定的产业基础能力和产业链现代化水平。因此，在“双碳”目标要求下，珠江—西江经济带（广西）要进一步依托已有传统特色优势产业，按图索骥引进配套高端产业，推动产业链条向上下游延伸，以高成长性企业技术改造为重点，推动机械、汽车、冶金等传统优势产业企业实施机器换人、生产换线、设备换芯、产品升级。以柳州、贵港等的新能源汽车产业为重点，依托产业基础及市场资源，做好全产业链配套，重点发展新能源汽车电池、电机、电控等核心零部件，引入新能源整车生产体系，着力打造龙头引领、配套完善的新能源汽车及零部件产业集群，这既是珠江—西江经济带（广西）做大汽车产业、做强汽车品牌、做优汽车产业生态体系的重大机遇，也是倒逼产业向高端化、智能化、绿色化转变的关键一环。

2. 以区域协同创新为引领，推进沿江产业“新老共进”

产业结构调整优化，不能只盯着老产业，更要注重发展新产业、新业态等，打造传统产业与新兴产业“双引擎”。因此，珠江—西江经济带（广西）要重点依托桂东承接产业转移示范区，有序承接粤港澳大湾区产业转移，促进产业集群和全产业链整体转移，打造优势互补、协作配套、集群发展的沿江产业带。一方面，优化承接产业转移的基础配套。加快探索和推广“双飞地”经济合作模式，推进与发达地区形成联合出资、项目合作、资源互补、技术支持等方式的合作机制，重点增加汽车、食品、电子信息、化工、有色金属等特色优势产业的基础性配套，集聚粤港澳大湾区科研、孵化、前台等环节的创新资源，强化珠江—西江经济带（广西）在生产、转化、后台等环节的技术支撑。另一方面，加快集聚粤港澳大湾区创新资源。加强与粤港澳大湾区在生物医药、新一代信息技术、节能环保、新材料、新能源汽车、先进装备制造等战略性新兴产业领域的合作，与广东共同推动梧州、贺州、玉林等粤桂毗邻各市培育建设加工贸易梯度转移重点承接地，推进高技术产业发展，共创珠江—西江高技术产业带，共建国家级高新区、农业科技园区以及工程技术研究中心、重点实验室等科技创新平台。

3. 强化跨区域产业绿色化试点合作

充分利用广东工业生产各领域的先进技术，强化技术改造的“帮扶”合作，以广东绿色化生产技术的“先进”带动珠江—西江经济带（广西）发展的“后进”。珠江—西江经济带（广西）要大力引进广东新的适用技术，加强对传统产业技术的升级改造，探索建设低碳型的飞地产业园区，通过在“后进”地区开展特色优势产业绿色低碳转型试点，大力推广新型节能环保适用技术在支柱行业上的应用，以绿色低碳新技术新模式新业态赋能重点产业转型，全面减少工业能耗和沿江污染物排放。

（三）提升能源结构适配性，建立清洁低碳能源体系

通过“双碳”工作推动能源革命，统筹推进供给侧生产企业节能减排降碳，引导企业加快向绿色化生产转变，推动煤炭、石油、天然气等化石能源消费量梯次达峰，构建以水电、核电、天然气等支柱能源为核心，以风能、太阳能、氢能等新能源为补充的多元化能源产业新格局，推动珠江—西江经济带（广西）能源向清洁低碳化转型。近年来，自治区政府提出要培育特色鲜明、布局合理、立足广西、面向东盟的海上风电产业，珠江—西江经济带（广西）依托自治区产业发展导向，以风电开发和配套产业链建设为重点，谋划布局了一批海上风电项目，带动风电装备制造业及海上风电服务业集群发展。今后，还要充分利用目前已有海上风电全要素的产业基地，发挥龙头企业全产业链和资源整合优势，提供具有综合特色的“清洁能源+技术应用+环保+智慧城市+基础设施建设”的“一揽子”解决方案，引导中船集团等一批龙头企业把上下游关联产业延伸布局到珠江—西江经济带（广西），形成产业配套，高效助力全区实现“双碳”目标和产业绿色高质

量发展。与此同时，引导龙头企业与本地企业签订战略协议，培育一批新能源产业，加快延伸本地产业链条，带动一批本地企业升级发展。

（四）共抓大保护不搞大开发，推动跨流域协同发展

进入新时代，生态文明建设步入以降碳为战略重点、减污降碳协同增效、经济社会发展全面绿色转型、实现生态环境质量改善由量变到质变的关键时期。习近平总书记多次对长江和黄河流域生态保护做出重要指示，要求坚定不移走生态优先、绿色发展的现代化道路,[①] 这同样适用于珠江—西江流域。因此，广西要强化跨流域合作，共抓绿色生态保护，共谋工业高质量发展之路，共同实现“双碳”目标与经济高质量发展的双赢。

1. 强化跨流域之间的顶层设计

根据国务院 2014 年 7 月批复的《珠江—西江经济带发展规划》要求，云贵桂粤要以保护生态环境为前提，打造珠江—西江绿色经济带，为区域协调发展和流域生态文明建设提供示范。因此，广西要进一步加强与广东、贵州、云南等珠江—西江流域省份的合作，强化顶层设计、改善生态环境、促进转型发展、深化体制机制改革，合力把珠江—西江经济带保护升级为国家战略，推动形成珠江—西江经济带流域保护与工业高质量发展协同的格局。加强跨流域之间的互补合作，提高陆海统筹水平，提高珠江—西江经济带（广西）沿线城市与沿海地区互联互通水平，推进新型基础设施建设，扩大有效投资。

2. 加强流域生态合作共建

守住生态保护这条红线，以流域生态优先，加强跨流域协同保护治理，着力建设珠江—西江生态廊道，共同对西江干支流开展保护行动，抓好水土流失治理和荒漠化防治，加强河道和滩区环境共治。提高生物多样性，以提升生态系统碳汇能力为目标，以森林、草原、湿地、耕地等为重点，合力提

① 李姗：《人民日报：坚定不移走生态优先、绿色发展的现代化道路》，中华人民共和国水利部网站，2021 年 10 月 26 日，http：//www. mwr. gov. cn/xw/mtzs/rmrb/202110/t20211026_1548961. html。

高森林覆盖率，强化提升森林质量，加强森林、草原、湿地、耕地等的修复和保护。参照以水定城、以水定地、以水定人、以水定产的模式，走好水安全有效保障、水资源高效利用、水生态明显改善的集约节约发展之路。同时，充分利用两广联席会议、对接会等沟通机制，以共建产业园区、加强招商推介、搭建特色产品购销平台等方式替代部分补偿资金，从产业合作角度加强与广东的生态共建工作。

B.6
加快推进珠江—西江经济带产业高质量发展对策

彭中胜*

摘　要： 珠江—西江经济带全面深入对接粤港澳大湾区建设，工业转型升级加快推进，承接产业转移成效凸显，现代服务业获得长足发展，现代农业持续稳定发展，现已基本建成优势互补、协同配套、联动发展的现代产业集聚带。为更好推进珠江—西江经济带产业高质量发展，应从优先发展高端制造业、大力培育发展数字经济、积极发展高端服务经济、着力打造大健康和文旅消费基地、创新推动“飞地园区”建设等方面努力。

关键词： 珠江—西江经济带　战略性新兴产业　联动发展　高质量发展

自2014年7月国务院批复实施《珠江—西江经济带发展规划》以来，广西抢抓这一重大机遇，全面对接粤港澳大湾区建设，不断深化承接产业转移、产业发展平台等领域的合作，积极推进特色产业集群和优势产业链发展，与东部地区的产业分工合作更趋紧密，现已基本建成优势互补、协同配套、联动发展的现代产业集聚带。

一　珠江—西江经济带产业发展状况

（一）工业转型升级步伐不断加快

近年来，粤桂两省区结合自身优势，加强承接产业转移合作，深化跨区

* 彭中胜，广西壮族自治区发展和改革委员会区域开放处副处长，研究方向为区域经济。

域产业链条建设，积极推进珠江西岸先进装备制造产业带、南宁高端装备制造城、广西智能制造城（柳州）、广西先进装备制造城（玉林）建设，培育壮大了一批优势工业集群，有力推动工业转型发展。

1. 特色优势产业不断壮大发展

装备制造业。广东片区内，广州以及以佛山、肇庆为代表的珠江西岸先进装备制造业集群加快建设；广西片区内，形成了以柳州、玉林为核心的广西工程机械产业集群，柳工股份海外市场份额达到40%。依托南宁（六景）修造船集中区、贵港石卡产业园、西江（桂平）船舶修造产业园区，以及赤水工业园、藤县造船工业集中区，珠江—西江经济带内河修造船产业初具规模。

绿色食品加工业。规划建设粤港澳大湾区肇庆（怀集）绿色农副产品集散基地，致力于打造大西南与粤港澳大湾区绿色农副产品集散基地。特色农副产品加工业规模不断扩大，柳州螺蛳粉、梧州六堡茶、崇左坚果、百色杧果等农产品加工业发展成效显著。

电子信息产业。广东片区电子信息产业发展迅猛，2020 年广州市预计实现营收 4882 亿元（工业和信息化部口径），获工业和信息化部批复创建全国首个区块链发展先行示范区，并成功入选首批国家级综合型信息消费示范城市，通用软硬件适配测试中心（广州）正式挂牌运营，“鲲鹏+昇腾”生态创新中心成立。肇庆市以风华高科为龙头与深圳共建电子信息、新材料、装备、新产品产业链。云浮市加快推动省市共建信息技术应用创新产业园项目建设。广西片区电子信息产业集聚效应凸显，形成了以北海至桂林的高铁经济带为主轴，以南宁市、桂林市为核心的电子信息产业集聚区，其中南宁市软件和信息技术服务业的主营业务收入占全区总量的 80%以上。

汽车产业。以广州、柳州、佛山、玉林为主体，珠江—西江经济带正成为全国重要的汽车及其零部件生产和出口基地。其中，广州 2020 年汽车产量达 295.21 万辆，居全国第 1 位；柳州是目前全国唯一拥有全系列整车制造企业的地级市，年产销汽车超过 250 万辆，约占全国的 1/10；佛山已拥有近 10 家整车生产企业，汽车及其零部件制造规模以上企业超过 150 家，成为广东三大整车生产基地之一；玉林正逐步成为我国最大的车用柴油发动机及其零部件生产基地。

制糖产业。广西加快推进制糖企业战略重组，现已形成3个年产糖100万吨的糖业集团和3个年产糖50万~80万吨的糖业集团，重点打造了崇左、来宾糖业循环经济示范基地和贵港粤桂热电循环产业园，形成了“甘蔗—制糖—酒精—生物有机肥”“甘蔗—制糖—酵母及其抽提物”“甘蔗—制糖—蔗渣—浆纸—废液碱回收”等循环经济产业链，糖业循环经济与综合利用水平继续保持全国领先。

化工新材料产业。促进柳州化肥、南宁及百色氯碱精细化工、梧州林产化工等产业结构调整，百色逐步成为西南地区重要的石油加工生产基地和重要的氯碱基地。

原材料产业。创新铝产业“铝—电—网”发展模式，百色区域电网一期、华磊平果铝基轻合金、百矿（田林、德保）煤电铝一体化项目电解铝一期等项目相继建成投产，形成了“铝土矿开采—氧化铝—电解铝—铝精深加工—再生铝循环利用”的全产业链。贺州加快发展碳酸钙全产业链，着力打造千亿级碳酸钙产业集群。崇左南国铜业一期30万吨铜项目建成投产。云浮推进广东金属智造科技产业园、金晟兰优特钢项目等一大批重点项目落地，促进传统产业转型升级。

2. 战略性新兴产业取得突破性进展

生物医药产业。广州、南宁、桂林、玉林、梧州等地区的生物医药产业加快发展；肇庆以大华农为龙头建设生物防疫、基因、医药产业链，积极推进国家级南药批发市场建设；云浮南药产业发展成效明显，云浮市健康医药产业园、罗定市中药提取产业基地获批省市共建生物医药产业培育园区，云城区南药产业园获批国家现代农业产业园。

新一代信息技术产业。广州形成了以2个操作系统、3个主流芯片、4个整机厂商为核心的“2+3+4”信创全产业链。中国联通集团南宁总部基地建设顺利推进，中国—东盟信息港展示中心达到开放条件，南宁100个新软件产品实现物联网、云计算、大数据、信息安全等领域全覆盖。柳州由

“柳州制造”向“柳州智造”转变，实施智能制造生产模式示范工程，重点加强全产业链信息化建设，北斗产业园建设加快推进。桂林华为信息生态产业合作区加快建设，深科技智能制造项目年产智能手机5000万台以上。梧州着力推进京东（梧州）数字经济产业园区、梧州市大数据产业基地等项目建设。云浮加快建设省市共建信息技术应用创新产业园项目。

新材料产业。崇左重点推进南国铜业铜冶炼、稀土金属项目，加快锰系新材料研发生产步伐，重点支持锰锂动力电池、软磁材料研发生产。柳州汽车电子新材料、锡铟锑新材料等一批重大项目加快建设。贺州推进稀土新材料产业园和钨钛锡产业园建设，大力开发稀土合金、永磁材料深加工、钨系列产品深加工等产品和服务。云浮承接珠三角地区产业转移，推动以虎头电池项目、国鸿氢燃料电池新材料项目为代表的电池新材料产业发展。

新能源汽车产业。广州纯电动新能源汽车发展已涵盖整车生产、“三大电”（电池、电机、电控）以及电池关键材料等领域，基本形成了完备的新能源汽车产业体系；加快布局发展智能网联汽车，力争率先构建中国第一条完整的自主可控智能网联汽车产业链。肇庆以小鹏汽车为龙头与广州共建新能源汽车产业链。云浮具备了氢能燃料电池客车5000台/年、氢能燃料电池物流车5000台/年的产能，建成年产能2万台的华南地区最大规模的燃料电池电堆生产线，占据了全国超60%的氢能燃料电池市场和超40%的氢能燃料电池动力系统市场。柳州汽车电动化率达9.5%，远超全国平均水平（约6%），电动出行率约达30%，新能源汽车“柳州模式”向全国推广。广西基本建立了以柳州为中心，以桂林、玉林为基地，并辐射南宁的新能源产业集群，贵港新能源电动车产业初具规模。

轨道交通装备产业。广州中车公司城轨产品制造累计完成1344辆（222列），多家车辆核心配套供应商在广州设立实体工厂以生产配套部件。佛山中车四方现代有轨电车制造基地一期建成投产。南宁中车二期项目加快建设。柳州智能交通产业园是目前国内西南地区唯一的、占地规模最大的、产业链最齐全的胶轮系统轨道产业园。

海洋工程装备产业。佛山市海洋工程高端重型装备研发生产项目于

2018年投产，3年时间内销售额达9.6亿元，极大地提升了佛山市海洋工程装备制造水平。

（二）承接产业转移取得积极进展

梧州依托粤桂合作特别试验区有效吸纳粤港澳大湾区产业、技术、资金的转移，推动国光、宇球、碧清源、香港雅士等一大批粤港澳大湾区企业相继落户试验区并投产。由佛山转移至梧州藤县的陶瓷产业规模占整个藤县陶瓷产业规模的60%以上。玉林（福绵）整建制承接广东纺纱、布衫、制衣等服装皮革上下游产业全产业链升级式转移，落户企业达254家，成为粤桂两省区产业融合发展的重要示范。贺州累计引进粤港澳大湾区产业项目1365个，到位资金占全市招商引资到位资金的42.27%。桂林成功引进华为、比亚迪、深科技、智慧产业园孵化中心、光大云创谷等项目。“十三五”以来，经广西壮族自治区政府驻广州办事处牵线搭桥的招商引资项目签约资金共5370亿元，到位资金共800多亿元。截至2020年4月，粤桂两省区工信部门推出“湾企入桂”重点投资合作项目140个，总投资约6164亿元。截至2020年底，珠江—西江经济带基本形成了资源开发型产业、劳动密集型产业和先进制造业3条区域产业链供应链，“粤港澳大湾区研发+经济带制造”的产业协同发展态势初步显现。

（三）现代服务业获得长足发展

1. 跨区域现代物流体系加快形成

建成中国—东盟自贸区凭祥物流园、崇左（东盟）国际农资物流交易中心、龙邦国际商贸物流中心（一期）等项目，南宁保税物流中心成功升级为综合保税区，梧州综合保税区、贵港西江综合保税区申报工作顺利推进，贵港获批设立1个保税仓库。积极整合粤港澳大湾区优质产业和商贸流通资源，南宁—粤港澳大湾区供应链生态新城项目南宁港一期已开始运营，物流园区一期已开工建设。建立完善农产品流通体系，粤港澳大湾区“菜篮子”工程广泛覆盖经济带沿线城市。国际物流通道建设取得突破，开通

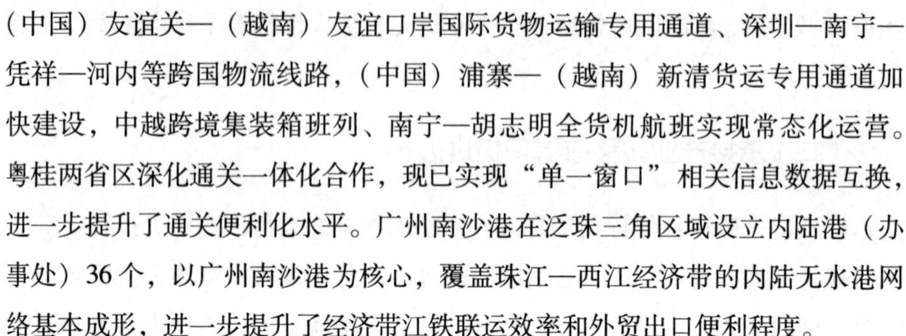

（中国）友谊关—（越南）友谊口岸国际货物运输专用通道、深圳—南宁—凭祥—河内等跨国物流线路，（中国）浦寨—（越南）新清货运专用通道加快建设，中越跨境集装箱班列、南宁—胡志明全货机航班实现常态化运营。粤桂两省区深化通关一体化合作，现已实现“单一窗口”相关信息数据互换，进一步提升了通关便利化水平。广州南沙港在泛珠三角区域设立内陆港（办事处）36个，以广州南沙港为核心，覆盖珠江—西江经济带的内陆无水港网络基本成形，进一步提升了经济带江铁联运效率和外贸出口便利程度。

2. 金融业实现稳步发展

广州区域性金融中心功能进一步增强，全市金融境内外上市公司累计达201家，持牌金融机构326家，金融业总资产近9万亿元，本外币存贷款余额突破12万亿元，融资租赁企业2458家，资产余额1953.15亿元。南宁在沿边金融综合改革试验区的核心作用日益突出，跨境人民币结算量位居全区第一，中国—东盟金融城已入驻金融机构（企业）达145家，金融业增加值、人民币贷款余额、企业上市（挂牌）总数、资本市场直接融资规模分别约占全区总量的36%、47%、39%、61%。佛山依托广东金融高新区建设，积极打造现代金融后援服务基地，共引进项目1024个，累计投资规模超1500亿元。粤桂合作特别试验区“两广金融改革创新综合试验区”挂牌成立。广东股权交易中心广东金融高新区分公司联合粤桂黔金融中介服务机构为大量粤桂黔企业实现融资。珠江—西江产业投资基金于2016年5月正式设立，首期募集规模达50亿元以上。

3. 信息服务平台建设不断完善

珠江—西江经济带通信基础设施日臻完善，光纤与4G网络已实现全区行政村100%覆盖，沿线城市主城区5G网络信号已实现连续覆盖。中国—东盟信息港加速建设，已建成国际通信业务出入口局、国家域名CN顶级节点以及3条国际通信海缆、12条国际陆地光缆、13个国际通信节点和13个面向东盟的北斗导航应用示范与产业化工程，初步形成了包括国际海缆、陆缆等在内的海陆空全方位的通信设施体系，为打通连接东盟的信息通道夯实了基础。中国—东盟技术转移B2B对接平台、中国—东盟技术标准信息服务平台、跨境电子商务综合服务平台等平台建设完成，为面向东盟的经贸往来提供信息服务平台支撑。广州、南宁、桂林深入推进国家电子商务示范城市建设，肇庆加快建设跨境电子商务综合试验区。粤桂共同搭建形成珠江—西江流域航运公共信息服务平台，进一步增强了跨区域航运管理的整体性和协调性。

4. 文旅、康养产业实现联动发展

以珠江—西江经济带为依托，粤桂两省区推动建立了粤桂湘黔四省区旅游合作联盟和粤桂黔高铁经济带旅游产业联盟，广州市牵头成立广佛肇旅游联盟及华南五市（广州、清远、肇庆、贺州、桂林）旅游联盟，组织相关城市和企业参加广东国际旅游产业博览会与中国—东盟博览会旅游展，促进了文化和旅游跨区域合作及客源市场互动。桂林国际旅游胜地基本建成，北部湾国际滨海度假胜地、河池深圳巴马大健康合作特别试验区加快建设，肇庆、贺州、桂林携手推动以粤桂画廊为载体的跨省区交界地区文旅产业联动发展。近年来，广西年接待广东游客超 2 亿人次，占区外游客的 17.1%，广西已经成为广东游客的重要旅游休闲目的地。珠江—西江经济带全域旅游加快发展，广西片区阳朔县、金秀瑶族自治县、兴安县、融水苗族自治县 4 个县以及广州市番禺区成功创建“国家全域旅游示范区”。中国首个跨境旅游合作区——“中越德天—板约瀑布跨境旅游合作区”加快建设，百色、崇左正积极申报设立边境旅游试验区。

5. 会展服务业发展迅速

近年来，中国进出口商品交易会、中国—东盟博览会和中国—东盟商务与投资峰会等国家级会展持续成功举办，中国—东盟技术转移与创新合作大会、中国—东盟（柳州）汽车工业博览会、联合国世界旅游组织/亚太旅游协会旅游趋势与展望国际论坛、中国（广西）大健康产业峰会、梧州珠宝展等有序推进。粤桂两省区依托各类会展，协助对方进一步开拓发展空间。其中，广东依托中国国际中小企业博览会等平台，协助广西开展招商引资和产品推介宣传活动，据不完全统计，“十三五”以来，共协助广西组织 56 家优秀中小企业参展，实现销售和意向合同金额超过 5 亿元。

（四）现代农业持续稳定发展

1. 特色农业发展迈上新台阶

广东片区成功创建了 3 个国家现代农业产业园、38 个省级现代农业产业园；扶持建设顺德区国家级现代农业示范区和从化区省级现代农业示范区；肇庆市深入实施现代农业发展“611”工程，获批创建 10 个省级现代农业产业园，粤港澳大湾区肇庆（怀集）绿色农副产品集散基地建设加快推进，德庆县成功创建国家农业绿色发展先行区；云浮市级以上农业龙头企业达 126 家，高分通过国家农产品质量安全市创建试点核查验收。广西片区实施“10+3”特色农业产业提升行动，打造西江“一干七支”沿岸生态农业产业带，成功创建 3 个国家现代农业产业园和 20 个省级现代农业产业园，形成了包括优质稻、甘蔗、蔬菜、茶叶、桑蚕、水产品、中药材、花卉等在内的现代特色农业产业体系，“双高”糖料蔗基地、蔬菜基地、规模化生态养殖基地等基地建设扎实推进，建成生态循环农业核心基地 25 个。

2. 农业合作不断向纵深拓展

珠江—西江经济带与周边省份、东盟国家的农业合作不断向纵深推进。例如，积极开展面向粤港澳大湾区的优质农副产品供应基地建设，其中贺州超过 150 万吨的蔬菜全力供应粤港澳大湾区，贺州成为粤港澳大湾区重要的“菜园子”之一；梧州与茂名、云浮、肇庆、佛山签订了农业战略合作协议，粤桂合作生态循环农业园区项目稳步推进。南宁与四川成都、贵州黔西南等联合举办了优质农产品推介会，推进地方名特优农产品互通、互流。百色龙邦口岸成功申报粮食进境指定监管场地，中国—东盟农产品交易中心建设顺利推进，中国—东盟（百色）现代农业展示交易会影响力不断扩大，百色—北京果蔬绿色专列运营良好，辐射大西南及东南亚地区的农产品集散中心正在形成。崇左龙州、宁明、大新、凭祥等 4 个边境县（市）与越南合作种植甘蔗面积 1.47 万亩左右，每年从崇左出口越南等东南亚国家的柑橙有 7 万吨左右，苦丁茶、指天椒、中药材等优势农产品受到越南客商追捧。

二　珠江—西江经济带发展存在的问题

（一）产业发展同质化，亮点不够突出

珠江—西江经济带各市普遍聚焦汽车、机械装备、食品加工、电子信息、化工新材料、金属新材料、生物医药等产业，产业发展趋同。在承接粤港澳大湾区产业转移、引进产业集群项目时，产业项目存在同质化问题，各市特色优势产业和城市发展定位不够明确。

（二）产业发展竞争力较弱，腹地支撑能力不足

总体而言，珠江—西江经济带经济发展基础仍然薄弱，产业间不配套不协调，创新能力弱，产业链条短，核心竞争力不强，长期处于价值链低端，承接平台配套设施建设相对滞后，经济带综合成本高。作为粤港澳大湾区战略腹地，其支撑能力仍然较弱。

（三）现代综合立体交通体系有待进一步完善

广东、广西两省区在部分项目规划、建设方面不同步，一些连接两广的重要交通运输通道仍没有连通，部分交界地区“断头路”、道路技术等级不一致等问题依然存在。西江主航道等级不高，水运基础设施不适应水路运输发展需要。公路、铁路、港口、机场等各种运输体系之间缺乏有效整合衔接，沿江港口码头集疏运体系仍需进一步完善。

三　加快推进珠江—西江经济带产业高质量发展的对策建议

（一）优先发展高端制造业

发挥经济带资源禀赋和邻近东盟市场优势，完善承接粤港澳大湾区产业

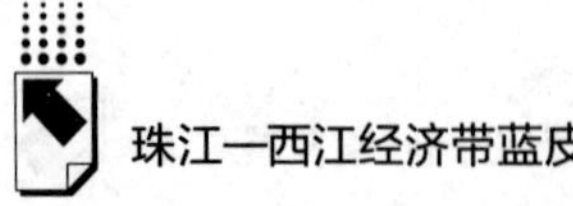

转移合作机制，强化承接产业转移能力建设，深入推进“湾企入桂”，突出产业转移重点，珠江—西江流域下游积极引导资源型、劳动密集型产业和以内需为主的资金、技术密集型产业加快向中上游地区转移。中上游地区要立足当地资源环境承载能力，促进传统产业在承接产业转移中不断升级。进一步提升来宾、崇左糖业精深加工和综合利用水平，抓好重大冶炼及深加工项目建设，延伸贵港、梧州、贺州、肇庆等市钢铁、陶瓷、碳酸钙、装配式建筑等产业链条。围绕新一代信息技术、高端装备、新能源汽车、前沿新材料、智能制造、生命健康等重点领域，促进优势产业跨区域产业链供应链的水平分工与垂直整合。重点推动广州、深圳、南宁、桂林加强在大数据、装备制造、生物医药、电子信息等领域的合作，促进广州、佛山、柳州、玉林、贵港在机械装备、新能源汽车（电动车）、智能制造、机器人等领域的合作，提升以佛山为龙头的珠江西岸先进装备制造产业带发展水平和辐射带动能力，加快南宁、柳州、玉林三个智能制造城建设，布局一批国家战略性新兴产业基地。探索布局第三代半导体、人工智能、氢能与储能、生物工程等一批未来产业。

（二）大力培育发展数字经济

积极与粤港澳大湾区共建中国—东盟信息港，优化建设南宁至广州国际直达数据专用通道。依托广州、南宁、贵阳等城市新一代信息产业发展基础，加快数字产业化、产业数字化，打造丰富多元的数字化应用场景，推动数字经济和实体经济深度融合。积极培育鲲鹏、飞腾等新计算产业集群，推进5G产业创新发展，抢占区块链发展新高地，发展壮大地理信息、遥感、北斗产业，打造一批数字经济龙头企业和数字产业集群。积极参与中国—东盟数字领域规则、标准制定和东盟智慧城市网络建设。将数字技术广泛应用于经济带政府管理服务，推动经济带沿线城市公共数据开放共享和政务信息共建共用。构建与数字经济发展相适应的政府法规体系，健全共享经济、平台经济和新个体经济管理规范。

（三）积极发展高端服务经济

围绕现代物流、现代金融、科技服务、软件和信息服务、电子商务、人力资源服务等领域，联合打造一批高水平服务业集聚区和创新平台。发挥粤港澳大湾区国际金融枢纽的引领带动作用，构建完善经济带现代金融服务体系，搭建跨区域产业发展投融资平台，建设知识产权、碳排放权、排污权等领域的区域交易中心，有序推进经济带与港澳金融市场互联互通。在制糖、有色金属、冶金、建筑建材等优势行业率先建设一批国际采购中心。搭建农副食品、大宗商品等优势行业的电子商务平台。深化落实内地与香港、澳门《关于建立更紧密经贸关系的安排》（CEPA）对港澳服务业的开放措施。重点培育面向东盟的知识产权、法律及争议解决、管理咨询、检验检测认证等专业服务业。

（四）着力打造大健康和文旅消费基地

依托滇桂粤边海国家风景道、西江国家风景道、粤桂黔滇川高铁经济带等项目，打造升级一批生态观光、红色文化、健康养生等精品旅游线路，加快培育沿江黄金旅游产业带。深入推进桂林国际旅游胜地、中越国际旅游合作区、巴马长寿养生国际旅游区建设，推动共建粤桂画廊，支持广西加快建设国内一流、国际知名的宜居康养胜地。整合文化和旅游资源，形成“线上线下、业界民众”全方位的宣传促销体系，联动开发跨区域“一程多站”线路产品，共同打造具有珠江—西江经济带沿线资源特色的文旅品牌。发挥粤港澳大湾区农业、科技、管理、品牌、市场开发优势和珠江—西江经济带沿线的土地、劳动力、农产品资源、生态优势，推进粤港澳大湾区肇庆（怀集）绿色农副产品集散基地、广东（高要）粤台农业合作试验区、肇庆国家级南药批发市场等项目建设，构建现代农业一体化产业链，打造大健康产业示范带，将珠江—西江经济带建成粤港澳大湾区“菜篮子”“后花园”“养生地”。

（五）创新推动“飞地园区”建设

支持粤港澳大湾区城市在珠江—西江经济带发展“飞地经济”，按照“合建”园区分别管理、“共建”园区共同管理、“租借”园区自我管理模式，通过联合出资、项目合作、资源互补、技术支持等方式，加快建立“飞地经济”产业合作区税收征管和利益分配机制。鼓励广西企业和科研机构在深圳、广州、佛山等市创建“飞地园区”和“科创飞地”。鼓励粤港澳大湾区企业在广西建立研发中心和“创新飞地”，加快建设中国—东盟技术转移中心、中国—东盟信息港南宁核心基地等协同创新平台。

B.7

广西装备制造业发展状况与对策

刘俊杰　许孝岩　黄丽婷*

摘　要： “十三五”时期，广西按照“强龙头、补链条、聚集群”的工作思路，以实现装备制造业总量扩大和结构优化升级为目标，以培育发展壮大龙头企业为主线，以工业生产要素整合提升为重点，初步形成一批装备制造业集群，装备制造业对全区经济的贡献进一步增大，成为拉动广西工业经济增长的重要支柱产业。但是，广西作为后发工业化地区，其装备制造业仍处于爬坡过坎的创业阶段，影响装备制造业发展的深层因素依然显著，存在产业和产品结构不合理、自主创新能力不强、高端产业比重小、缺乏核心竞争力强的大企业和专精特新小企业等突出短板。在此背景下，应客观认识广西装备制造业发展状况与问题，着力实施装备制造业振兴战略，以创新驱动为先导，强化规模效应和集聚效应，实施补链延链强链和产业基础再造工程，推进装备制造业转型升级、提质增效，实现装备制造业跨越式发展。

关键词： 装备制造业　集聚效应　创新驱动　广西

一　引言

制造业是立国之本、强国之基。我国“十四五”规划强调：“坚持自主

---

* 刘俊杰，广西师范大学经济管理学院教授，研究方向为城市化与城乡关系、区域产业结构与产业组织、区域可持续发展；许孝岩，广西师范大学经济管理学院硕士研究生，研究方向为人口、资源与环境经济学；黄丽婷，广西师范大学经济管理学院研究助理，研究方向为区域经济。

可控、安全高效，推进产业基础高级化、产业链现代化，保持制造业比重基本稳定，增强制造业竞争优势，推动制造业高质量发展。”推动制造业高质量发展是建设现代化经济体系的内在要求，其中装备制造业[①]的高质量发展更是推进“中国制造 2025”进程的核心切入点。装备制造业是现代产业体系的“脊梁”，其以高新技术为引领，处于价值链高端环节和产业链核心环节，产业关联度高、创新要素密集、发展前景广阔，是各行业产业升级、技术进步的重要保障和国家综合实力的集中体现，是我国工业现代化的基础和压舱石。

装备制造业是推动工业特别是制造业转型升级、迈向中高端的核心产业。“十三五”时期，广西按照“强龙头、补链条、聚集群”的工作思路，以制造业特别是装备制造业发展为突破口，以实现装备制造业总量扩大和结构优化升级为目标，以培育发展壮大龙头企业为主线，以工业生产要素整合提升为重点，初步形成一批装备制造业集群。目前，广西装备制造业形成了较好的产业基础和比较优势，产业规模迅速增长，结构趋向优化，自主创新能力不断增强。2020 年，全区装备制造业实现主营业务收入 4204.4 亿元，实现利润 151.8 亿元，占规模以上工业的比重分别达到 23.8%、15.3%，装备制造业成为拉动广西工业经济增长的重要支柱产业。但是，广西作为后发工业化地区，其装备制造业仍处于爬坡过坎的创业阶段，影响装备制造业发展的深层因素依然显著，参与国际国内竞争的能力较弱，存在产业和产品结构不合理、自主创新能力不强、高端产业比重小、缺乏核心竞争力强的大企业和专精特新小企业、关键零部件和高档工作母机依赖外部输入等突出短板。在此背景下，客观认识广西装备制造业发展状况与问题、找到装备制造业高质量发展的现实路径，具有现实和战略意义。

① 国家统计局公布的《中华人民共和国 2016 年国民经济和社会发展统计公报》将装备制造业分为金属制品业，通用设备制造业，专用设备制造业，汽车制造业，铁路、船舶、航空航天和其他运输设备制造业，电气机械和器材制造业，计算机、通信和其他电子设备制造业，仪器仪表制造业等 8 个大类。

二　广西装备制造业发展状况

（一）广西装备制造业总体概况

1. 总体规模与结构特征

2020 年，广西装备制造业共有 1328 家企业，占全区工业企业数的 18.7%。2020 年广西装备制造业及分行业基本情况见表 1。

表 1　2020 年广西装备制造业及分行业基本情况

指标名称	企业数(家)	资产总计占全区比重(%)	主营业务收入占全区比重(%)	利润总额占全区比重(%)
装备制造业	1328	20.18	23.82	15.32
金属制品业	206	0.83	1.21	0.54
通用设备制造业	107	1.79	1.85	1.96
专用设备制造业	163	3.02	2.06	2.89
汽车制造业	350	8.14	9.80	3.16
铁路、船舶、航空航天和其他运输设备制造业	59	0.37	0.35	0.38
电气机械和器材制造业	196	1.51	1.70	1.59
计算机、通信和其他电子设备制造业	222	4.42	6.76	4.64
仪器仪表制造业	25	0.10	0.09	0.16

资料来源：《广西统计年鉴 2021》。

“十三五”时期，广西工业发展进入增速换挡期，迈进以结构调整转型升级为主的稳增长阶段。2016~2020 年，广西装备制造业增加值增速平均为 5.62%（见图 1），其中，2016~2018 年计算机、通信和其他电子设备制造业发展相对迅速，增加值增速平均为 17.57%，电气机械和器材制造业增加值增速平均为 7.97%。汽车、机械、高端金属新材料、电子信息等产业集群在全国具有较大影响力，工业转型升级成效明显，智能装备制造产品如新能源汽车、智能电视、智能手机、光电器件等新产品产量快速增长。受新冠肺炎疫情影响，装备制造业近两年发展相对滞缓，呈现结构性分化。2020 年，装备制造业增加值增速同比下降，其中，金属制品业，通用设备制造业，铁路、船舶、航空航天和其他运输设备制造业，电气机械和器材制造业，仪器仪表制造业分别增长 2.1%、6.5%、35.5%、7.7%、4.1%，均保持增长态势。专用设备制造业、汽车制造业分别比 2019 年下降 5.7%、13.5%。

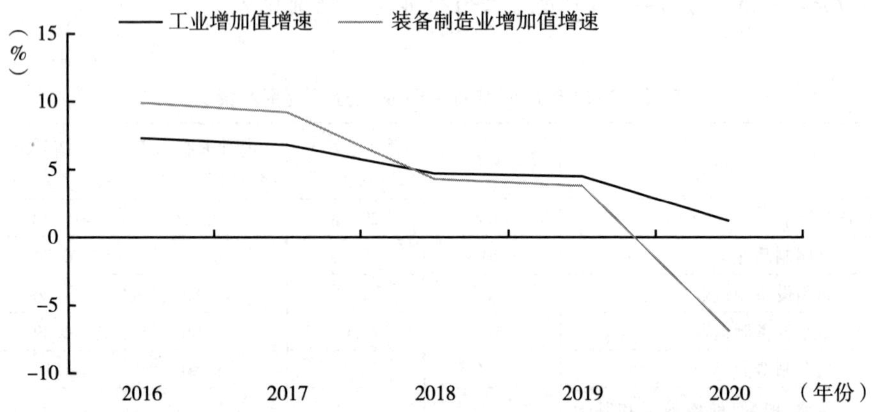

图 1　2016~2020 年广西工业增加值增速及装备制造业增加值增速

资料来源：根据历年《广西壮族自治区国民经济和社会发展统计公报》及广西统计局全区月度数据整理所得。

2. 对经济增长的贡献

“十二五”“十三五”期间，装备制造业成为广西经济发展的驱动力之一。然而，由于广西装备制造业各分行业发展不平衡，其对地区生产总值（GDP）的贡献也呈现较大差距（见图 2）。

图 2 显示了 2011~2017 年广西装备制造业各分行业对 GDP 的贡献，即其工业总产值与 GDP 之比。从总体上看，除专用设备制造业外，其他分行业对 GDP 的贡献都是上升的。其中，汽车制造业及计算机、通信和其他电子设备制造业上升速度较快，对 GDP 的贡献显著大于其他分行业。

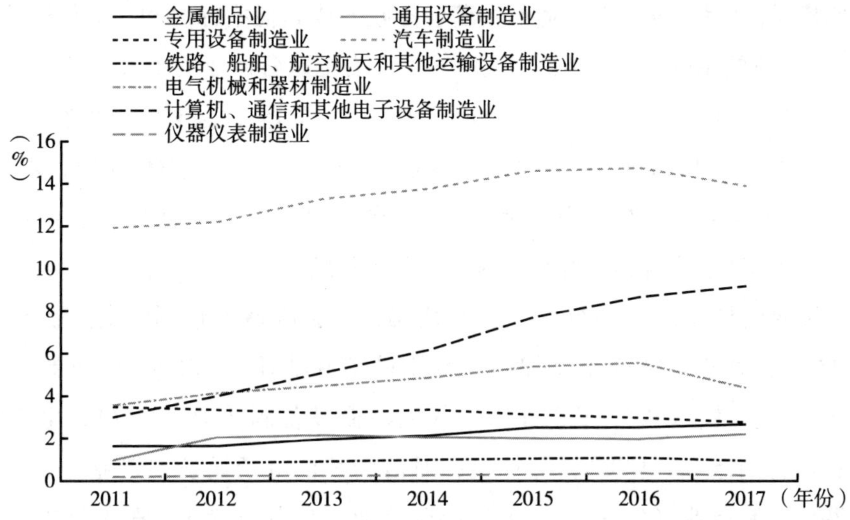

图 2　2011~2017 年广西装备制造业各分行业对 GDP 的贡献

说明：2018~2020 年数据缺失。

资料来源：根据历年《广西统计年鉴》工业部分的相关数据及广西统计局全区月度数据整理所得。

（二）广西装备制造业发展状况

1. 分行业专业化水平与产业集群集中度

作为资本和知识密集度较高的行业，以空间集聚追求规模效应、报酬递增和协同创新是装备制造业布局的基本特征。本报告借助区位熵测算广西装备制造业分行业的产业集群集中度，并对装备制造业分行业专业化水平进行分析。区位熵是指用某一指标衡量的某产业在某区域所占份额与该产业在全国所占份额的比值，是判断一个产业能否进行地区专业化生产的标准，也是学术界认同的测算产业集群集中度的常见方法之一。区位熵计算公式为：

$$LQ_{ij} = \frac{L_{ij}/L_i}{L_j/L}$$

其中，LQ_{ij}表示 i 地 j 产业的区位熵；L_{ij}为 i 地 j 产业的主营业务收入或其他指标；L_i为 i 地所有产业的主营业务收入或其他指标之和；L_j为全国范围内 j 产业的主营业务收入或其他指标；L 为全国各产业的主营业务收入或其他指标之和。当$LQ_{ij}>1$ 时，表明 j 产业在 i 地的产业集群集中度超过了全国平均水平。此时，LQ_{ij}值越大，产业集群集中度越高。当$LQ_{ij}<1$ 时，表明 j 产业在 i 地的产业集群集中度无法达到全国平均水平。当$LQ_{ij}=1$ 时，表明 i 地 j 产业的产业集群集中度与全国平均水平相当。

按照现行国民经济行业分类与代码，装备制造业包括：金属制品业（C33），通用设备制造业（C34），专用设备制造业（C35），汽车制造业（C36），铁路、船舶、航空航天和其他运输设备制造业（C37），电气机械和器材制造业（C38），计算机、通信和其他电子设备制造业（C39），仪器仪表制造业（C40）。本报告选取企业单位数（个）、资产合计（万元）、主营业务收入（万元）3 个指标对上述 8 类行业的区位熵进行测定（见表 2）。本报告主要以国家统计局发布的《中国统计年鉴》（2017～2021 年）、广西壮族自治区统计局发布的《广西统计年鉴》（2017～2021 年）的相关数据，对广西装备制造业产业集群集中度进行测算。

表 2　2016～2020 年广西装备制造业分行业指标的区位熵

行业	年份	企业单位数(个)	资产合计(万元)	主营业务收入(万元)
金属制品业	2016	0.42	0.57	0.54
	2017	0.51	0.44	0.46
	2018	0.41	0.33	0.41
	2019	0.39	0.31	0.34
	2020	0.43	3.28	0.33
通用设备制造业	2016	0.30	0.48	0.35
	2017	0.32	0.53	0.41
	2018	0.30	0.50	0.48
	2019	0.25	0.44	0.46
	2020	0.23	0.41	0.49

续表

行业	年份	企业单位数(个)	资产合计(万元)	主营业务收入(万元)
专用设备制造业	2016	0.57	0.78	0.72
	2017	0.54	0.72	0.68
	2018	0.53	0.73	0.84
	2019	0.44	0.66	0.69
	2020	0.43	0.63	0.66
汽车制造业	2016	1.62	0.98	1.62
	2017	1.52	0.90	1.45
	2018	1.50	0.86	1.48
	2019	1.38	0.81	1.42
	2020	1.23	0.76	1.30
铁路、船舶、航空航天和其他运输设备制造业	2016	0.62	0.37	0.53
	2017	0.63	0.40	0.52
	2018	0.56	0.49	0.79
	2019	0.61	0.39	0.29
	2020	0.66	0.42	0.25
电气机械和器材制造业	2016	0.41	0.43	0.66
	2017	0.38	0.41	0.55
	2018	0.37	0.39	0.32
	2019	0.40	0.46	0.24
	2020	0.41	0.47	0.27
计算机、通信和其他电子设备制造业	2016	0.58	0.32	0.79
	2017	0.54	0.29	0.82
	2018	0.55	0.27	0.65
	2019	0.57	0.30	0.70
	2020	0.60	0.31	0.59
仪器仪表制造业	2016	0.38	0.54	0.31
	2017	0.40	0.56	0.23
	2018	0.42	0.55	0.18
	2019	0.30	0.45	0.19
	2020	0.27	0.40	0.12

资料来源：根据历年《广西统计年鉴》相关数据测算所得。

表2显示，从分行业角度看，2016~2020年，广西装备制造业专业化水平和产业集群集中度在全国没有明显比较优势，5年内各行业的3个指标的区位熵总体上分别呈现不同程度的下降趋势，即相对全国范围的比较优势和竞争力存在衰减趋势。在8类行业的3个指标的区位熵中，只有汽车制造业的企业单位数及主营业务收入区位熵始终大于1，即连续5年高于全国平均水平，具有较明显的比较优势，表明该行业既可以对内满足广西的需求，又可以对外提供专业化产品或服务，在产品供应和产品竞争力上拥有一定的优势，具有引领广西装备制造业发展的能力。铁路、船舶、航空航天和其他运输设备制造业的企业单位数区位熵虽基本保持在0.6以上，但资产合计区位熵较低，且主营业务收入区位熵浮动大，产业集群集中度未达到全国平均水平，专业化程度不高。专用设备制造业的区位熵表现较优，资产合计和主营业务收入区位熵均在0.6以上，企业单位数区位熵虽小于0.6，但整体数值保持平稳，表示产业集群一直处于集中与分散并存的状态。虽然铁路、船舶、航空航天和其他运输设备制造业，计算机、通信和其他电子设备制造业的企业单位数区位熵均超过0.5，但资产合计区位熵明显偏低，表明虽然企业单位数较多，但专业化引领型企业太少。金属制品、电气机械和器材制造、仪器仪表制造等行业主营业务收入的区位熵值总体上均表现为下降的态势，通用设备制造业则相反。

2. 主导行业变动态势

汽车制造业是广西的主导优势行业。广西的汽车整车规模化制造始于2012年。2015年，以柳州五菱汽车有限责任公司为主体组建成立了广西汽车集团有限公司，其总部设在柳州。截至2020年，该公司产业涵盖汽车零部件及发动机制造、客车及改装车制造、汽车服务与贸易，拥有超200万套汽车零部件、80万台汽车发动机、2万辆轻型客车和12万辆专用车的综合产能，是中国汽车工业30强、中国制造业企业500强。2020年，广西汽车产量达174.5万辆，居全国第5位，新能源汽车产量是上年的1.9倍，汽车制造业实现主营业务收入1729.06亿元。受疫情影响，在增加值比上年减少13.5%、零售额比上年减少4.8%的情况下，汽车制造业仍是广西第一大工业行业。

机械工业是广西具有较高知名度的装备工业。长期以来，政府从产业政策层面对机械工业龙头企业给予重点培植，借助“强龙头、补链条、聚集群”政策倾斜，加强机械产品供给侧结构性改革。截至2020年，已形成农业机械、冶金设备、动力设备等10多个制造行业，成就了广西柳工、广西玉柴机器等企业。2020年，广西机械工业资产占全区工业资产比重达7.25%，主营业务收入占全区工业主营业务收入比重达6.91%，利润总额占全区工业利润总额比重达7.14%。如图3所示，“十三五”时期，专用设备制造业的工业增加值增速呈先升后降的趋势，而电气机械和器材制造业与之相反。

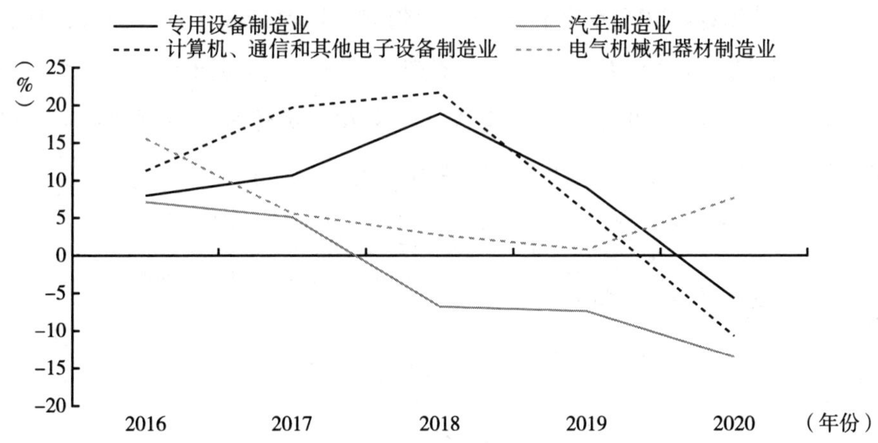

图3　2016~2020年广西主要装备制造业分行业工业增加值增速

资料来源：历年《广西壮族自治区国民经济和社会发展统计公报》。

计算机、通信和其他电子设备制造业的工业增加值增速保持了先扬后抑的态势。2020年，广西计算机、通信和其他电子设备制造业企业数量达到222家。规模以上计算机、通信和其他电子设备制造业工业增加值比上年增长13.2%。如图3所示，从工业增加值增速看，2016~2018年计算机、通信和其他电子设备制造业工业增加值保持较高增速，分别增长11.3%、19.7%、21.7%。其间陆续出现南宁富桂精密工业有限公司等规模化企业，初步形成电子计算机、智能手机、高端路由器、高端交换机网卡等电子产品体系，产业链趋于完善。但此后该行业的工业增加值增速逐渐下降，趋于弱势。

3. 固定资产投资态势

“十三五”期间，广西深入推进供给侧结构性改革，全力推动工业高质量发展，工业投资年均增长 8.3%，包括广西（柳州）汽车城等工业项目在内的一批重大项目建成投产。图 4 显示，“十三五”时期广西装备制造业分行业固定资产投资额增速从总体上看呈先升后降的趋势，个别行业呈大起大落的趋势。从增速看，铁路、船舶、航空航天和其他运输设备制造业呈 M 形走势，其 2019 年固定资产投资额增速达 126.8%；仪器仪表制造业固定资产投资额在 2017~2019 年呈高速增长的趋势，增速最高达到 84.8%；计算机、通信和其他电子设备制造业固定资产投资额一直呈现正增长的趋势。由此可看出，2016~2020 年广西固定资产投资在促进传统装备制造业夯实基础、做强做优的同时，也逐步向高端装备制造领域倾斜。

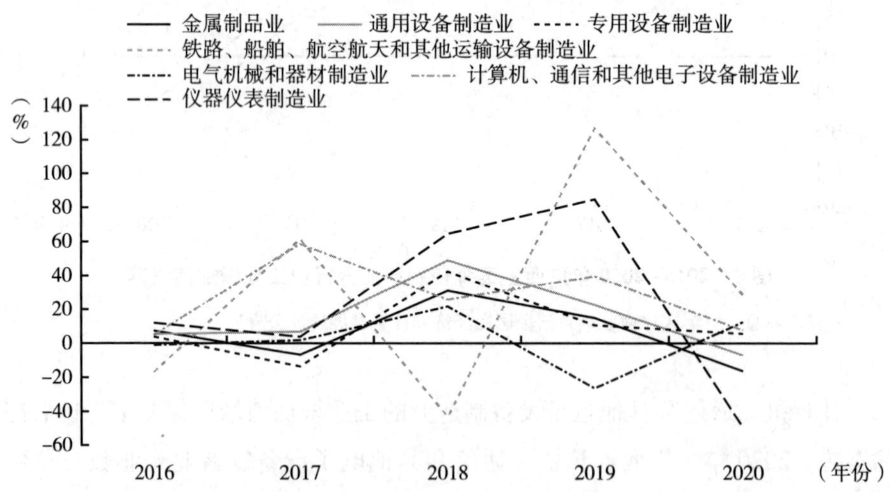

图 4　2016~2020 年广西装备制造业分行业固定资产投资额增速

说明：汽车制造业数据缺失。

资料来源：根据历年《广西壮族自治区国民经济和社会发展统计公报》及《广西统计年鉴》固定资产投资部分的相关数据整理所得。

4. 行业科技创新投入与绩效

“十三五”时期，全区研究与试验发展（R&D）经费投入持续保持两位数增长，R&D 经费投入强度逐年提升。从工业行业分类看，2015 年 R&D 经费投入排前 5 位的行业中装备制造业占 4 位，依次为汽车制造业、专用设备制造业、通用设备制造业、电气机械和器材制造业，到 2019 年占据 3 位，依次为汽车制造业、专用设备制造业、通用设备制造业。汽车制造业在广西的研发投入一直保持稳定增长。如表 3 所示，2020 年汽车制造业 R&D 经费投入总量达到 34.97 亿元，创新驱动发展绩效显著；专用设备制造业和通用设备制造业 R&D 经费投入总量分别达到 9.58 亿元、8.17 亿元。R&D 经费投入强度达到 2%以上的有通用设备制造业、专用设备制造业、汽车制造业，分别为 2.50%、2.63%、2.04%。新产品研发投入绩效显著。2018 年，汽车制造业的新产品销售收入达到 47.20 亿元；新产品销售率超过 30%的有金属制品业、专用设备制造业、通用设备制造业、汽车制造业，分别为 64.4%、42.0%、39.1%、37.8%。

表 3　2020 年装备制造业分行业研究与试验发展经费投入总量及强度

行业	R&D 经费投入总量(亿元)	R&D 经费投入强度(%)
金属制品业	1.12	0.50
通用设备制造业	8.17	2.50
专用设备制造业	9.58	2.63
汽车制造业	34.97	2.04
铁路、船舶、航空航天和其他运输设备制造业	0.04	0.05
电气机械和器材制造业	3.13	1.03
计算机、通信和其他电子设备制造业	5.47	0.46
仪器仪表制造业	0.15	0.99

资料来源：《广西统计年鉴 2021》。

5. 对外贸易情况

广西作为我国西部唯一的沿海地区，在“十三五”时期进一步提升与共建“一带一路”国家贸易合作水平，加快边贸转型升级，发挥进出口的积极性以促进倡议实施，广西对外贸易进入了高速发展时期。在工业制品出口中，机械运输设备占比最高，由2015年的34.6%上升至46.0%；机电产品累计出口达到5134.49亿元，较“十二五”时期增长106.2%，占全区累计出口的比重由40.3%上升至47.1%。2020年，全区机电产品出口1474.98亿元，比2015年增长115.3%。高新技术产品累计出口2149.71亿元，较“十二五”时期增长207.0%，占比由11.3%提升至19.7%。2020年，全区高新技术产品出口657.70亿元，比2015年增长185.6%。

6. 高端装备制造业发展态势

“十三五”期间，广西在国内国外发展高端装备制造业的背景下，大力发展智能工程机械、先进轨道装备、高档数控机床等产业，促进柳州工业机器人产业园区等重大项目的开展，大力发展壮大智能装备制造业，拥有柳工机械、南宁中车、玉柴机器、德昌电机等具有技术性、代表性的企业。其中广西玉柴机器股份有限公司“发动机曲轴箱油气分离系统”、上汽通用五菱汽车股份有限公司“汽车（运动型）”等5项专利获第二十一届中国专利奖，科技创新的力量带领广西经济发展的作用显著。2019年，广西规模以上工业高端装备制造业企业达66家，比2016年多41家，主要分布在南宁、柳州、桂林等城市。2016～2019年，高端装备制造业增加值年均增长2.6%，其中，2019年高端装备制造业增加值占全区战略性新兴产业增加值的5%。高端装备制造业增加值虽然增速先降后升，但在战略性新兴产业中的占有率较小。

“十三五”期间，广西新经济发展行业中的先进制造业在九大行业中占比最高，为21.9%，实现增加值681.44亿元；增长速度方面，新型能源活动增加值增长1.2倍，在九大行业中增长最快。

新能源汽车产业为装备制造业带来新活力，增速持续上涨，整车生产已初步形成规模，以上汽通用五菱、东风柳汽、桂林客车、华澳汽车为代表的新能源汽车加快发展；同时，新能源零部件配套能力逐步提升，涉及领域有动力总成系统、电机电控系统、动力电池等；在柳州、桂林等城市建设了新能源汽车产业基地。2015～2018年，全区新能源汽车产业增加值年均增长

59.6%，年均增速在各产业中排第1位。2018年，新能源汽车产业增加值比上年增长32.4%，但增加值占战略性新兴产业的比重仅为2.4%，产业规模仍较小，涉及新能源汽车产业的企业也仅有29家。2020年新能源汽车产量比2019年增长1.9倍。

三 广西装备制造业发展面临的挑战与短板

（一）竞争环境日益严峻

当前，全球产业分工格局重新整合，全球产业链供应链区域化、本地化调整导致装备制造业发展面临更多不稳定性、不确定性因素。广西传统生产要素支撑作用弱化、创新优势不明显，与周边国家和中西部地区在产业中低端领域的竞争愈加激烈，转型升级、爬坡过坎的难度将进一步上升。毋庸置疑，工业特别是先进装备制造业是广西最大的短板，规模小、创新能力不足、要素组合方式粗放是最大的制约。从产业结构看，传统重化工业比重高，新兴装备制造特别是智能制造比重低；从要素密集度看，创新要素显著滞后，2020年全区全社会研发投入为173.2亿元，研发强度仅为0.78%，低于全国平均水平1.62个百分点；从“双碳”目标看，高耗能行业产值占比高，单位工业增加值能耗高于全国平均水平；从行业绩效看，高端装备制造和头部品牌少，产品竞争力不强、附加值不高；从竞争环境看，区域产业竞争进一步加剧，装备制造专门人才、创新要素向粤港澳大湾区、海南、成渝等地转移的步伐加快。另外，制度和营商环境层面的竞争也日趋白热化，广西装备制造业将面临不进则退的严峻挑战。

（二）内部结构不合理

传统制造业产业占比较高，高新技术产业比重较低。目前，附加值较低的传统制造业如通用设备制造业、专用设备制造业等规模以上工业增加值占广西工业增加值比重较高。2020年，装备制造业8个分行业中，传统制造业的营业收入和利润总和占比分别为64.1%和47.7%，而以计算机、通信和其他电子设备制造业为代表的先进制造业营业收入和利润总和占比分别为35.9%和42.3%，其中计算机、通信和其他电子设备制造业以29.5%的营业收入占比实现47.5%的利润总和占比，反映出高附加值的先进制造业仍是目前制造业发展的短板。同时，广西装备制造业存在配套产业链条不足、知名品牌少、技术质量不高等突出问题。汽车制造业方面，产量逐年下降，产值呈现下滑态势；高新技术产业方面，高端产业涉及不多，缺乏有代表性的引领型新兴产品。虽然新型制造业涵盖部分新一代信息技术产业国家目录里的行业，但自主创新品牌少，均以代加工为主，产品附加值低。近年来，广西的新能源汽车制造从无到有，但新能源汽车整车配套能力不强，关键零部件生产企业不多。高端装备制造业中机器人、航空装备、卫星及应用产业、铁路高端装备等领域依旧近乎空白。广西大型装备制造业企业虽然数量在全国范围内属于中等水平，但总体营业收入不高，问题出现在产品结构上。比如广西汽车产业，在整车的大企业中上汽通用五菱和东风柳汽占优势，但汽车零部件及核心技术优势则不明显，汽车高端零部件产品的市场份额被外资企业所控制，汽车制造业补链延链强链的现实需求迫切。

（三）产业集群化水平较低

当前，广西装备制造业产业集群发展不足，缺少高质量的产业分工体系和全产业链生态，与发达地区的装备制造业产业集群存在一定差距。一方面，虽然广西柳工集团、广西玉柴集团，以及南宁高端装备制造城、广西智能制造城（柳州）、广西先进装备制造城（玉林）“两企三城”机械产业集群初步形成，但是配套产业发展滞后，龙头企业支撑和带动作用不明显，中小企业发展缓慢，龙头企业与中小企业之间发展不深入；另一方面，产业集群联动协调推进机制不完善，集群治理模式有待创新，集群公共服务体系功能不完善，不能满足集群内的需要。

（四）研发投入滞后

R&D 经费投入强度偏低，机构较少，缺乏高质量研发人才。一是 R&D 经费投入总量少，投入强度低。2020 年，广西装备制造业 R&D 经费投入总量虽比 2016 年增长 35.00%，但年均增长率仅有 6.19%，增速不高，R&D 经费投入强度明显不足；投入强度（0.28%）虽然比 2016 年提高了 0.08 个百分点，但仍远低于全国 2.40%的平均水平。同时，企业 R&D 经费投入强度低，使装备制造业高质量发展和产业转型升级受到限制。二是缺乏研发人才。研发是提高企业创新能力的重要手段之一，人才便是其中的“钥匙”，是能够打开企业研发技术“盒子”的关键点，对企业研发实力有重要影响。2018 年广西 R&D 人员占从业人员平均数比重仅为 2.3%，缺乏专业研发人员。三是 R&D 机构数量少。广西工业企业的 R&D 机构数量少，一般只有大中型工业企业拥有 R&D 机构。2020 年，广西大中型企业有研发机构的单位数为 122 个，有 R&D 机构的单位数为 258 个。R&D 机构数量等方面较 2015 年都呈下降态势。R&D 机构的不足是企业难以开展正常的、长期的研发活动以及企业 R&D 经费投入不足的一个重要因素。

（五）高端装备制造业基础相对薄弱

“十三五”时期，广西高端装备制造业综合实力显著增强，自主创新能力有所提升。初步形成高端装备制造业发展体系，重点发展航空和卫星应用装备及零件、轨道交通设备等产品。但就目前状态而言，广西高端装备制造业发展实力不强。一是高端装备制造业中的智能装备制造产业仍处于初级阶段，智能装备制造产业中以数控机床、工业机器人、智能控制系统为代表的产业产值不足 10 亿元，多数装备仍依赖进口，本土装备在广西企业中寥寥可数，且销售量很低，难以满足制造业的发展需求，自主创新的关键技术不足，核心零部件仍从外部引进，缺少基础零部件制造和精密测量等先进技术。二是缺少智能装备制造专业人才。当前，对该领域的人才需求有研发和系统设计与应用工程师、智能设备调试工程师及设备操作和维护员等。稀缺人才缺口大、需求大，再加上智能装备制造产业的快速发展，市场需求逐渐增长，人才需求自然也在持续上涨。目前，广西在智能装备制造产业这一领域的人才培养机制不成熟，缺乏专业性人才。

四　广西装备制造业优化发展对策

（一）聚力补链延链强链工程，推进产业集聚发展

装备制造业作为制造业的核心成分，是保障工业现代化的核心基础。一是着力“强龙头、补链条、聚集群”，打造一批具有较强竞争力的装备制造产业集群，促进装备制造要素加快向专业化园区集聚，[①] 培育一批能够与国内市场竞争或与国际尖端企业相抗衡的产业核心主体。将补链延链强链和产业基础再造工程相结合，推进装备制造业集群化发展。加快推进广西柳工集团有限公司、广西玉柴机器集团有限公司，以及广西智能制造柳州集群、广西先进装备制造玉林集群、南宁高端装备制造集聚区、桂林智能装备制造基地集群化建设。打造集设计、研发、制造于一体的高端装备制造业产业链，着力推进高端铝材装备项目、智能电网产业园项目等一批重大项目建设，加快发展智能工程机械、高效大功率内燃机、智能电网、工业机器人、现代农机装备等高端装备，建成高端装备制造产业集群；重点加快工程机械产品创新，推动产品多元化、系列化。二是聚力拉伸装备制造业产业链，聚力提升汽车制造、电子智能设备制造等产业集聚度高、创新牵引力强的产业上下游协同发展水平。推动乘用车、商用车、改装车向全产业链转型，促进广西柳州汽车城现代化汽车产业集群高质量发展，建设面向东盟的南方汽车出口制造基地。对通用设备、机械等传统行业的主导企业优先改建，通过技术提升、装备换代、工业改良，扩大企业规模，提高产品质量和装备制造业的规

① 广西装备制造业相对集聚的专业化园区主要包括柳州河西高新技术产业开发区、柳州市阳和工业新区、玉柴工业园、桂林国家高新技术产业开发区、桂林经济技术开发区、南宁高新技术产业开发区、南宁市邕宁区新兴产业园等。

模效能。三是积极落实装备制造业产业集群协调推进机制，创新集群治理模式，完善集群公共服务体系，切实降低集群内产业发展阻力。四是积极融入以国内大循环为主体、国内国际双循环相互促进的新发展格局，通过内引外联，致力于高端装备制造业孵化和产业化发展，引进有利于广西装备制造业转型升级的企业和项目。

（二）加快发展新兴高端装备，实现产品结构优化升级

提高装备制造业发展质量，补短板、强弱项、优环境，其内生动能在于创新。创新作为引导装备制造业高质量发展的第一动力，是提升装备制造业发展水准的核心切入点。引导创新要素集聚，培育壮大新一代信息技术、新能源汽车、高端装备制造等新兴产业，实现装备制造业结构优化升级。其一，以上汽通用五菱、东风柳汽、广西汽车集团等企业为依托，以节能、新能源和智能网联汽车为主攻方向，重点发展纯电动乘用车及载货车，加快新能源汽车智能化、共享化发展，强化整车集成技术创新，提升新能源汽车产品、品牌影响力。其二，以集成电路、通信设备、工业操作系统及设备、智能制造核心信息设备为主攻方向，重点发展声学光学、新型显示、智能终端、网络通信设备、软件和信息技术服务业，建设南宁、北海、桂林新一代信息技术产业基地。加快应用新材料、新工艺、先进制造技术，合力攻克端到端的工业软件、工业大数据管理与分析、数据驱动的构件组合、工业互联网平台、增强现实等方面的关键技术，构建新一代信息技术装备产业体系。其三，加快向智能型、服务型、绿色化装备制造业转型，重点发展高端运输装备、多功能机器人、智慧能源设备、文旅装备制造，积极应用数字技术改造传统生产方式，建设无人生产线、数字化车间、智能工厂。引导企业加快研发智能化装备及成套生产线，提高嵌入式软件、互联网、传感器、人工智能等技术在装备产品上的应用比重，推动重大成套装备向精密化、数字化、集成化发展。大力推行智能制造生产新模式，在全区组织开展智能制造转型升级活动，在企业家层面率先开展智能制造专题培训。积极引导装备制造业与服务业融合发展，提高服务增值在装备制造业价值链中的比重。优化产业

组织，促进原料互供、资源共享，发展循环经济和共享经济，加快构建高效、清洁、低碳、循环的绿色装备制造体系。

（三）聚力创新驱动，坚持“四新”发展①方向

在不确定性背景下，装备制造业发展要善于从危机和挑战中创造机遇，不断发展新业态、新模式、新技术、新产品，把握转型发展新机遇。首先，积极推广装备制造业新业态、新模式。以工业互联网、服务型制造、智能制造和绿色制造等为重点，大力发展装备制造业新业态、新模式，创建装备制造业发展新体系。推动工业互联网与装备制造业深度融合，建设广西工业云服务平台，打造产能共享、设备共享、标准与检验检测共享、技术服务与人才共享、线上交易、网络协同等产业发展新模式，整合资源、提升效率、缩短链条、降低成本，提升产业运营效能。其次，开发一批重大技术装备。聚焦国内国际高端技术，组织装备生产企业、科研院所和装备需求用户建立重大技术装备攻关联合体，协同攻关开发一批对产业具有重大带动和战略引领作用的标志性技术装备，掌握一批高端装备设计制造关键核心技术，形成自主知识产权和自主品牌，开拓高端装备市场，实现示范应用。最后，培育一批行业领军企业和自主创新示范企业。支持开发能力强、经济效益好、发展潜力大、带动作用强的龙头企业，整合区内外创新资源，广泛开展跨区域创新链和价值链布局，与国内外一流科研机构、引领性企业联合建立创新中心，开展前沿技术攻关和重大战略产品开发。鼓励“产学研用”协同创新，搭建多主体协同、跨区域合作、创新资源共享的创新平台，实施重大共性关键技术攻关和成果转化。

（四）强化顶层设计，促进要素保障

其一，加强规划引领。科学编制广西装备制造业中长期发展规划，对符

① “四新”发展是在新一代信息技术革命、新工业革命以及制造业与服务业融合发展背景下，以现代信息技术广泛嵌入和深化应用为基础，以市场需求为根本导向，以技术创新、应用创新、模式创新为内核并相互融合的新型经济形态。

合规划的产业、项目、园区，在人、地、钱、能等生产要素方面予以优先支持和奖励。健全完善规划实施评估机制，确保规划各项目标任务落到实处。根据中长期发展规划，落实部门责任，加强评估、考核，不断推进装备制造业转型升级。加强部门合作，创新协调机制，统筹资金安排，健全政策措施，推动装备制造业发展规划高质量、高水平实施。其二，完善体制机制。加大简政放权力度，建立以负面清单为主的产业准入制度，营造宽松便捷的市场准入环境、公平有序的市场竞争环境、安全放心的市场消费环境，帮助装备制造业企业协调解决发展中遇到的困难和问题。其三，落实产业政策。认真贯彻国家有关装备制造业高质量发展的政策精神，进一步细化广西支持装备制造业发展及新旧动能转换“一揽子”政策，每年筛选一批重大技术装备协同创新、产业集群建设、智能制造与绿色制造等项目给予重点支持，提高装备制造业企业转型升级积极性。其四，加大金融服务装备制造业的力度。精准对接重点企业融资需求，优化政府和市场融资渠道。其五，发挥高端装备专家智库作用，大力开展“招才引智”工作，广泛吸引国内外高端装备制造人才、团队来广西发展，为装备制造业转型升级提供强有力的人才支撑。

参考文献

吕永权：《论推动广西制造业高质量发展》，《经济与社会发展》2018 年第 5 期。

尚毛毛、刘朋、陈智霖：《对当前广西装备制造业发展态势的初步探析》，《市场论坛》2018 年第 2 期。

邬丽萍、邬瑞熙：《经济全球化、地方化及其交互作用对企业绩效的影响——基于广西装备制造业企业面板数据》，《广西社会科学》2019 年第 10 期。

钞小静、刘璐、孙艺鸣：《中国装备制造业高质量发展的测度及发展路径》，《统计与信息论坛》2021 年第 6 期。

和军：《装备制造业发展水平评价与比较研究综述》，《经济学动态》2012 年第 8 期。

梁麒：《广西大型制造业企业发展走势和存在的主要问题剖析——以 2016—2020 年广西制造业企业 50 强为例》，《市场论坛》2020 年第 12 期。

广西社会科学院编《2019 年广西蓝皮书：广西工业发展报告》，广西人民出版社，2020。

綦良群、高文鞠：《区域产业融合与装备制造业绩效提升》，《中国科技论坛》2019 年第 10 期。

林桂军、何武：《中国装备制造业在全球价值链的地位及升级趋势》，《国际贸易问题》2015 年第 4 期。

B.8
南宁市战略性新兴产业发展状况及对策建议

袁珈玲　罗　静　吴寿平　刘建文　莫小莎*

摘　要： “十三五”以来，南宁市战略性新兴产业规模快速扩大，引进和培育一批战略性新兴产业龙头企业，创新平台建设成效显著，企业创新能力显著提高，但仍然面临产业基础薄弱、自主创新能力不强、人才和资金匮乏、政策法规不健全等问题。未来应进一步做大做强新一代信息技术产业，打造面向东盟的数字经济示范区；聚力做强新能源汽车产业，打造新能源产业集群；推动生物技术提质升级，打造生物医药产业集群；发展壮大高端装备产业，推进智能化转型升级；做深做实新材料产业，推进节能环保产业发展；加快创新平台建设，推进产业集聚发展。

关键词： 战略性新兴产业　集聚发展　南宁市

战略性新兴产业是建立在重大前沿科技突破基础上，体现当今世界知识经济、循环经济、低碳经济发展潮流，对经济社会具有全局带动和重大引领作用的产业。战略性新兴产业作为科技革命和产业变革的方向，作为培育发展新动能、形成未来竞争新优势的关键领域，受到广泛关注。当前，南宁市

---

* 袁珈玲，广西社会科学院区域发展研究所研究员，研究方向为产业经济；罗静，广西社会科学院区域发展研究所助理研究员，研究方向为应用经济；吴寿平，南宁市社会科学院城市研究所副所长、助理研究员，研究方向为产业经济；刘建文，广西社会科学院民族研究所研究员，研究方向为东盟经济；莫小莎，广西社会科学院民族研究所原研究员，研究方向为区域经济。

正处于攻坚克难、转型升级的关键阶段，推动产业转型升级，增强经济支撑能力，加快培育发展战略性新兴产业，既是南宁市加快转变经济发展方式、调整产业结构的重要途径，也是南宁市落实强首府战略、培育新动能的重要抓手。

一 “十三五”时期南宁市战略性新兴产业发展状况

（一）战略性新兴产业规模快速扩大

“十三五”时期，南宁市坚持“二产补短板”工作思路，坚定不移地实施“工业强市、产业旺市”战略，集中优势资源，积极招商引资，培育战略性新兴产业，产业结构不断优化，产业规模不断扩大，产业集聚效应正逐步显现，产业基础进一步夯实，逐渐形成了广西—东盟经济技术开发区绿色新材料产业园、南宁·中关村科技园、南宁吴圩空港经济区战略性新兴产业园等战略性新兴产业集聚区，已形成以电子信息、先进装备制造、生物医药三大重点产业为主的现代产业集群，产业结构逐步由资源加工型向加工制造型转变，由传统型向现代型转变，呈现集群化、链条式、高端化发展趋势。通过设立南宁·中关村创新示范基地创新能力提升专项，基地的辐射带动作用和溢出效应凸显，并初步形成智能制造、新一代信息技术、生命健康、科技服务等4个产业微集群，成为区域协同创新发展的集聚区和展示窗口。

（二）引进和培育一批战略性新兴产业龙头企业

在电子信息方面，拥有瑞声科技、歌尔股份、丰达电机（南宁）、胜美达电机（广西）、广西鸿盛达科技等一批龙头企业。在先进装备制造方面，拥有广西源正新能源汽车有限公司、中车南宁轨道交通装备有限公司、广西南南铝加工有限公司等一批龙头企业，广西源正新能源汽车有限公司、中车南宁轨道交通装备有限公司分别制造出了全市第一台新能源公交车、第一列地铁列车，广西南南铝加工有限公司技术装备水平已进入世界同行业前5位。在智能制造方面，拥有广西美斯达工程机械设备有限公司、上海明匠智能系统有限公司等一批国内一流的智能制造企业。在生物医药产业方面，拥有培力（南宁）药业有限公司、广西圣保堂药业有限公司、广西南宁百会药业集团有限公司等龙头企业。在新材料方面，拥有科天集团、西牛皮防水科技有限公司、西金雨伞防水装饰材料有限公司等知名企业。其中，在新型建材方面，有广西建工集团、华润装配式建筑有限公司、广西景典装配式建筑有限公司等企业；在化工材料方面，有广西田园生化股份有限公司、广西易多收生物科技有限公司、广西华锑科技有限公司、广西日星金属化工有限公司等企业。

（三）创新平台建设成效显著

截至“十三五”期末，南宁国家级创新平台数量从“十二五”期末的3个增加到8个。新增自治区级工程技术研究中心31个，累计达114个，相比“十二五”期末增长37%。新增市级工程技术研究中心50个，累计达90个，相比“十二五”期末增长125%。区、市两级工程技术研究中心数量均实现大幅增长，各级各类创新平台数量居全区首位。新增国际科技合作基地20个，其中包括广西—泰国特色农产品加工国际联合研究中心1个、北部湾人才金港国际技术转移中心等国际技术转移中心6个、南宁市慢病精准治疗国际科技合作示范基地等国际科技合作示范基地12个。新增国家级孵化器3个、自治区级孵化器6个，全市科技企业孵化器累计达22个。新增国家级众创空间5个、自治区级众创空间22个，全市众创空间累计达34个。

（四）企业创新能力显著提高

“十三五”以来，南宁市以深化科技体制改革为动力，以科技创新推动产业转型升级为突破口，贯彻实施创新驱动发展战略和强首府战略，充分发挥科技的支撑和引领作用，持续开展科技成果转化行动，聚焦重大产业关键技术组织攻关，科技成果产出保持快速增长，企业创新能力显著提高。新增国家技术中心5个，实现“零”的突破。截至2020年12月底，全市拥有有效发明专利8739件，其中企业有效发明专利3457件；全市每万人口发明专利拥有量达12.05件，排名全区第一；拥有广西瞪羚企业37家，占全区总量的34.58%；国家科技型中小企业入库853家，占全区总量的32.56%。南宁已初步建设形成“科技型中小企业—高新技术企业—瞪羚企业”的创新型企业梯级培育体系。

（五）存在的主要问题

1. 产业基础薄弱

战略性新兴产业总体发展较为缓慢，承载战略性新兴产业项目的园区基础设施不完善，产业链较短，产业发展层次不高，产业配套能力严重不足。战略性新兴产业尚未形成完整产业链，仍然处于“建链”“补链”阶段。缺乏有实力和影响力的大型龙头企业，难以带动形成完整的产业集群和产业链。

2. 自主创新能力不强

科技创新投入相对不足，高水平产业技术研究机构较少。全市研发投入强度长期偏低，远低于贵阳市和昆明市。企业自主研发机构只相对集中在少数大型龙头骨干企业，多数中小企业没有属于自己的研发机构。企业创新的技术基础薄弱、投入不足，在一些关键核心技术上缺乏前瞻部署和长期积累，造成其自主开发能力较弱，拥有自主知识产权的产品不多，核心竞争力不强。瞄准产业链供应链“卡脖子”技术问题，是南宁经济跨越式发展的突破口。

3. 人才和资金匮乏

人才匮乏现象严重。制造业领军人才，电子信息、智能制造等专业人才缺口明显，创新型、复合型、实用型的人才不多，高级管理人才和科技领军人才较少，一线操作工等工匠型人才不足。适用的技工人才难招，本市培养的新兴产业技工人才流失严重。人才培养的针对性不足，本地院校或培训机构培养的技术人员、产业工人难以满足产业发展需求。高端人才引进困难，培养产业快速发展所需要的高级技术人员和技工的任务艰巨。

企业融资困难。全市战略性新兴产业的主要融资仍然依靠政府扶持和银行贷款，由于政府资金有限、投入不足，银行放贷条件严格，企业融资渠道有限，风险投资发展滞后，本土创投机构数量少，战略性新兴产业企业发展常常面临资金短缺问题。

4. 政策法规不健全

南宁市制定出台了与战略性新兴产业发展相关的实施方案和政策文件，但其中确定的任务可行性并不强。新材料产业包括了国家确定的新能源产业，企业对二者的概念容易混淆。大健康产业主要产品指导目录未能及时出台，新产品统计困难重重。政府鼓励创新政策影响力不足，出台的财税、金融、科技、土地等方面的政策，部分仍存在片面性，针对性较弱，缺少对战略性新兴产业企业的培育政策、对业绩突出的企业的激励政策、对科技研发过程的奖励政策、对可获优惠政策的条件设置等。各部门在战略性新兴产业规划的实施、政策的制定及对产业发展的引导上都未能形成有效合力。

二　战略性新兴产业发展面临的形势及趋势分析

（一）面临的形势分析

从全球看，目前所有发达国家和主要新兴经济体都在加紧布局战略性新兴产业，美国实施“再工业化”战略，推出“先进制造伙伴计划”等，德国推出“工业 4.0”战略，日本推行“第四次工业革命计划”等。为维护现存的产业链优势，发达国家必然会加大对技术转移等规制性措施的调整力度，我国战略性新兴产业发展面临的国际环境将会趋于不利。同时，战略性新兴产业国际治理体系尚不完善，未来发展的不确定性因素仍旧较多，再加上新冠肺炎疫情短期内难以结束，南宁市战略性新兴产业发展面临严峻挑战。

从全国看，“十四五”时期是加快转型、实现高质量可持续发展的重要转折期，我国将聚焦5G基站、特高压、城际高速铁路和城市轨道交通、新能源汽车充电桩、大数据中心、人工智能以及工业互联网等七大领域的新型基础设施建设，将拉动新一代信息技术、高端装备、人才和知识等高级要素的投入，为战略性新兴产业提供需求载体和创新动能。新基建还将带动战略性新兴产业开启新一轮快速增长，产业跨界融合衍生新增长点，美好生活向往催生发展新需求。

从广西看，“十四五”时期是建设壮美广西、共圆复兴梦想的关键时期。作为面向东盟国家的重要窗口，广西将深入实施工业强桂战略，培育壮大生物医药、新能源汽车、第五代移动通信设备及其应用、高端装备、前沿新材料等战略性新兴产业链；重点培育先进装备制造和绿色新材料两个万亿级产业集群，推进战略性新兴产业实现倍增。这为南宁市战略性新兴产业发展明确了方向。

从南宁看，作为面向东盟的金融开放门户核心区和中国—东盟信息港核心基地，南宁在国家构建新发展格局中的战略地位凸显，这为其自身发展战略性新兴产业提供了极具竞争力的政策创新空间与契机。打造国内国际双循环重要战略支点、持续提升“南宁渠道”功能、建设西部陆海新通道重要节点城市、引领带动北部湾城市群和粤港澳大湾区融合发展、全面实施强首府战略等发展举措，将使南宁与共建“一带一路”国家、东盟、粤港澳大湾区、北部湾城市群的区域合作更加密切，将进一步提升南宁战略性新兴产业发展能级，加快构建质量更高、效益更好、协同更畅通的战略性新兴产业发展格局。

（二）发展趋势分析

1. 产业作用不断增强

总体来看，“十四五”时期战略性新兴产业将呈现出重点领域发展壮大、创新能级跃升、竞争实力增强、新增长点不断涌现等良好发展态势，新一代信息技术成为国际竞争的重要方面，新一轮科技革命将数字创意产业推升至新高度，生物医药产业有望逐步成为世界经济新的主导产业之一，智能制造培育新动能成为全球产业变革的重要方向，高端装备制造的支撑材料将成为新材料产业发展的关键，国际节能环保产业将成为发达国家的国民经济支柱产业之一，新能源汽车产业实现逆势增长。

2. 产业跨界融合发展

战略性新兴产业领域的跨界融合发展趋势日益明显，智能化、集成化步伐逐步加快，多行业、多学科交叉融合，电动化、智能化、网联化、共享化加速融合发展，特别是材料科学、信息技术、生物技术、新能源等之间加速融合，衍生出新的产业形态，有效提升产业效率。同时，新兴产业之间、新兴产业与传统产业之间的融合将成为发展的主流，行业之间的界限将不再明显，有助于提升产业的整体竞争力。

3. 新模式、新业态层出不穷

（1）信息网络领域

云计算、大数据、互联网、区块链、半导体在改变人类学习和社交方式的同时，带来了多元化消费需求，生产和技术应用场景从线下实体发展到线上线下并行，新技术、新业态、新模式在经济生活各领域加速渗透，传统经济决策方式和创新需求发生了深刻改变，“互联网+消费（农业、能源、医疗等）”聚合各类经济要素，已成为未来科技创新的主赛道。

（2）生物科技领域

类脑科学、基因编辑、免疫治疗等关键领域技术取得一系列重大突破，理、工、医交叉，基础研究与技术应用融合成为该领域创新的基本面。在算法模型与应用模拟的支持下，“人工智能+医学”为人类揭示了更多生命健康机理，成为开展生物工程研究、辅助临床诊断、开发智慧医疗、培育健康产业的重要工具。

（3）清洁能源领域

绿色、环保、低碳的生产生活方式已成为全社会共识，经济发展朝着追求单位效益提升与环境效益统一的方向发展。电池储能、分布式能源微电网、太阳能利用、核电应用等关键技术逐渐成熟，在信息技术支持下，实现了能源生产、存储和使用的优化，智能新能源汽车、环保材料、节能设备等一批行业逐渐成为市场热点和产业新宠。

（4）数字经济等加快发展

数字经济、智能经济、绿色经济、创意经济、流量经济、共享经济等新经济形态正在加快发展。区块链应用场景已基本实现从最初的数字货币和矿机制造向金融服务的延伸，正在向供应链、数字版权、食药可追溯等多领域持续渗透。制造业将加速构建从数据集聚共享、数据技术产品、数据融合应用到数据治理的应用闭环体系，重点行业和关键领域的数字转型将从网络和设备数字化升级向制造全流程、全环节的数字化延伸。制造业与服务业的双向渗透能力和渗透速度将大幅提升，个性化定制、共享制造、产业链协同制造等新模式、新业态将加速成熟。数据跨境流通和数字贸易成为热点。氢能、太赫兹、超材料等未来产业加紧布局，致力于形成以创新驱动为核心的发展新动能。

4. 技术创新和标准研制日益融合发展

世界各国重视国际标准制定的主导权和话语权，纷纷利用技术、标准、专利等资源禀赋优势，加快创新布局，争夺标准制定主导权，抢占产业竞争制高点，确立竞争新优势。目前，德国政府与其行业协会等成立了指导委员会与工作组，共同推进“工业 4.0”战略，并在标准、商业模式、研究开发与人才方面采取了一系列措施。中共中央、国务院发布的《国家创新驱动发展战略纲要》明确了技术标准创新发展的重点，要求进一步健全技术创新与标准化互动支撑机制，及时将先进技术转化为技术标准，加强新兴和交叉领域技术标准研制，推动基础通用与公益和产业共性技术标准优化升级。

三　推进南宁市战略性新兴产业发展的对策建议

（一）做大做强新一代信息技术产业，打造面向东盟的数字经济示范区

加快新一代信息技术产业发展。利用一批高标准厂房，大力引进电子信息龙头企业，推进一批重大项目建设，快速扩大产业规模，优化产业结构。

着力构建计算机和网络通信、智能终端、新型显示、集成电路（封装测试）四大产业链，建成承接东部、衔接东盟的重要电子信息产业核心部件研发、制造和供应基地。实施“筑基工程”，以南宁为核心打造国家级新基建算力基地。推动5G商业化应用，引导5G与各行业应用融合发展。依托中国—东盟信息港南宁核心基地，重点发展软件与信息技术服务业，打造完整的软件研发、生产和服务体系，形成新的产业集聚区以及创新实体。

推动数字创意产业创新发展。加快以数字技术为主要驱动力的数字创意产业发展。着力推动数字经济技术与装备领域的关键核心技术、关键元器件、高端产品、创新应用、软件平台与工具的研发。推动数字经济引领战略性新兴产业发展，加快数字创意在会展、体育竞赛、电子商务、医疗卫生、教育服务、旅游休闲等领域的应用。

（二）聚力做强新能源汽车产业，打造新能源产业集群

推进新能源汽车发展。建设南宁新能源汽车城，重点发展新能源商用车、新能源乘用车、新能源专用车等整车产品，新能源汽车电池、电机、电控三大系统，车载智能装置等新能源汽车零部件。推动合众、天际、吉利新能源汽车项目建设，积极培育吉利、宁达、乾元等新能源乘用车企业。着力推进全铝车身新能源汽车生产基地项目、新能源汽车科技产业园项目等重大项目建设；积极引进乘用车、商用车等整车项目，与武汉华中数控股份有限公司组建汽车轻量化设计院。将南宁市打造成服务广西、辐射东盟的汽车后市场产业集聚区。构建新能源电池产业生态圈，打造新能源电池产业集群，建设面向中西部和东盟的新能源电池产业基地。围绕动力电池，开发电芯、正负极材料、隔膜、电解液等电池材料，打造集电池关键材料及零部件、动力电池等于一体的生产和研发基地。

促进新能源产业发展。大力开展碳达峰碳中和行动，积极发展光伏、风电、生物质能、地热能、氢能等。大力发展光伏发电，开展以智能光伏系统为核心，以储能、建筑电力需求响应等新技术为载体的区域级光伏分布式应用示范。提高建筑智能光伏应用水平，积极开展“光储直柔”建筑建设示范。

（三）推动生物技术提质升级，打造生物医药产业集群

积极发展生物技术。围绕农业、健康、医药、能源、环境等产业的巨大需求加强生物技术研发，积极发展农业生物技术、动物生物技术、生物医药技术等优势生物技术，把南宁高新区打造成现代生物技术研发的重要基地和产业集聚区。

做大做强生物医药产业。积极发展生物药品制品制造、化学药品与原料药制造、现代中药民族药制造、生物医药关键装备等生物医药产业。推进生物医药产业向南宁国家高技术生物产业基地、南宁经开区生物医药产业园、隆安宝塔医药产业园等重点基地、园区集聚发展，打造生物医药产业集聚区和县域生物医药产业园区，提高承载生物医药产业项目的能力，逐步提升生物医药产业集聚水平。

积极发展特色中药壮瑶医药。挖掘民族药经典名方，支持采用新技术和新工艺研发新品种，开发复方、有效部位及具有有效成分的壮瑶新药，发展一批中药壮瑶医药拳头产品。鼓励中药民族药生产企业通过优化组方、改进生产工艺、提高质量标准、改变剂型等方式对专利（或独家）品种、民间疗效确切的中药秘方等进行二次开发及应用，促进“老药新制”和“老药新用”，推进壮瑶医药产业化，培育知名企业。

培育壮大生物医学工程产业。建设医疗器械产业园，着力打造一个集研发、制造、物流、服务于一体的医疗器械产业园。发展医疗器械产业，重点引进医用超声诊断、治疗仪器，以及中医诊断、治疗仪器设备等，打造医疗器械产业集群。

（四）发展壮大高端装备产业，推进智能化转型升级

大力发展智能装备制造。引领南宁市电子信息、新能源、医疗等产业的装备实现智能化升级。

提升高端装备制造水平。大力发展轨道交通装备、航空装备，加快航空装备制造智能化发展，打造南宁通用航空产业基地。

大力发展先进机械制造。大力推动高端工程机械、高端线缆、增材制造加快发展。

打造高端装备产业集群。重点推动智能制造关键技术装备、重大成套装备、工业机器人、智能网联汽车等智能制造产业发展，推动南宁市制造业向智能化制造转型升级。

（五）做深做实新材料产业，推进节能环保产业发展

支持新材料产业发展。积极发展高端铝材、石墨烯材料、新型建筑材料、新型功能材料和前沿新材料。

鼓励发展节能环保产业。以南宁高新技术产业开发区为核心，以广西—东盟经济技术开发区为重点，以南宁六景工业园区等一批特色工业园区为依托，以节能环保装备（产品）制造为主导，研究和开发高效低耗智能化生活污水处理装备、节能型高效污泥安全处置装备。扶持一批节能环保技术和装备制造企业，加大节能环保产品营销模式和服务模式的创新力度，形成从技术研发、中试到产业化的完整产业链，打造集研发、生产、销售、运营、服务咨询于一体的现代化节能环保产业中心。

（六）加快创新平台建设，推进产业集聚发展

加快创新平台建设。深化“政产学研用金”协同攻关长效机制，加快布局建设一批战略性新兴产业重点高端创新平台。依托现有产业研发机构，创建国家级重点实验室、国家企业技术中心、国家技术创新中心、国家工程研究中心等重大创新平台，围绕南宁市大数据、第三代半导体、人工智能、新材料、新能源汽车、生命健康、生物技术、量子信息、氢能与储能等技术研发与应用示范，前瞻性谋划一批未来产业，培育发展一批体制机制活、研发能力强、示范效应明显的新型研发机构。完善科技企业孵化体系，推进铝加工、石墨烯材料等制造业创新中心和国家新材料测试评价平台区域中心建设，提升重点产业领域的创新能力与核心竞争力。

推进补链延链强链。聚焦引领性产业，以“龙头+配套”为驱动，打造

优势产业集群和优良产业生态，推动战略性新兴产业链补链延链强链，优化完善产业链。强化关联配套及补链延链强链项目引进，着力引进上下游延链和配套项目，打通产业链堵点。精准对接粤港澳大湾区产业，推动瑞声科技等龙头企业发展壮大，实现从零部件到成品的全产业链“南宁制造”，推动南宁制造向产业链两端延伸、向价值链高端跃升，全面提升南宁在国内市场甚至国际市场的产业分工地位，打造链接国内国际双循环空港供应链枢纽经济的新标杆。

区 域 篇

Regional Reports

B.9
2020年南宁市推进珠江—西江经济带发展情况报告

农劲柏　江发将　王 颖*

摘 要： 2020年，南宁市通过加快基础设施建设、持续深化开放合作、加快产业转型升级、统筹城乡一体化发展、加快推进新型城镇化、加快公共服务均等化建设等措施主动融入珠江—西江经济带建设，进一步加强与珠江—西江经济带沿线城市的交流合作。目前，南宁市依然存在经济综合实力不强、项目推进难度较大等问题，未来应着力提升互联互通水平、强化面向东盟的跨区域跨境产业合作、提升"南宁渠道"功能、加强生态环境保护，加快形成全方位、宽领域、多层次、高水平的珠江—西江经济带沿线

* 农劲柏，南宁市发展和改革委员会交通科科长，研究方向为交通基础设施建设、互联互通对区域合作的影响；江发将，南宁市发展和改革委员会地区经济和西部振兴科科长、经济贸易和区域开放科负责人，研究方向为区域经济发展、对外开放合作；王颖，南宁市发展和改革委员会经济贸易和区域开放科工作人员，研究方向为经济贸易、交通和物流建设对经济发展的影响。

城市协同发展新格局。

关键词： 珠江—西江经济带　粤港澳大湾区　南宁市

2020年，南宁市围绕打造珠江—西江经济带核心城市的目标，以西江经济带基础设施建设大会战为抓手，认真贯彻落实中央、自治区各项政策措施，加快推进珠江—西江经济带高质量发展等工作，在基础设施建设、城乡一体化建设、生态环保建设、产业转型升级等方面不断取得新突破，与沿线城市合作水平不断提高，全市经济发展总量、质量双提升，综合实力跃上新台阶。

一　2020年南宁市经济社会发展情况

2020年，面对错综复杂的国际形势、艰巨繁重的改革发展稳定任务以及新冠肺炎疫情的冲击，南宁市强首府战略开局良好，全市经济社会恢复有序有力，改革开放不断提速，人民生活持续改善，决胜全面建成小康社会取得了决定性成就。

（一）疫情防控取得重大战略成果

始终坚持把人民生命安全和身体健康放在第一位，迅速启动重大突发公共卫生事件一级响应，建立指挥机构和工作机制，扎实推进联防联治、群防群控，全力做好医疗救治，强化防疫物资生产调度和采购供应，慎终如始抓好常态化疫情防控，仅用27天就实现年内本土确诊病例“零新增”，仅用1个多月就实现55例确诊患者全部治愈出院，专业救治医院医务人员“零感染”。守望相助共抗疫情，派出123名医务人员分赴湖北、香港支援疫情防控工作，南宁市第四人民医院党委荣获全国抗击新冠肺炎疫情先进集体、全国先进基层党组织，梁小霞、韦球两位同志荣获全国抗击新冠肺炎疫情先进个人。

（二）经济实现稳步回升

积极应对疫情影响，在全国较早、全区率先出台支持中小企业保经营稳发展16条以及稳工业8条、稳投资6条、促消费12条等一系列“硬核”援企政策，成立企业复工复产协调调度领导小组和加快促进经济正常运行6个工作专班，以超常规举措推进复工复产，2月底96个自治区层面统筹推进的在建重大项目全部复工，3月初4024家重点企业实现复工复产。强化精准调度，组织实施“攻坚上半年”“冲刺四季度”等行动，推动经济逐季回升。第一季度、上半年、前三季度地区生产总值分别增长-3.7%、2.3%、2.8%，全年地区生产总值完成4726.34亿元、增长3.7%，与全区增速持平，高于全国增速1.4个百分点，其中第一产业增加值增长4.7%，第二产业增加值增长5.3%，第三产业增加值增长2.9%。财政收入完成796.09亿元，增速高于全区5.11个百分点，占全区比重（28.43%）比上年提升1.46个百分点。固定资产投资下降2.5%。社会消费品零售总额下降6.3%，降幅逐季收窄。外贸进出口总额达986亿元、增长31.8%。

（三）“六稳”“六保”工作成效显著

在全国率先推出高校毕业生就业“打包一件事”服务，鼓励企业设置公益性岗位，这2项就业举措被人社部作为“稳就业工作经验”上报国务院。在全区率先上线“个人求职登记平台”“企业缺工登记平台”“空中招聘站”，全年城镇新增就业66973人，城镇登记失业率3.12%（低于控制目标1.38个百分点）。紧盯保市场主体，落实好国家先后出台的5批税费优惠政策，从保防控、降成本、减负担、稳外贸等多个方面，助力企业渡过难关，全年累计减税降费144.34亿元，其中，新增减税降费72.55亿元、降低社保成本68.87亿元、减征医保费用2.92亿元。在全国率先落地疫情防控期间援企稳岗返还政策，共为34917家企业发放稳岗返还资金3.39亿元。出台房租减免政策，为中小企业和个体户减免租金约2.25亿元。落实“复工贷”“稳企贷”等政策，共为2600多家企业发放贴息贷款91亿元，降低利息成本近2亿元。市场活力不断被激发，全市新登记市场主体在业量13.37万户，同比增长9.42%；新增企业51850户，同比增长10.75%。企业效益持续提升。规模以上工业企业营业收入2418.68亿元，增长1.2%；利润123.19亿元，增长3.5%；全市共有规模以上工业企业1096家，比上年增加52家。规模以上服务业企业营业收入1232.19亿元，下降4.1%。全力保基层运转，坚持把“三保”放在优先位置，落实分级分类管理机制，科学合理调度财政库款；全链条、全过程、常态化监控中央直达资金，分配直达资金52.01亿元，资金分配率达100%，有力支持各县区兜牢“三保”底线。积极做好保供稳价工作，有效稳定市场价格，全年居民消费价格指数（CPI）累计上涨2.3%，涨幅分别低于全国、全区0.2、0.5个百分点。人民生活持续改善，城镇居民人均可支配收入38542元，增长2.3%；农村居民人均可支配收入16130元，增长7.2%；农村居民人均可支配收入增速高于城镇居民人均可支配收入增速4.9个百分点，城乡居民收入差距进一步缩小。城镇新增就业6.7万人，城镇登记失业率3.12%，经济呈现回暖迹象。

二　南宁市推进珠江—西江经济带建设情况

2020年，南宁市紧紧抓住全面对接粤港澳大湾区新机遇，认真贯彻落实《珠江—西江经济带发展规划》，围绕打造珠江—西江经济带核心城市的目标，主动融入珠江—西江经济带建设，与经济带沿线城市在基础设施互联互通、深化产业合作、生态联防联治等方面加强合作，各项工作取得明显成效。

（一）加快基础设施建设，互联互通水平显著提升

南宁市大力开展铁路、高速公路、港口及航空等基础设施建设，基本构建了联通广西、衔接粤港澳大湾区、面向东盟的“陆—海—空”一体化立

体交通体系。以南宁为中心的“12310”（即1小时通达南宁周边城市，2小时通达全区设区市，3小时通达周边省会城市，10小时左右通达国内主要中心城市）高铁经济圈基本建成，截至2020年，吴圩国际机场通航城市达124个，实现东盟国家航线全覆盖，东盟国家航线旅客人数突破百万；贵港至隆安、吴圩国际机场至大塘等高速公路建成通车，“一环六射三横一纵”高速公路网络初步形成；郁江老口航运枢纽、邕宁水利枢纽建成并投入使用，2000吨级货船直通粤港澳大湾区。铁路方面，全力打造连接粤黔滇、面向东盟的铁路网络枢纽，先后开通运营南宁至香港、南广、南昆、邕北、钦防、柳南客专等高铁线路，建成南宁东站、南宁动车所等一批先进铁路基础设施，形成了以南宁为中心，“北通、南达、东进、西联”的现代化铁路网，构建了以南宁为中心的“12310”高铁经济圈。截至2020年，南宁高铁已通达香港特别行政区、全国18个城市（包括3个直辖市和15个省会城市）和广西11个地级市。公路方面，高速公路建设取得快速发展，通往粤桂交界处、连接西南与珠三角核心地区的S52武平高速来宾至马山、马山至平果段，S40苍硕高速贵港至隆安段，吴圩国际机场第二高速公路，吴圩国际机场至大塘高速公路，柳南高速改扩建，南宁经钦州至防城港高速公路改扩建，大塘至浦北高速公路等项目建成通车，南宁市高速公路总里程增长到958公里。市域地方路网进一步完善，G359大塘至渠黎（大塘至那蒙段）、G358思陇经武鸣至那桐、S309杨圩至上级、江西至扬美、005县道（石埠至老口段）改扩建工程等项目建成通车。水运方面，郁江老口航运枢纽、邕宁水利枢纽建成投用，直达粤港澳大湾区的航道从1000吨级提升为2000吨级，西江黄金水道通过能力显著提升。南宁港一期锚地、南宁港中心城港区牛湾作业区一期工程、南宁港六景港区转运站作业区码头、南宁港六景港区八联联营厂作业区码头、南宁港中心城港区民生旅游码头、南宁港中心城港区蒲庙旅游码头等项目竣工并投入使用，全市港口竞争力不断增强。航空方面，截至2020年，南宁吴圩国际机场已累计开通航线191条，其中国内航线165条，国际及地区航线26条；通航城市124个，其中国内城市101个，国际及地区城市23个。国内航线目前已实现了全国省会城市全覆盖，国际及地区航线在疫情前已全面实现了东盟10国首都全通航。T2航站区投入运营以来，吴圩国际机场旅客吞吐量持续增长，突破1500万人次，吴圩国际机场成为广西区内首个跻身全国千万级机场行列的机场，进入全国千万级机场俱乐部。

（二）持续深化开放合作，“南宁渠道”功能不断升级

2015年以来，南宁市充分发挥面向东盟、对接粤港澳大湾区、服务西南中南的区位优势，坚持“引进来”和“走出去”并重，持续推动“南宁渠道”功能升级。“南宁渠道”服务国家周边外交战略水平不断提高。以东盟为重点的国际交流合作不断深化，积极服务第十七届中国—东盟博览会、中国—东盟商务与投资峰会和第十一届泛北部湾经济合作论坛暨2020北部湾国际门户港合作峰会，成功举办首届中国—以色列全球创新发展合作南宁论坛暨中国（广西）—以色列科技创新合作高峰论坛、中国—东盟新型智慧城市协同创新大赛，其中中国—东盟新型智慧城市协同创新大赛境外参赛队伍历史性达到125支。国际友城增至25个，马来西亚、泰国、越南、柬埔寨、老挝、缅甸等东盟国家在南宁设立领事馆，南宁的“朋友圈”不断扩大。主动融入“一带一路”倡议，西部陆海新通道建设加速。中新南宁国际物流园项目一期的新中智慧园、南宁国际铁路港一期工程（除汽车物流区以外）、南宁农产品交易中心一期投入运营，南宁国际旅游中心建成并投入使用，南宁综合保税区累计有379家企业正式入驻。开放合作平台活力迸发。中国（广西）自由贸易试验区南宁片区获批建设，挂牌以来新增企业8418家，中国—东盟金融城入驻中银香港东南亚业务营运中心等金融机构162家。南宁跨境贸易电子商务综合服务平台、中国—东盟区域性信息交流中心、五象新区总部基地电商小镇等项目已建成并投入使用，中国—东盟检验检测认证高技术服务集聚区、南宁地理信息小镇等项目加快建设，南宁临空经济示范区成功获批国家级示范区。区域合作不断深化。发挥南宁北部湾城市群核心城市作用，携手共建北部湾信用生态圈城市联盟、北部湾旅游推广联盟，推动“南宁—北钦防”公共服务和要素资源一体化发展；全面

对接粤港澳大湾区建设，与其在基础设施、产业发展、生态环保等方面的合作持续深化。成功组团参加西江经济带城市共同体及市长联席会议第五次会议暨西江经济发展论坛，与珠江—西江经济带沿线广西区内其他10市的合作持续深化。经贸合作实现新突破。外贸进出口总额986亿元、增长31.8%。与中国香港、东盟国家的经贸合作持续强化，通过CEPA项目绿色通道新设港澳企业70家，商务口径实际利用港澳资金4.20亿美元、同比增长38.68%；与东盟国家间的外贸进出口总额达到181.15亿元、同比增长62.94%。

（三）加快产业转型升级，产业发展质量稳步提高

坚持“强二扬三优一”，加快产业转型升级，做大做强实体经济，产业链供应链保持稳定，经济发展新动能日益增强。承接产业转移成效显著。2020年，全市共签约“湾企入桂”项目70个，总投资1040亿元。工业发展新动能增强。产业结构调整效果进一步显现，增长动能从传统产业向高技术产业转换，以电子信息产业为代表的新兴产业引领工业发展的新格局初步形成。电子信息、先进装备制造、生物医药三大支柱产业集群加速发展，三大支柱产业产值增长7.3%，占全市规上工业产值的比重达38.8%（比2019年提高1.9个百分点），三大支柱产业企业营业收入占全市工业企业营业收入的39.3%，其中电子信息产业成为南宁市总量最大、从业人员最多的工业产业。产业链招商取得新进展。以瑞声科技为龙头打造的智能终端产业链初具规模，瑞声科技在南宁的投资额从10亿元增加至175亿元，电子信息产业连续三年成为全市产值最大的工业产业；引进天际汽车等新能源汽车项目，以整车带动零部件生产的新能源汽车产业加快形成。强首府重大工业项目加快推进。瑞声科技精密传动元器件、美斯达智能工厂等22个重大工业项目开工，益顺盈SMT集成电路板、世纪联合创新等24个重大工业项目投产。合众新能源汽车项目从签约到开工仅93天，天际新能源汽车项目仅44天，创造了重大项目建设的“南宁速度”。浪潮南宁生产基地服务器和计算机产品下线，实现广西服务器生产“零”的突破。企业培育取得新成效。

全市规模以上工业企业突破1000家，产值超百亿元企业3家，战略性新兴产业规模以上企业法人单位占全市规上工业企业法人单位的16.2%，占比高于全区4.1个百分点。全年新增上规入统工业企业185家，其中新建入规工业企业数量位居全区第一。新建投产入规的企业成为全市工业增长的主要动力，瑞声科技、南南铝加工等企业保持快速增长。三大开发区成为稳工业的重要支撑，规上工业总产值合计同比增长13.8%。传统优势产业改造升级。全市累计实施技改项目超过700个，新增南南铝加工、博世科等5个国家级企业技术中心，国内首条国产高端高精铝材热处理型材辊底炉生产线被列入工信部重大短板装备，高端铝产业技术装备达到国内领先水平。服务业发展提质增效。出台《南宁市创新型产业用地管理暂行办法》等政策措施，以工业用地价格的1.5倍引进建设创新型产业项目，激发新兴服务业发展活力。面向东盟的金融开放门户核心区建设成效显著。中国—东盟金融城新增金融机构（企业）102家，增长170%；南宁成为全区唯一获批绿色金融改革创新示范区和保险创新综合示范区的“双示范区”地市。数字经济发展活力凸显。先后引进华为、浪潮、阿里、腾讯等领军企业，数广集团、中国东信等本地龙头企业快速发展，全市数字经济企业达6429家，占全区比重达58.4%，规上互联网和相关服务业、软件和信息技术服务业营业收入增长14.2%。电子商务产业不断壮大。获批全国第二批跨境电商B2B出口试点，南宁跨境电商综试区完成跨境电商进出口4607.27万单、交易额21.64亿元，位居全国各综试区前列。现代物流业蓬勃发展。万纬南宁金海物流园（一期）、新中智慧园等智慧物流项目投入运营，上海宇培、菜鸟、苏宁等知名物流企业相继布局新项目，全年新增3A级以上物流企业8家，邮政快递业务量增长47.5%。文旅产业提速发展。南宁万有国际旅游度假区项目加快建设，七彩世界森林旅游度假区等大健康和文旅产业综合体签约落地。农业发展基础不断稳固。大力推广良种良法，全市早稻种植面积实现5年来首次增长。生猪生产逐步走出低谷，产能已恢复到正常年份的八成左右。“邕”字号农产品品牌更为响亮，“南宁火龙果”“横县甜玉米”新获农业农村部农产品地理标志登记证书；横县茉莉花和茉莉花茶综合品牌价值达

206.85亿元，实现广西最具价值农业品牌四连冠。南宁市获授“中国水牛乳之都”称号。特色农业园区建设驶入快车道，武鸣沃柑特色农产品优势区获得中国特色农产品优势区认定。

（四）统筹城乡一体化发展，城市生态宜居魅力彰显

加大城市建设和乡村治理力度，绿城品质持续提升，全市基础设施、生态文明、乡村振兴建设稳步推进，城乡融合发展取得初步成效。绿城品质不断升级。城市交通网络不断完善，轨道交通4号线一期工程首通段、2号东延线开通运营。加大公共服务设施建设力度，完成现状道路污水管网建设262.81公里，朝阳溪等12座新建、扩建污水处理厂建成并通水试运行；新建成地下综合管廊主体11.17公里。有序开展城市改造升级，实施老旧小区改造项目247个，完成投资2.3亿元；既有住宅加装电梯163部；棚户区改造开工建设5772户（套），基本建成6283（户）套。空气质量、水质量、绿化环境质量持续改善提升，空气质量综合指数稳居全国前列，平均优良率达93%，“南宁蓝”保持常态。城市治理水平持续提升。南宁市全面、扎实、深入地开展创城整改提升工作，以优异成绩通过全国文明城市测评验收。多举措服务“地摊经济”，设置1441个临时摆卖点（区），在农贸市场夜市增设300多个摊位。加大“两违”建筑查处整治力度，共清理拆除“两违”建筑8245处（栋），拆除违法建设面积470.77万平方米，清理违法用地面积439.59万平方米。整治共享单车乱象，清理、规整共享单车6.74万辆次。县域经济加快发展。新型城镇化建设加快推进，横县成功入选全国县城新型城镇化建设示范名单；青秀区刘圩镇刘圩市民农庄打造国内新型城镇化模范试点，西乡塘区坛洛镇入选全国2020年农业产业强镇建设名单，青秀区南阳镇施厚村获评“2020年中国美丽休闲乡村”，马山县三甲屯、西乡塘区忠良村入选第二批全国乡村旅游重点村，武鸣区双桥镇入选自治区第十批全国“一村一品”示范村镇名单。幸福乡村建设取得成效。全面开展“美丽南宁·幸福乡村”活动，44个镇级污水处理设施全部建成通水，实现污水处理设施全覆盖。

建成20个村级垃圾收集转运处理设施、133个农村生活污水治理项目，完成8465座户厕无害化改造；推动“四好农村路”建设，完成5个乡乡通二（三）级公路项目、129个县乡道安防项目、497个村道安防项目、49个农村公路“窄路加宽”项目建设。全力推进马山县环弄拉等7条乡村风貌提升示范带建设。

（五）加快推进新型城镇化，城市空间加速拓展

坚持规划引领，城市发展按照“整体向东、重点向南”的主导方向稳步推进。截至2020年，全市建成区面积达到320平方公里；常住人口达到874.16万人，比“十二五”期末增加35.87万人，常住人口城镇化率达到63.7%，比“十二五”期末提高4.4个百分点，城市框架进一步拉开。五象新区核心区基本成形。以城聚产、以产兴城、产城联动，五象新区产城融合实现高质量发展。截至2020年，累计完成投资2159.18亿元，累计入驻全球最具价值品牌百强10个、世界500强企业35家、中国500强企业28家，中国—东盟金融城内117栋高层建筑累计封顶99栋，浪潮、阿里巴巴、华为等一大批龙头企业加速集聚；“七纵四横”主干路网建成通车，“核心区—机场—高铁站”20分钟交通圈全面形成，一批优质教育、医疗资源加快汇集，“再造一个新南宁”蓝图变成现实。重点片区功能品质加快提升。朝阳片区区域重划，商业功能改造提升，传统商贸业加快转型升级，城市“夜经济”活力激发；埌东—凤岭片区内一批大型城市综合体相继建成开业，高端商贸业集中，商品交易活跃，楼宇经济快速发展。功能组团产业集聚效应显现。教学、科研、产业、居住高度融合的南宁教育园区加快建设，园区基础设施配套日臻完善，广西医科大学等17所高等院校和高职高专学校签约入园，南宁师范大学等3所学校实现招生入住；南宁临空经济示范区发展步入快车道，示范区新引进瑞声科技微机电半导体封装及声学项目等5000万元以上产业大招商项目34个，总投资260.17亿元；签约“三企入桂”项目33个，总投资376.79亿元。先进制造业产业带加快形成，邕宁、伶俐、六景等工业园区基础设施日臻完善，南南电子汽车新材

料精深加工项目、广西建工集团智能制造生产项目等一批重大项目建成投产，加速成为南宁工业发展主战场。

（六）加快公共服务均等化建设，社会民生福祉不断增进

着力推进普惠性、基础性、兜底性民生建设，多谋民生之利，多解民生之忧，民生福祉大幅增进。脱贫攻坚取得历史性成就。上林、马山、隆安和邕宁 4 个扶贫开发工作重点县区全部脱贫摘帽，421 个贫困村全部出列，现行标准下的农村贫困人口全部脱贫，历史性解决了绝对贫困问题。扎实做好易地扶贫搬迁安置“后半篇文章”，完成全市 63133 名建档立卡贫困人口的住房建设和搬迁入住任务，搬迁入住率达 100%。社会保障体系日臻完善。持续推进全民参保扩面，全市基本养老保险参保 467. 44 万人、失业保险参保 85. 66 万人、工伤保险参保 95. 54 万人，城镇职工、城乡居民基本医疗保险参保人数分别达 120. 70 万人、591. 36 万人。城乡低保覆盖面进一步扩大，城市、农村低保标准分别较上年提高 14. 5%、20. 0%。社会民生事业加快发展。普惠性学前教育资源不断丰富，新增多元普惠性幼儿园 74 所，普惠性幼儿园覆盖率达 80%以上。新开办 35 所公办幼儿园，新增学位约 1. 89 万个；18 所公办中小学校建成并投入使用，新增学位约 2. 73 万个。基本养老服务保障能力增强，南宁市第二社会福利院投入试运营，建成 10 家拥有 300 ~ 500 张床位的公办示范性养老福利机构，3 个医养结合案例入选全国医养结合典型经验。全市法定传染病发病率、突发公共卫生事件发生率均有所下降。加强发热门诊项目和核酸检测能力建设，建成 120 个发热门诊项目，市县二级以上公立综合医院及疾控中心核酸检测实验室建设完成，全市新冠病毒核酸检测能力逐步提升。卫生健康项目扎实推进，市一医院医技综合楼、全科医生规范化临床培养基地、市五医院精神卫生综合大楼、市妇幼保健院综合楼竣工并投入使用。社会治理水平不断提升。健全矛盾纠纷多元化解机制，调解各类矛盾纠纷 17130 件，调解率达 100%，调解成功率达 97%。成功进入全国法治政府建设示范市名单，法治政府建设走在全国前列。扎实推进安全生产整

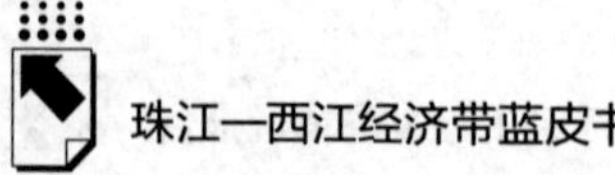

治三年专项行动，全市发生各类生产安全事故起数、死亡人数、受伤人数分别同比下降25.8%、17.2%、30.0%。强化食品药品安全监管，食品药品安全满意度较2019年大幅提升。全市保持和谐稳定的发展局面，人民群众安全感达98.09%。

三　推进珠江—西江经济带建设面临的困难和问题

（一）经济综合实力不强

2020年，南宁地区生产总值达4726.34亿元，同比增长3.7%，总量位居全区之首，但增速排全区第9位。2020年，广州地区生产总值为25019.11亿元（同比增长2.7%），同为珠江—西江经济带核心城市，南宁与广州差距仍然不小，自身实力仍需提高。

（二）项目推进难度较大

一是融资难。受各种因素影响，南宁现有投融资平台的融资能力还不能满足实际需要，项目资金筹措压力大。如铁路等交通基础设施需财政筹措大量资金，出资任务艰巨。二是用地难。土地利用指标供不应求，土地指标相对不足。南宁城市总体规划、工业发展规划、土地利用规划存在衔接不畅等问题，工业用地指标总体不足，工业用地储备结构不合理，难以规划布局大型产业项目。

（三）项目建设受资金制约

一是交通基础设施投资压力大。南宁作为首府城市，基本上每条铁路线路都要引入南宁枢纽，在建设柳南、南广、南昆等铁路干线时已承担巨额资金压力，目前在建的南崇、南玉城际铁路及贵南高铁3个铁路项目以及轨道交通项目、市政项目等还需筹措大量的资金，市财政资金紧缺且筹融资渠道单一，压力非常大，出资任务艰巨。二是生态治理项目投入资金多、见效慢、后期维护周期长。如黑臭水体整治、流域整治等都需要投入大量资金进行项目建设，且其往往不是一蹴而就、一劳永逸的，后期还需投入资金进行维护。此外，农村环境整治项目后期维护需要地方财政投入的基数增大，后期维护周期长，对地方的财政投入及管理投入都是极大的考验。

四　对策建议

（一）着力提升互联互通水平

加快完善与珠江—西江经济带沿线城市间互联互通的交通基础设施。公路方面重点推进南宁经横州[①]至玉林高速公路（横州至南宁段）、南宁至湛江高速公路、横州至钦州港高速公路、南宁至北海高速公路建设；铁路方面重点抓好南宁至崇左城际铁路、南宁至玉林城际铁路、南宁经桂林至衡阳高铁、贵阳至南宁高铁建设，力争实现主要城市间 2 小时通达，邻近城市间 1 小时通达。

（二）着力强化面向东盟的跨区域跨境产业合作

发挥南宁毗邻东盟国家的区位优势，借助“南宁渠道”为珠江—西江经济带沿线城市开拓东盟市场提供便利，探索构建空间上高度集聚、上下游紧密协同、供应链集约高效的“粤港澳大湾区研发+南宁制造+东盟配套+国际市场”跨区域跨境产业链供应链价值链新模式，加强城市间产业链协同、专业化整合，推动形成整体发展优势，共同实现区域产业转型升级和优化发展，培育新形势下经济带参与国际合作和竞争的新优势，深度融入国内国际双循环新发展格局。

（三）着力提升“南宁渠道”功能，高标准高水平建设自贸区

深入拓展“南宁渠道”功能，高标准高水平建设自贸区南宁片区，推

① 2021 年，撤销横县，设立县级横州市。

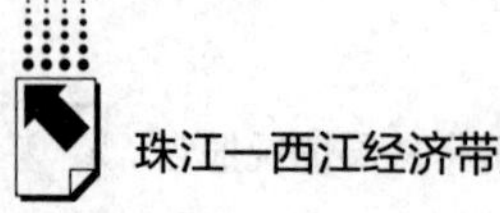

动中国—东盟博览会升级发展，加快推进南宁临空经济示范区、南宁国家物流枢纽、东部产业新城建设，做优做实对外开放平台，依托“南宁渠道”独特优势深化与经济带沿线城市的交流合作，加强协同开放，实现共同发展。

（四）着力加强生态环境保护

努力践行“绿水青山就是金山银山”发展理念，持续开展大气、水、土壤污染防治，强化生态保护与修复，严密防控生态环境风险，加快推进生态环境治理体系和治理能力现代化，协同推进经济高质量发展和生态环境高水平保护，使首府南宁青山常在、绿水长流、空气常新，不断擦亮首府“生态优势金不换”金字招牌。

B.10

2020年柳州市推进珠江—西江经济带发展情况报告

张广衡　王晓丽*

摘　要： 2020年，柳州市在基础设施建设互联互通、粤桂产业联动、流域生态环境共享管理方面持续发力，推进珠江—西江经济带建设成效显著，但同时也存在基础设施建设项目推进难度大、水运运营发展困难、产业结构不合理等一系列困难和问题。未来应加快推进基础设施建设，打造全国性综合交通枢纽；加快产业转型步伐，打通贸易渠道；扎实开展精准招商，全方位深化区域开放合作；聚焦绿色转型发展，加快美丽柳州建设步伐。

关键词： 全国性综合交通枢纽　粤桂产业联动　流域生态环境　美丽柳州

2020年，柳州市认真贯彻实施《珠江—西江经济带发展规划》，紧扣规划总体布局中转型发展区定位，积极推进珠江—西江经济带建设，全面对接粤港澳大湾区，区域经济协调发展进一步加强。

一　2020年柳州市经济社会发展情况

2020年，柳州市大力实施“实业兴市、开放强柳”战略，全力推进

* 张广衡，柳州市发展和改革委员会区域科科长，研究方向为区域合作和对外开放；王晓丽，柳州市发展和改革委员会机关党委专职副书记，研究方向为以党建助推业务工作开展。

“三大建设”，扎实做好“六稳”工作、落实“六保”任务，统筹推进疫情防控和经济社会发展，稳住了经济基本盘，巩固了社会基本面，为建设现代制造城打下坚实基础。全市地区生产总值3177亿元，增长1.5%；三次产业结构为7.3∶47.3∶45.4。固定资产投资1756亿元，社会消费品零售总额1270亿元，外贸进出口总额228亿元。从全区占比来看，柳州市面积占全区的1/13、人口占全区的1/14、经济总量超全区的1/7、工业总量占全区的1/4、财政收入占全区的1/6，分别居全区第5位、第5位、第2位、第1位和第2位。

（一）“5+5”产业体系加快构建，经济结构持续优化

工业经济稳步复苏，质量效益持续提升，规模以上工业企业突破1000家。传统产业加快转型升级，汽车产业研发能力进一步提升，上汽通用五菱全年销量达到160万辆，东风柳汽商用车全年产量突破8.8万辆，增长46.9%。钢铁产业不断发展壮大，柳钢本部钢材产量突破1700万吨，产值突破1000亿元。机械产业国际化进程加快，柳工集团海外收入占比稳定在30%以上，CLG856H MAX装载机荣获中国工程机械年度产品TOP 50最高奖项“金手指奖”。食品加工业快速发展，袋装柳州螺蛳粉年销售额达105.6亿元，产业链创造30万个就业岗位。战略性新兴产业加快发展，新能源汽车产量达18.7万辆，增长198.2%。生物医药产业园开工建设，国电南京自动化股份有限公司入驻柳州智能电网产业园。现代服务业支撑作用增强，新增规模以上服务业企业突破500家。自治区级以上技术创新平台数量位居全区第一，柳州成为广西首个工业互联网示范城市。柳州铁路港加快建设，柳州国家公路运输枢纽柳东物流中心投入使用，顺丰、京东等一批现代物流企业进驻柳州。中国—东盟（柳州）旅游装备制造产业园正式揭牌，成功举办2020年广西文化旅游发展大会、第40届中国（柳州）国际康复辅助器具产业暨国际福祉机器博览会及首届广西长寿产业博览会。融水苗族自治县成功入选第二批国家全域旅游示范区，新增白莲洞洞穴科学博物馆等7家4A级旅游景区，全年接待游客5453.4万人次，实现旅游收入602亿元。现

代农业稳步发展，全市农林牧渔业总产值378.5亿元，全市农产品加工业总产值550.0亿元。三江高山鲤鱼成功入选中国特色农产品优势区，柳南区螺蛳粉产业融合发展示范园被认定为第二批国家农村产业融合发展示范园，柳州螺蛳粉、融水灵芝、大苗山红茶、融水紫黑香糯等获得农业农村部农产品地理标志登记证书。

（二）城市发展新格局加快构建，城市承载力进一步增强

内外交通网络加快扩展，柳州至广州铁路（柳梧段）、湘桂铁路柳州枢纽扩能改造工程开工建设，融水至河池高速公路建成通车，沙塘至沙埔道路改造工程顺利竣工。城市建设全面推进，柳东新区成为全国产城融合示范区，柳州国家高新技术产业开发区成为广西唯一入围国家级产业园区发展竞争力百强园区。国家新型城镇化综合试点扎实开展，成功创建国家公交都市建设示范城市。城市管理规范有序，生活垃圾无害化处理率达100%。

（三）公园城市建设成效显著，生态文明建设迈上新台阶

柳州地表水环境质量位居全国第一，市区空气质量优良率达96.7%，土壤环境质量总体稳定。深入开展国家循环经济示范城市、国家低碳试点城市建设，园区企业集中供热供气覆盖面达85%，工业固体废物处置利用率、工业水循环利用率均达90%以上。全市森林覆盖率达66.7%，人均公园绿地面积13.88平方米，市区公园面积超过2000公顷，柳州成为广西首批公园城市建设试点城市。

（四）关键领域改革深入推进，改革开放释放发展活力

政务服务“简易办”“政务公开”“全城通办”改革经验在全区推广，不动产办理时限压缩至0.5个工作日，开办企业指标达全国一流水平。在全区率先推出商品房“交房（地）即交证”服务。建立工程建设项目联合审批机制，在工业园区实行工程建设项目“拿地即开工”审批模式。农村土地承包经营权确权登记颁证工作顺利完成，鹿寨县入选全国农村宅基地改革

试点县。对外开放力度加大，柳州被商务部、公安部认定为广西唯一的全国二手车出口业务地区，保税物流中心封关运营，成功举办中国—东盟（柳州）汽车工业博览会、中国—东盟（柳州）旅游装备博览会，全市进出口总额228.1亿元（增长3.8%），实际利用外资7131万美元。“三企入桂”签约项目226个，计划投资1588.3亿元。

（五）民生保障能力不断增强，社会事业协调发展

城乡居民收入持续增加，城镇居民人均可支配收入38479元，农村居民人均可支配收入15848元。社会保障水平稳步提高，城镇新增就业5.55万人，城镇登记失业率3.61%，农村劳动力转移就业16.33万人次；连续16年上调基本养老金，城乡低保标准持续提高，保障性安居工程扎实推进。教育事业全面进步，普惠性幼儿园覆盖率达86.56%，义务教育集团化办学覆盖率近50.00%，高考3个批次上线率、文理科总平均分均居全区第一，职业教育产教融合加快推进，柳州工学院揭牌成立。医疗卫生基础设施不断完善，居民电子健康卡“就诊一码通”全面推广。文体事业繁荣发展，大型山水实景演出《夜话柳江》成功上演，水上狂欢节、国际奇石节活动成功举办。

二　柳州市推进珠江—西江经济带建设情况

（一）以项目建设为抓手，全力推进基础设施建设互联互通

综合交通运输体系不断完善。编制完成本地区全国性综合交通枢纽规划，提出打造陆空对接、多式联运、内捷外畅的现代综合交通枢纽体系。以重大项目为抓手，加快国家级陆港型和生产服务型物流枢纽承载城市建设，加大物流枢纽培育力度，打造现代化物流枢纽体系。全力推进柳州铁路港“一核二园三基地”建设，其中柳州铁路港核心区（西鹅铁路物流中心）2020年累计完成投资2.43亿元，传化公路港2020年累计完成投资7900万元，万纬物流项目、中通广西桂北（柳州）智能科技电商快递产业园、桂

中海迅柳北物流基地等项目稳步推进，不断夯实通道枢纽节点基础，形成区域性物流枢纽节点。

铁路项目建设稳步推进。柳州经梧州至广州铁路（柳州至梧州段）可行性研究报告通过国铁集团鉴定中心评审；湘桂铁路柳州枢纽扩能改造工程可行性研究报告已经国铁集团鉴定中心审批。焦柳铁路怀化至柳州段电气化改造项目已于2020年10月建设完成，正式运营后对提高柳州市铁路货运能力具有重要意义。

公路网结构进一步完善。多条高速公路承接南北、贯通东西，柳州市辖区内在建高速公路项目持续推进，融水至河池高速公路柳州段、融安至从江高速公路一期工程（融安至安太段）、鹿寨—钦州港公路（鹿寨至鱼峰段）等项目稳步推进，将促使交通承载力持续提升。

水路运输能力不断提升。以提升航道等级和港口吞吐能力为重点，积极融入西江黄金水道。都柳江梅林航运枢纽工程于2020年10月23日完成可行性研究报告，洋溪水利枢纽工程可行性研究主报告于2020年9月7日报水利部审议，柳州港官塘作业区一期工程建设完成。柳州河运口岸柳州至香港外贸水运航线于2020年10月1日恢复通航，进一步发挥了西江黄金水道优势，助力柳州市开放型经济高质量发展。

（二）以打造合作发展平台为引领，深入推进粤桂产业联动

加快重点产业承接平台发展。粤桂黔高铁经济带合作试验区（柳州）广西园发展迅速。一是利用柳东新区C区标准厂房，精心打造粤桂黔产业合作园，目前园区厂房出租率达60.59%，入驻企业近30家，鹏辉新能源、恒大集团卡耐新能源、宝莱汽车用品有限公司等一批广东企业在园区茁壮发展。二是完善服务机制，推出“拿地即开工”等创新模式，打造一流营商环境。截至2020年，新申请入园“拿地即开工”项目10个，已入园按“拿地即开工”标准推进项目20个。三是促进园区产业集聚，广西汽车集团新能源整车基地、国轩高科第八大生产基地已开工建设，智能交通产业园正式签约入园企业达18家，车辆总装基地已投产，粤桂黔项目合作力度持

续加大。加快粤桂智能家电产业集聚区建设，共引进以津晶企业集团为龙头的粤桂智能家电产业集聚区等 11 个产业项目。截至 2020 年，粤桂智能家电产业集聚区项目一期年产 150 万台空调生产厂房已建成投产，该集聚区已实现洗衣机、冰箱、空调三大主打产品先后下线量产。

柳州保税物流中心（B 型）启动正常化运营。2020 年 12 月 18 日，柳州保税物流中心（B 型）正式封关运营，依托便捷的保税仓储物流和优质的通关服务，形成对接粤港澳大湾区、有机融入“一带一路”的开放合作新优势。同步印发实施配套扶持政策《柳州保税物流中心（B 型）运营发展扶持办法实施细则（试行）》，充分发挥保税物流中心功能，吸引捷富凯、中外运等国际货代、物流、代理报关企业入驻，着重发展服务汽车、机械等优势产业和跨境电子商务等新兴产业的现代化国际物流业务。

推动产业大招商活动取得实效。围绕“强龙头、补链条、聚集群”，以产业承接为重点，加强与珠江—西江经济带产业补链式对接，推进产业融合发展。一是搭建招商引资综合平台，成立广州双招双引工作站和深圳双招双引工作站，瞄准粤港澳大湾区的各类优质项目、人才，因企施策、因时施策，加强与粤港澳大湾区产业融合、互补、联动式发展。二是大力实施“湾企入桂”专项行动，2020 年全市引进区外境内到位资金（含续建项目）940.01 亿元，同比增长 8.80%。其中，从粤港澳大湾区引进新合作项目 98 个，总投资额 524.52 亿元，到位资金（含续建项目）359.00 亿元，全面对接粤港澳大湾区初见成效。

（三）以生态对接为重点，强化流域生态环境共享管理

建立跨区域协作机制。在全区率先建立“区内+区外”两类跨区域协作机制。一是牵头来宾市、河池市建立全区首个跨区域协作机制，从水环境保护、环境突发事件应急等 8 个方面探索区域环境保护协作机制；二是与贵州省黔东南州签订《都柳江流域市（州）级跨区域环境联合交叉执法协议》，两市（州）在“跨市（州）界断面、市（州）界分水线联防联控”“跨区域环境违法行为联合查处”“重特大环境突发事件联合处置”“专业人员互

派交流”四大方面全面合作，积极构建“信息互通、数据共享、联防联控”的跨区域执法合作机制，全面提升流域监管治理效能；三是建立河湖动态监测监管机制，大力推进广西首个河道“天眼”——柳江干流河道“天眼”监管系统建设，更好推动柳江流域生态环境监测保护工作。

深化与经济带城市的交流合作。2020 年 3 月，肇庆环境保护产业协会作为柳州市第一批粤桂友好合作协会来柳就运营、专家库等问题进行交流合作，共同推进环保产业协会领域的合作发展，为打赢污染防治攻坚战、共建生态宜居的美丽环境提供技术支撑。6 月，柳州市生态环境调研组与深圳市生态环境局就无废城市建设、土壤污染防治工作等方面进行交流，促进环保行业企业进一步合作发展。

三　推进珠江—西江经济带建设面临的困难和问题

（一）基础设施建设项目推进难度大

部分铁路项目尚未被纳入国家、自治区有关规划，如柳州至广州铁路等项目属于国家规划项目，由国铁集团统筹规划推进。在“十三五”期间，国家重点推进实施高速铁路建设，但柳州至广州铁路等普速铁路项目未被纳入“十三五”铁路发展规划，推进难度较大。湘桂铁路柳州枢纽扩能改造工程可行性研究报告需自治区政府与国铁集团联合批复，批复时间具有不确定性。

（二）水运运营发展困难

柳州口岸鹧鸪江码头承担着丰水期（5 月至 10 月）的对外运输业务，每年 11 月至次年 4 月为柳江河段枯水期。但从 2010 年南宁海关注销武宣双狮码头海关监管经营资质之后，直到 2020 年，柳州口岸一直无枯水期临时监管经营码头资质，不利于柳州内河水运口岸港澳货运航线业务常态化运营。

（三）产业结构不合理

柳州已基本形成汽车、钢铁、工程机械等支柱产业，具备一定的产业基础，但产业整体实力仍然较弱，缺乏具有较强竞争力的产业集群，着力培育的新兴产业如电子信息、新材料、装备制造、生物医药等产业，更是缺乏龙头企业强力带动、配套企业相互衔接、关联企业紧密对接的完整产业链。

（四）环境质量持续改善面临较大困难

“十四五”期间，柳州市新增5个地表水国控断面，加之城镇污水收集处理基础设施建设仍存在短板，农业农村污水治理、小流域水质治理和入河排污口管理还需加强，地表水水质保持在全国前列的压力加大。此外，柳州市土壤污染治理修复项目技术支撑能力和管理能力总体不足，面临的困难较大。

四　对策建议

（一）加快推进基础设施建设，打造全国性综合交通枢纽

以建设全国性综合交通枢纽为契机，构筑干线交通、城际交通、市域交通与市内交通有机衔接、高效运转的现代化快速交通网络体系。巩固铁路枢纽地位，全力推进柳州至广州铁路、黔桂铁路增建二线、柳州至三江城际铁路、柳州至河池城际铁路等项目建设，形成南接北部湾出海大通道、北通华中腹地、东接珠三角、西接滇黔川渝的“米”字形铁路网络。大力推进西鹅铁路物流中心、宁铁汽车工业物流园、空港物流产业园、柳州高铁物流基地、官塘多式联运基地、雒容铁路物流基地“一核二园三基地”柳州铁路港建设，构建辐射中南、西南、珠三角的全国性铁路货运枢纽。构建便捷、畅通、高效的公路运输网络，全面推进融安至从江、融水至河池等一批高速公路建设。建设西江黄金水道航运枢纽，大力推进落久、洋溪水利枢纽工程和梅林航电枢纽工程建设，推进红花水利枢纽二线船闸工程建设，加快江口、导江、阳和等作业区建设，不断提升柳江航运能力。

（二）加快产业转型步伐，打通贸易渠道

进一步加快经济结构调整和发展方式转变的步伐，构建开放型经济体系，以推进产城融合示范区建设为抓手，强化创新驱动，优化产业结构和提升发展层次，推动产业结构向中高端迈进。改造提升工程机械、汽车、钢铁等传统优势制造业，着力发展致力于自主创新的先进制造业，全面增强市场竞争力。依托广西柳州汽车城，优先发展关键汽车零部件制造业，稳步发展新能源汽车产业，积极引导现代汽车服务业发展，提高产业配套能力，推动汽车及相关配套产业集群化发展。加强与佛山、广州等珠三角城市汽车基地的合作，着力构建“一带一路”面向东南亚的重要的汽车及零部件制造和出口基地。加速工业园区建设，推动产城融合发展，不断提升工业园区的发展质量和综合竞争力。同时，扎实推动北部生态新区建设，加快智能制造产业布局发展，推动柳州产业转型升级。培育发展新兴产业，重点发展壮大高端装备制造、新能源汽车、节能环保、新材料等战略性新兴产业。

（三）扎实开展精准招商，全方位深化区域开放合作

紧扣珠江—西江经济带产业发展方向，以产业承接融入为重点，聚焦重点产业领域，结合柳州市“5+5”产业发展规划，重点找准招商业态，加速对接融入珠江—西江经济带，推进与珠江—西江经济带其他城市产业联动融合发展。举办联合招商推介会，支持各类行业协会等参与珠江—西江经济带投资合作，重点引进具有重大辐射带动作用的项目，实现招大引强、招新引优。把柳州打造成为珠江—西江经济带产业向广西转移的最佳承接地。

（四）聚焦绿色转型发展，加快美丽柳州建设步伐

坚持“绿水青山就是金山银山”发展理念，用绿色发展理念引领高质量转型发展。完善生态环境保护制度，加快建立系统完善的生态文明制度体

系，实行最严格的源头保护、损害赔偿和责任追究制度，引导、规范各类开发、利用、保护自然资源的行为。打好污染防治攻坚战，落实大气、水、土壤污染防治行动计划，实施“蓝天工程”“绿水工程”，严格落实“河长制”，全面落实“土十条”。强化大气污染防治，推进完善全市大气污染防治工作长效机制。加快工业、农业、生活污染源和水生态系统整治，推进静脉产业园工程、餐厨垃圾资源化利用和无害化处理工程、石碑坪镇污水处理工程建设。

B.11

2020年梧州市推进珠江—西江经济带发展情况报告

盛辛辛*

摘　要： 2020年，梧州市加快推进珠江—西江经济带建设，在经济社会发展方面取得了显著成效，“水陆空”综合立体交通网更加完善，产业“东融”强势推进，公共服务合作持续深化，行政事务“跨省（区、市）通办”更加便捷，生态环境保护屏障更加牢固，但在交通基础设施联通、产业承接平台建设、生产要素供给等方面仍然存在较多问题。未来应深度融入粤港澳大湾区产业体系，大力推动交通互联互通，提升“东融”软实力。

关键词： 珠江—西江经济带　产业对接　梧州市

自《珠江—西江经济带发展规划》（以下简称《珠西规划》）实施以来，梧州市按照自治区赋予的“全面对接粤港澳大湾区、深度融入珠三角、提升珠江—西江经济带、建好广西东大门”新定位和“发挥优势、抢抓机遇，突出重点、抓好关键，奋发进取、狠抓落实，加快建设广西东大门”新要求，重点从推进交通基础设施互联互通、加强产业对接融合、加强生态环境保护等方面开展工作，取得明显成效。

* 盛辛辛，梧州市发展和改革委员会发展规划和区域合作科副科长，研究方向为区域合作。

一　2020年梧州市经济社会发展情况

2020年，梧州市认真贯彻落实中央和自治区决策部署，统筹谋划、及早部署，精准调度、综合施策，迎难而上、化危为机，扎实做好“六稳”工作，落实“六保”任务，在推动疫情防控和经济社会发展方面取得了显著成效。

2020年，全市地区生产总值增长8.0%，增速排全区第1位；规上工业总产值增长14.0%，排全区第2位；规上工业增加值增长13.9%，排全区第2位；固定资产投资增长13.2%，排全区第4位；建筑业总产值增长30.5%，排全区第1位。在2020年全区推动经济高质量发展和优化营商环境情况“红黑榜”督查通报中，获“红榜”表扬次数为全区各市最多，获“黑榜”批评次数为全区各市最少。

二　梧州市推进珠江—西江经济带建设情况

（一）各项指标完成情况

2020年，梧州市地区生产总值达1081.34亿元，以六大产业为主的产业转型升级步伐加快，服务业成为经济增长的重要引擎，农业综合生产能力显著提高。财政收入和固定资产投资保持稳定增长。地区生产总值、城镇和农村居民人均可支配收入较2010年翻一番。森林覆盖率达75.27%，居全区首位。用于民生领域的财政支出占比达80%以上。城镇和农村居民人均可支配收入年均分别增长7.0%和9.6%。

（二）互联互通水平明显提升

“水陆空”综合立体交通网更加完善。铁路方面，洛湛铁路、南广铁路建成通车，高铁运行公交化，成功融入粤港澳大湾区1~2小时高铁交通圈。柳梧广铁路、南玉深铁路开工建设，岑溪至罗定铁路建设加快推进。公路方面，建成岑溪至水汶、市环城公路等10条（段）高速公路，4条高速公路直接联通广东省。水运方面，长洲水利枢纽船闸2020年过货量突破1.5亿吨，贵港至梧州3000吨级航道工程建设快速推进。航空方面，梧州西江机场通航北京、上海等十几个城市，累计运送旅客超过50万人次，成为桂东和粤西地区重要的支线机场。

水利保障提质巩固。累计建设完成长洲防洪堤南北堤扩建工程、高旺防洪堤等在建防洪堤工程14.86公里；完成中小河流治理河长51.06公里；农村饮水安全工程巩固提升受益人口达53.6万人；完成水土流失综合治理7.42平方公里。水资源保护和水污染防治进一步加强，水环境得到改善，有效修复水生态，完成万元地区生产总值用水量低于105吨的目标，主要江河水库水功能区水质达标率达96%以上，Ⅴ类水体比例为0。

能源网建设不断完善。一是大力开发利用新能源和可再生能源。全市建成水电站152座，总装机容量98.34万千瓦。梧州市生活垃圾填埋场沼气发电项目、梧州市静脉产业园区生活垃圾焚烧发电项目、广西长洲水电开发有限公司20兆瓦光伏发电项目、中广核梧州岑溪大隆风电项目等建成且实现并网发电。二是天然气利用快速发展。梧州天然气管网专供管道建成通气，总供气能力达5.47亿立方米。西气东输二线广州至南宁支干线梧州段（95公里）、苍梧至贺州支线梧州段（140公里）等建成通气。

（三）产业集聚效应日益凸显

产业“东融”强势推进，积极融入粤港澳大湾区产业链。《珠西规划》实施以来，工业投资保持年均10%的增长速度，引进亿元以上项目876个，形成再生资源、医药食品等六大产业集聚发展态势。“十三五”以来，全市新引进项目2114个，投资总额4827.84亿元。其中，新签粤港澳大湾区合同项目1289个，投资总额2679.55亿元，项目到位资金1932.73亿元，占全市到位资金的59.15%。

创新招商模式，高位推动产业发展。成立加快推进六大重点产业链领导小组，大力推行招商引资“一把手”工程，积极开展驻点招商，盈田年产150

万套高效节能空调生产项目、梧州建筑新材料科技产业园、南部（岑溪）石材循环生态产业园等一批重大投资项目成功签约落户。全面推动“湾企入梧”，2020年累计新签约粤港澳大湾区企业项目105个，总投资828.57亿元，到位资金68.58亿元，67个项目实现开工，开工率排全区第1位。

切实推进园区平台建设，优化升级产业结构。认真按照共创开放合作新高地要求，持续推进桂东承接产业转移示范区、国家加工贸易梯度转移重点承接地、国家“城市矿产”示范基地等园区平台优化升级，产业承接平台承载能力不断增强。突出错位发展，按照“一产业一主导园区”布局规划，推动产业由“分散无序”向“集中有序”布局，形成特色鲜明、布局合理、差别竞争的产业发展格局。梧州综合保税区已获国务院批复设立，成为广西第5个综合保税区，梧州国家级园区实现“零”的突破。梧州高新区、梧州循环经济产业园区、梧州不锈钢制品产业园区、岑溪市工业集中区等4个园区的产值均超过百亿元。

（四）对外开放合作不断深化

公共服务合作持续深化。坚持以改善民生为重点，扎实推进公共服务一体化建设，政务服务事项“跨省（区、市）通办”全面提速。截至2020年，梧州市205项政务服务事项可在肇庆、云浮、佛山和厦门等8个地市办理，涵盖市场主体登记注册、养老保险关系转移、公积金提取等高频政务服务事项。加强医疗卫生领域务实合作，市工人医院、市妇幼保健院先后与中山大学眼科中心、广东省中医院妇科等建立医疗专科联盟，促进远程会诊及科研教学合作多方位发展。统筹推进社会治理协作，与广州、肇庆、佛山等地开展警务合作和信息资源共享，213个党组织与广东交界的县、镇、村结成联建共建关系，边界治理能力持续提升。

积极参与区域间合作。携手粤桂黔滇21个市（州）参与推进粤桂黔滇高铁经济带建设，共同签订《粤桂黔高铁经济带乡村振兴共同行动倡议》《粤桂黔滇高铁经济带21市（州）全域旅游合作协议》等文件，达成粤桂黔滇高铁经济带共建行动计划和协同创新合作共识，合力打造高铁经济平台。

（五）筑牢生态环境保护屏障

与广州、肇庆、云浮等市加强生态治理合作，共同完善粤桂环境联防联控合作协调工作机制和西江流域突发环境事件应急协调处理机制。建立西江流域生态环境监测中心，实现环境质量、重点污染源及生态状况监测信息统一采集与发布、监测数据集成共享。与肇庆等市签订《水利执法协作协议》，实行两广4市联合执法以及跨界河段执法，覆盖辖区内西江、浔江、桂江、北流河等主要江河。进一步加强固体废物（危险废物）和水污染物联控联治工作。积极配合粤桂两省（区）公安、交通和海事等对跨省（区、市）转移固体废物（危险废物）具有监管职责的部门，严厉打击非法跨省（区、市）转移固体废物（危险废物）行为和其他重特大环境违法犯罪行为。

（六）县域经济加快发展

苍梧新县城建设迈出新步伐，60个部门（单位）2600多人搬迁至新县城办公，县直部门整体搬迁全面完成；岑溪市大力整合升级石材产业，新投产上规石材企业50家；藤县陶瓷产业园区入驻知名陶瓷企业20家、配套企业24家，建成广西最完备的建筑陶瓷产业链；蒙山县结束不通高速公路的历史，丝绸产业加快发展，成为广西唯一丝绸产业全产业链覆盖的县；万秀区获评2019年度广西高质量发展进步城区和广西全域旅游示范区；长洲区整合资源，串点连线，打造323省道沿线乡村旅游带，长洲镇泗洲村入选中国美丽休闲乡村；龙圩区城区面貌明显改善，服务功能加快完善，产城融合发展提速。

三　推进珠江—西江经济带建设面临的困难和问题

（一）区域性综合交通运输枢纽地位不明显

梧州市具备铁路、公路、水运、航空等多种交通运输方式，但仍存在短板，枢纽效应未充分体现。短板主要体现在以下几个方面。一是水路对接效能偏低。虽然梧州坐拥西江黄金水道，但港口可利用岸线短、使用率低，码头规模偏小，对接粤港澳大湾区的水运效能偏低。据交通运输部批复的《梧州港总体规划（2008 年）》，梧州可利用的岸线为 25.541 公里，仅占总长的 9.20%，目前使用的岸线仅为 4.174 公里，使用率为 16.34%，使用率较低。同时，除赤水圩作业区、李家庄、紫金村、大利口、中储粮 5 个码头有一定规模外，其余 50 多个均为吨级小、面积小、设备简陋的码头泊位，且全市集装箱专用泊位仅有 22 个、装卸机械仅有 46 台（套），集疏运条件单一导致港口规模效应差。长洲水利枢纽船闸过货量连年高速增长，船闸通过能力正成为制约因素，亟须改扩建，解决枯水期船舶滞航问题。二是铁路对接功能单一。作为广西“东融”的桥头堡，虽然梧州市洛湛铁路、南广铁路、赤水圩铁路专用线等 3 条铁路共 268 公里已建成运营，但没有对接粤港澳大湾区的货运铁路通道。柳广铁路柳州至梧州段于 2020 年底开工建设，岑罗铁路尚未开工，而郴州和赣州分别有京广铁路、京九铁路等便捷的铁路货运通道与粤港澳大湾区连接。三是公路对接密度偏小。截至 2020 年，梧州市高速公路通车里程 422.68 公里，高速公路密度为 3.36 公里/百公里^2，低于广东省平均水平（4.64 公里/百公里^2）。四是运输效率不够高。梧州市到达粤港澳大湾区核心城市的时效性不及郴州（郴州西—广州北 330 公里，最快 65 分钟；郴州西—广州南 377 公里，最快 82 分钟；梧州南—广州南 246 公里，最快 84 分钟）。

（二）产业承接平台支撑不足

与周边省（区、市）积极对接粤港澳大湾区、承接产业转移的城市相比，梧州市产业承接平台规模较小、等级偏低、数量较少。其中，在综合保税区、国家级开发区以及省级开发区的设立及建设方面，梧州市与粤港澳大湾区周边省（区、市）同类城市（如湖南郴州、江西赣州）相比差距较大。根据《中国开发区审核公告目录》（2018 年版）的数据统计，梧州市没有设立国家级开发区，并且只有 4 个自治区级开发区（梧州高新技术产业开发区、梧州循环经济产业园区、藤县中和陶瓷产业园区、梧州长洲工业园区）。此外，在粤港澳大湾区周边省（区、市）中，作为国家级经济技术开发区和国家级高新技术产业开发区被列入目录的开发区，江西有 17 个、湖南有 15 个、福建有 17 个，而广西仅有 8 个，其中梧州市数量为零。产业园区的基础配套设施和支撑体系相对匮乏，与珠江—西江经济带上下游产业关联度较低，承接东部产业转移的竞争力和吸引力不足，尚未形成有机衔接互动的产业发展格局。

（三）要素约束比较突出

一是环境容量相对有限，污染物排放总量控制指标紧缺。梧州市近年来引进一批重大项目，对大气和水污染物排放量、重金属污染物排放量等控制指标需求量大，而目前其排放总量剩余量无法满足产业发展需求。二是项目用地指标紧缺，一大批项目涉及占用基本农田，导致前期工作无法顺利推进。三是资金瓶颈依然存在。企业仍存在贷款担保难、融资难等问题。

四 对策建议

（一）深度融入粤港澳大湾区产业体系，建设产业集聚高地

一二三产业深度融入粤港澳大湾区。农业方面，深入推进质量兴农、品牌强农，加快建设一批规模化、标准化、产业化的特色农产品生产基地。积极培育对接粤港澳大湾区的供深、供港农产品示范基地，推进粤港澳大湾区“菜篮子”生产基地建设。加强农产品仓储保鲜冷链物流设施建设。积极与粤港澳大湾区高校、科研院所开展农业科技合作。工业方面，一是对具备一定基础的产业通过“对接—合作—融入”的方式积极促成粤港澳大湾区全产业链转移，如陶瓷产业以资源换产业，引进粤港澳大湾区建筑陶瓷全产业链，引领区域行业发展；再生资源产业抢抓粤港澳大湾区资源循环需求，联合粤港澳大湾区发展较好的再生资源或循环经济园区及相关企业，借助粤港

澳大湾区高校研发能力，构建再生资源创新生态体系。二是把握粤港澳大湾区产业辐射带动机遇，积极参与产业分工协作，对接粤港澳大湾区各城市优势产业的部分生产环节，承接部分附加值较高的低污染产业。文旅产业方面，深入挖掘梧州丰富的岭南文化、水文化、六堡茶文化等历史文化底蕴，打造面向粤港澳大湾区市场的旅游精品线路。与粤港澳大湾区当地的优质旅游平台合作，提升旅游公共服务水平，积极开展文旅项目宣传推广，增强梧州岭南风情文化的吸引力和影响力，打响梧州旅游品牌。

大力推进平台建设。一是拓展园区发展空间，优化产业布局。破解梧州产业发展分散化、碎片化以及“工业围城”等问题，探索借牌整合、借地整合等模式，整合区位相邻、产业相似的园区，并根据产业链上下游关系规划产业布局，如整合形成梧州循环经济产业园区、梧州市不锈钢制品产业园区和梧州临港经济区先进材料产业集群、梧州高新技术产业开发区和粤桂合作特别试验区（梧州）电子信息产业集群，布局建设梧州生物医药产业园、广西（国家级）应急医疗物资保障基地。二是支持各园区平台提档升级。推动梧州循环经济产业园区申报国家级经济技术开发区、梧州高新技术产业开发区升级为国家级高新技术产业开发区。支持苍梧县、岑溪市、蒙山县创建自治区级开发区。加快推进梧州综合保税区的申报和基础建设工作。

加快产业结构调整。一是控制新增行业、项目产能的增量，在能效水平、碳和污染物排放效率等方面提高准入门槛；优化存量，对技术落后、管理水平低下导致能耗总量高但能效水平先进甚至领先的行业或企业，充分考虑其发展现状，实行差别化管理。二是加快改造升级传统产业，如加快陶瓷、石材、钛白等传统优势产业向智能化、高端化转型升级。三是积极布局战略性新兴产业，大力发展新材料、新能源、节能环保等产业，重点建设京东（梧州）数字经济产业园、梧州大数据产业基地、上海电气（梧州）“云砼网”建材产业互联网平台等一批数字产业支撑平台。

（二）大力推动交通互联互通，打造“东融”高效通达的大通道

公路方面，加快推进广宁经苍梧至昭平等高速公路建设，提级改造一批

连接广东省的干线公路。铁路方面，加快建设柳广铁路柳州至梧州段，修建梧州站引出过西江连接梧州南站的联络线；增设双峰站（中间站），引出向南过西江的联络线，连接洛湛铁路孔良站。推进南深高铁玉林至岑溪段建设，推动岑罗铁路早日复工，补齐东西向铁路货运通道短板，提升客运通道承载能力。建设李家庄码头铁路专用线，配套建设相应疏港道路及货场，辐射高新区、大利口码头等，专用线全长约 9.7 公里，打造公路、铁路、水路多式联运物流枢纽，进一步提升梧州综合运输能力。水运方面，全面提升西江黄金水道整体效能，建成西江航运干线贵港至梧州 3000 吨级航道工程，加快长洲水利枢纽船闸改扩建工程和西江水上综合服务中心建设。加快《梧州港总体规划（2035 年）》的报批工作。积极创建自治区多式联运示范城市。航空方面，加快梧州西江机场改扩建工程建设，提升西江机场保障能力和辐射能力，建成辐射桂东粤西的区域性支线机场。

（三）提升“东融”软实力，企业、人才引得进、留得住

纵深推进“放管服”改革。进一步降低准入门槛，持续推动减税降费。加强对标对表，实现更多服务事项的审批速度达到或者超过粤港澳大湾区城市。提升“跨省（区、市）通办”能力，实现更多事项就近可办。加强数字政务建设，实现“一网通办”“一事通办”“一业一证”。加快商事登记制度改革，强化对外来投资企业的服务供给。加大招商引资服务力度。以“湾企入梧”为抓手，坚持“一把手”招商，开展小分队精准招商，紧盯产业链关键环节和上下游配套企业，有针对性地开展差别化招商、产业链招商。补齐教育领域短板。实现基本公共教育优质均衡发展。多渠道增加普惠性学前教育资源供给，新建及改扩建一批义务教育学校，加快引进北师大附中等优质教育资源。深化产教融合。加快梧州职教城建设，积极培育产教融合型试点企业，促进职业教育服务产业发展，为梧州市产业发展提供技能人才保障。加快推动人才“东融”。推行“人才+项目”双招双引模式，通过顾问聘用、课题合作等多种方式柔性汇聚粤港澳大湾区人才智力资源，加强引才工作站建设等。完善人才服务和保障体系，逐步提高人才薪酬待遇和各项奖励补贴标准。

B.12
2020年贵港市推进珠江—西江经济带发展情况报告

刘 畅*

摘 要： 2020年，贵港市深入实施“工业兴市、工业强市”战略，积极提升做实珠江—西江经济带，大力推动与粤港澳大湾区产业融合发展，推动传统产业转型升级，加速新兴产业培育壮大，推动产业集群式发展，但同时存在项目建设资金投入不够、合作领域有待深化拓展等问题。未来应持续扩大开放，大力实施“四大振兴”，从持续优化营商环境着手，着力突破金融发展瓶颈，积极推动绿色和高质量发展。

关键词： 珠江—西江经济带 区域合作 贵港市

2020年，贵港市统筹疫情防控和经济社会发展，深入实施“工业兴市、工业强市”战略，提升做实珠江—西江经济带，大力推动与粤港澳大湾区产业融合发展，推动传统产业转型升级，加速新兴产业培育壮大，推动产业集群式发展，着力服务全区“南向、北联、东融、西合”全方位开放发展新格局，全市经济社会保持稳定增长和高质量发展态势。

一 2020年贵港市经济社会发展情况

2020年，贵港市地区生产总值1352.73亿元，增长7.0%，增速全区排

* 刘畅，贵港市发展和改革委员会交通区域科科长，研究方向为区域经济。

名第二。其中，第一产业增加值增速 4.0%，第二产业增加值增速 7.8%，第三产业增加值增速 7.0%，三次产业结构为 16.7∶36.3∶47.0。固定资产投资增长 3.5%。财政收入 143.82 亿元，增长 14.0%，增速全区排名第一。全市外贸进出口总额 35.42 亿元。港口货物吞吐量达到 1.06 亿吨，同比增长 30.9%，增速广西内河港口排名第一。居民人均可支配收入 25326 元，增长 5.8%。全市经济社会从加快复苏到逆势上扬，经济增长呈现稳步加快态势。

（一）农业现代化稳步发展

坚持以工业思维发展现代特色农业，农林牧渔业总产值 379.96 亿元，增长 5.0%，其中林业产值 23.90 亿元，增长 12.5%。粮食、蔬菜、水果大丰收，粮食产量 146.8 万吨。大力培育农产品精深加工和木材加工 2 个千亿元产业。富硒农产品品牌数量稳居全区第 1 位，荣获“中国生态富硒港”“全国富硒农业示范基地”“富硒功能农业国际合作推广示范基地”等称号，特色优势农业产业取得了长足发展。建成林产品交易市场，荣获“中国南方板材之都”称号。建成易农国际农产品交易中心，农业龙头企业、农民合作社、家庭农场等新型农业经营主体不断发展壮大，家庭农场数量排名全区第一，加快成为面向粤港澳大湾区的绿色农产品生产基地和配送中心。截至 2020 年底，全市累计建成各级示范区（点）1430 个、农业龙头企业 175 家、专业合作社 5884 家、家庭农场 1793 家，全市名优农产品品牌达到 79 个，“三品一标”农产品达到 104 个。

（二）新型工业化保持较快增长

2020 年，全市累计新增规上工业企业 212 家，总数达 794 家。其中，战略性新兴产业规上企业达 124 家，产值年均增长 20%以上。全市规上工业总产值增速 11.6%，排名全区第三；规上工业增加值增速 11.2%，排名全区第四。大力培育绿色建材千亿元产业，贵钢、华润水泥等重点企业实现稳增长。2020 年，贵港市入选国家产融合作试点城市和广西战略性新兴产业城，被自治区评为促进工业稳增长成效明显、大力培育发展战略性新兴产业、产业特色优势明显、技术创新能力较强、产业基础雄厚的设区市之一（全区共4市），并在全区4市中排名第一。新能源电动车产业方面，以贵港国家生态工业示范园区为核心，培育发展千亿元产业，打造中国—东盟新能源电动车生产基地。截至2020年，累计签约引进电动车企业98家，建成投产50多家，爱玛、绿源、欧派、五星钻豹等多家龙头企业落户。电子信息产业方面，引进多家优质企业，初步形成了以智能终端、手机充电器、印刷电路板、光学电子元件等产品为主的产业集群，全市已有规模以上电子信息制造业企业10家，电子信息产业已成为贵港市工业高质量发展的重要着力点。生物医药产业方面，充分发挥贵港市穿心莲、玉桂等丰富的中草药资源优势，相继引进了修正药业、石药泰诺制药有限公司、安铂睿医疗器械有限公司等企业，积极推动雄森生物科技、广西源安堂等企业做大做强。

（三）现代服务业持续向好

截至2020年底，受疫情影响较大的交通运输、批发零售、住宿餐饮等行业持续恢复。交通运输方面，充分发挥港口优势，不断激发“江”的活力，做好“江海联动”文章，促成贵港中心港爱凯尔港与北部湾国际港务集团合作，构建通江达海、江海联动的新发展格局。郁水作业区、苏湾作业区、武林港作业区等一大批港口物流项目竣工并投入使用。2020年，全市港口货物吞吐量突破1亿吨大关，贵港港成为珠江流域首个内河亿吨级大港；集装箱吞吐量达到35万标准箱，贵港储运贸易物流园被评为首批自治区级服务业集聚区。实施“文旅振兴”战略，贵港市获评全国森林旅游示范市，成功创建广西全域旅游示范市，西山泉汽车（房车）露营基地获评广西首家五星级汽车旅游营地，桂平市成功创建广西特色旅游名县，获评中国旅游百强县。同时，全市餐饮、金融、保险、邮政、电信、养老等服务业健康发展。

（四）县域经济整体提升

深入实施县域经济发展三年行动计划，进一步明确各县（市、区）发展定位，有针对性地指导和支持各县（市、区）发展特色产业。5个县（市、区）地区生产总值年平均增速均高于全区平均水平，县域经济考核连续2年排名全区第一。桂平市、平南县获评“西部百强县市”，桂平市、平南县、港北区、港南区、覃塘区均多次荣获“广西科学发展先进县（城区）”或“广西科学发展进步县（城区）”称号，获评率排名全区第一。

二　贵港市推进珠江—西江经济带建设情况

（一）加强规划对接，增强叠加效应

以打造珠江—西江流域核心港口和战略性新兴产业城为目标，主动融入粤港澳大湾区和北部湾经济区及粤桂黔高铁经济带，加强对接国家“一带一路”倡议及西部陆海新通道发展战略，加强与珠江—西江经济带和北部湾经济区城市间的合作，积极承接发达地区加工贸易和产业转移，组织制定粤桂黔高铁经济带合作试验区广西园贵港分园发展总体规划，配合自治区完成《珠江—西江经济带发展规划》终期评估，修编《贵港市物流业发展中长期规划（2018—2025年）》《贵港港总体规划（2035年）》，编制完成苏湾现代物流园、西江科技产业城、羽绒交易中心等3个自治区级集聚区控规草案。全面实施创新驱动、“东融”和“南向”融合、港产城互动发展战略，用发展新理念新思路引领贵港市珠江—西江经济带开发建设，全面统筹经济、社会、文化、生态建设和协调发展，为贵港实现全面建成小康社会目标奠定坚实基础。

（二）加强互联互通，打牢发展基础

大力实施交通振兴战略，积极构建东向融合、连接南北陆路新通道，大

力推进交通基础设施互联互通。组织编制了《贵港市现代综合交通运输体系发展规划（2020—2035年）》，加快交通运输体系规划建设；开展“贵港市综合交通运输发展‘十四五’规划”编制工作，谋划了一批拟在“十四五”期间推进的重大交通项目。积极争取南玉高铁贵港设站规划建设，积极协调南广高铁达速加密工作，统筹推进苏湾作业区进港铁路支线、郁水作业区进港铁路支线、苏湾作业区至东津作业区疏港公路、大岭郁江大桥、东津郁江大桥、贵港西外环、贵港至隆安、贵港至云浮、贵港至玉林、平南至容县等高速公路及农村公路建设，加快推进西江航运干线贵港至梧州3000吨级航道工程、大藤峡水利枢纽工程、贵港航运枢纽二线船闸工程、武林作业区二期工程、棉宠作业区一期工程、贵港（桂平）军民合用机场、贵港城区通用机场等项目的前期工作，全方位构建贵港区域综合交通运输体系。

公路方面，贵港至隆安、荔浦至玉林高速公路等大批公路项目建成通车。截至2020年底，全市公路总里程达8919公里，公路密度达84.1公里/百公里^2，排在全区第3位；高速公路里程达469公里，新增272公里，增长138%，高速公路密度达4.4公里/百公里^2，排在全区第2位。平南县、覃塘区分别获得“四好农村路”国家级、自治区级示范县（区）称号。全市所有的建制村均通硬化路。铁路方面，黎湛铁路电气化改造完成，新增运行动车组路线1条；南宁至玉林城际铁路、柳州至梧州铁路顺利开工建设。水运方面，贵港航运枢纽二线船闸、大藤峡水利枢纽船闸建成通航，贵港至梧州3000吨级航道工程、来宾至桂平2000吨级航道工程开工建设。港口码头泊位155个，其中3000吨级泊位2个、2000吨级泊位29个。全港年货物吞吐量和集装箱吞吐量分别为7000万吨和65万标准箱，分别增长44.33%和62.50%。邮政方面，全市共有邮政普遍服务营业场所83个，建制村直接通邮率达100%。快递企业分支机构和末端服务网点498个，增长219%，实现乡镇快递网点全覆盖，乡村快递网点覆盖率从0上升至27.26%。

（三）加大产业承接转移力度，推动产业高质量发展

根据《珠江—西江经济带发展规划》，贵港市充分发挥承东启西的区位

优势和西江流域核心港口的枢纽作用，坚持“工业兴市、工业强市”发展思路，高起点承接粤港澳大湾区产业转移，聚焦木材加工、新能源汽车及电动车、纺织服装、绿色建材、农产品精深加工五大产业，大力培育十大产业链，实施全产业链承接产业转移，新兴产业实现从无到有、从弱到强，带动全市经济转型升级，推动产业高质量发展，初步形成与珠江—西江经济带城市间的产业差异化联动发展。一是全年全市新开工及在建重点工业项目189个，龙派实业、昊邦家居、新宇电气、群星电气、正腾科技、国煌电力等项目实现开工，中强铝业（一期）、和乐门业、玉柴农光互补、光荷新能源等项目实现竣工投产。二是围绕电子信息、新能源汽车及电动车、生物医药、钢铁和木材加工等行业，继续实施“双百双新”产业项目16个，其中续建项目12个、计划新开工项目4个，总投资502.3亿元。聚焦新技术、新产品、新业态等领域，着重围绕自治区明确的十大产业集群、23条关键产业链以及贵港市重点发展的六大战略性新兴产业、传统优势产业开展项目储备谋划，2020年共谋划30个“双百”项目、70个“双新”项目。三是克服新冠肺炎疫情带来的不良影响，积极推动“湾企入桂”专项行动。搭建“云端会客厅”，通过网络将贵港市招商宣传片、招商指南、地块资料等信息传送给意向企业，成功签约了一批优质项目。2020年，贵港市签约引进粤港澳大湾区项目93个，总投资863.14亿元。

（四）优化开放合作格局，主动融入区域发展

一是重点推进粤桂经济合作，与广东省国资委合作共建粤桂（贵港）热电联产循环经济产业园，逐步构建以华电、贵糖等行业龙头为主的循环经济发展模式。以打造承接产业转移示范区、桂东城市群为主线，全面提升区域整体竞争力和区域地位，加快建设承接东部产业转移的创新示范区和珠江—西江经济带的战略新高地。二是贯彻落实《广西战略性新兴产业城（贵港）建设三年行动计划（2019—2021年）》，围绕新兴产业培育壮大及传统优势产业补链延链，主动上门招商、精准招商。2020年，全市共签约引进275个工业项目，计划总投资1049亿元，其中新兴产业项目88个，引

进了修正药业、红星美凯龙家具产业园、昊邦家居等重大项目。三是新规划建设电子信息产业园、生物医药产业园、贵港国家绿色家居产业园、贵港市食品加工（富硒）产业园等4个专业园区，积极打造贵港市优势产业发展承载区，为承载粤港澳大湾区电子信息、生物医药等产业提供平台。开展“一企一策”精准招商，加快建设新能源汽车生产基地，积极承接粤港澳大湾区新能源汽车产业。

（五）加强流域治理合作，推进生态文明建设

持续推进珠江—西江经济带生态文明建设，助推西江千里绿色走廊由规划蓝图变成现实。2020年，全市主要河流国控断面水质总体保持优良，饮用水源地水质达标率达100%，郁江、黔江、浔江的5个监测断面水质月均值达到国家《地表水环境质量标准》（GB 3838—2002）的Ⅱ类标准，无丧失使用功能的水体。在全国337个地级及以上城市国家地表水考核断面水环境质量状况排名中，贵港市排第11位。制定了《关于进一步防范和打击固体废物非法转移倾倒处置工作方案》，建立起打击固体废物联防联控机制；印发了《贵港市加强危险废物全过程监管工作方案》，进一步加强对危险废物的监管和治理。

（六）创建广西全域旅游示范市，加强与珠江—西江经济带沿线城市文化旅游交流合作

以创建广西全域旅游示范市为目标，动员全市上下坚持“一盘棋”思想，坚定信心、凝心聚力、攻坚克难，推动全域旅游高质量发展。2020年11月6日，贵港市被授予“广西全域旅游示范市”称号，覃塘区被授予“广西全域旅游示范区”称号。截至2020年，全市共有国家A级旅游景区40家、国家森林公园2个、国家地质公园1个、全国重点文物保护单位2处；共有自治区级旅游度假区1个、生态旅游示范区4个、星级乡村旅游区（农家乐）30个、休闲农业与乡村旅游示范县（示范点）20个、星级汽车旅游营地6个、星级旅游饭店11家。2020年，为了进一步扩大贵港市文化

旅游客源市场，贵港市赴广东省中山市等地举办旅游专场推介活动（含旅游联盟专场推介活动），以及积极参加广东省各项文化旅游博览会和交流活动，宣传推广的范围更广，形式更多样，客源市场得到更大的拓展。通过发放资料、展示文旅产品等形式，向广东、香港、澳门市民和外地游客宣传推介贵港市丰富的文化和旅游资源、特色旅游商品，提高了贵港市在粤港澳大湾区民众中的知名度。通过参加文化旅游博览会，进一步拓展了贵港市粤港澳大湾区入境游市场，促进了与珠江—西江经济带沿线城市的文旅交流合作。

（七）提升服务水平，全力打造最优营商环境

围绕“打造贵港营商环境升级版”，深入开展“营商环境冲刺年”活动。突出问题导向，聚焦市场强烈反映的痛点和难点，主动谋划，出台《贵港市应对新型冠状病毒感染的肺炎疫情支持中小企业保经营稳发展若干措施》等针对性强、含金量高的政策文件，在助企稳岗、降本减负、融资支持等方面对企业予以扶持。认真落实党中央、自治区各项惠企政策，新增税费减免10.6亿元，免征减征保费7500余万元。持续推进“最多跑一次”改革，市直各审批部门实现即时办结事项177项，“最多跑一次”事项1362项，“一次不用跑”事项88项。瞄准企业需求解难题，定期收集企业问题清单，深入开展“市委书记基层直通车”“市长服务企业接待日”等多种多样的服务企业活动，累计为企业解决了50多个问题。完善服务企业制度，推行“妈妈式”服务，健全厅级领导联系重大项目制度，推动各级各部门各窗口放下身段、俯下身子，当好“店小二”、做好“服务员”。2020年，贵港市被评为“2020年中国营商环境质量十佳城市”。

三　推进珠江—西江经济带建设面临的困难和问题

（一）政策支持力度不够

珠江—西江经济带建设已上升为国家战略，《珠江—西江经济带发展规划》成为广西继《广西北部湾经济区发展规划》后，又一个上升到国家层

面的规划，形成了广西北部湾经济区与珠江—西江经济带“双核驱动”的发展态势。然而，珠江—西江经济带在产业、财税、金融、土地、外贸、投资环境等方面的“一揽子”优惠政策和发展支持力度不足，贵港等珠江—西江经济带各市未能享受到与北部湾经济区城市相同的政策红利，例如，贵港作为内河港口无法享受到北部湾经济区城市享受的集装箱转运补贴、江海联运补贴等。同时，《珠江—西江经济带发展规划》于 2020 年到期，珠江—西江经济带沿线城市间联动发展、提升区域城市竞争实力，需要国家、自治区出台相应政策予以支持。

（二）项目建设资金投入不够

基础设施项目投入不足，主要依靠政府财政资金，投资主体单一，融资渠道窄。公路、铁路、水运项目及其配套的公共设施建设项目，除了争取上级补助建设资金外，不足部分市本级难以筹措，再加上受国家宏观经济调控、货币政策等因素影响，融资到位率的不确定性增加，不能有效为城市交通基础设施建设提供资金保障。企业项目融资渠道单一，加上受制于企业本身规模不大等不利因素，融资比较困难，导致企业技术迭代更新步伐缓慢，难以做大做强。

（三）合作领域有待深化拓展

贵港市输出到粤港澳大湾区的商品以低附加值的商品为主，高技术、高附加值的商品贸易较少。贵港市承接了粤港澳大湾区部分产业转移，但这些产业大多属于中低端产业。贵港市与粤港澳大湾区在金融运营服务、区域性财富管理服务、金融信息服务、金融人才交流培训、跨境金融风险防控等方面的合作基础较为薄弱。

（四）生态环境保护仍存在短板

环境问题治理的长效机制尚未健全完善，主要江河湖库的污染防治未能实现全面覆盖，土壤和固体废物监测治理能力较差，环境保护基础设施建设相对滞后。

四　对策建议

（一）持续扩大开放

继续抢抓粤港澳大湾区建设等重大战略机遇，实施“产业强市的主导战略、‘东融’‘南向’的开放战略、改革创新的驱动战略、绿色共享的发展战略”，着力构建港口、码头、西江黄金水道、高铁、高速公路、机场互联互通的格局，全面对接粤港澳大湾区建设，在基础设施建设、产业承接转移、生态联防联控等领域开展深度合作，力争成为珠江—西江经济带创新发展的战略新高地。

（二）大力实施交通振兴

牢牢把握交通“先行官”地位，突出交通振兴，加快构建安全、便捷、高效、绿色、经济的现代综合交通运输体系。一是建设高品质公路网。加快高速公路和国省道建设，强化城市主干路网与环路有效衔接，推进“四好农村路”高质量发展。二是构建更加完善的铁路网络。配合全区推进南宁至玉林铁路、柳州至梧州铁路建设，加快苏湾作业区进港铁路支线建设，完善港口集疏运体系。三是开展港航基础设施建设大会战。完善贵港港基础设施和配套设施建设，推动贵港至梧州3000吨级航道、来宾至桂平2000吨级航道建设，加快老码头提档升级，推动港产城融合发展，进一步强化贵港港作为广西内河龙头港的地位。四是加快推动机场项目建设。加快推进贵港（桂平）军民合用机场、贵港城区通用机场项目前期工作，力争项目早日开工建设、早日建成运营，打造航空经济新的增长点。

（三）全力推进工业振兴

抓紧产业发展这个“牛鼻子”，继续深入实施“产业强市的主导战略”，坚持把工业作为高质量发展的重要突破口，推动传统产业优化升级，做大做强战略性新兴产业，全力推进工业振兴。重点打造新能源汽车及电动车、木材加工、纺织服装、绿色建材、农产品精深加工5个千亿元产业集群，推动产业高质量发展；打造十大特色产业园区，实施园区标准化建设，稳步提升工业园区的承载力和竞争力；结合“三企入桂项目落实、行企助力转型升级”行动，聚焦重点产业链的关键环节、薄弱环节以及缺失环节，持续开展补链延链强链活动；主动为企业排忧解难，落实各项惠企援企政策措施，有效帮助企业纾困解难、提质增效。

（四）大力实施文旅振兴

加快构建西江流域文化旅游产业带、贵港城市文化旅游核心区、桂平文化旅游龙头区、平南文化旅游“东融”区“一带三区”文旅产业发展新格局。坚持每年举办贵港荷花展、文化旅游产业发展大会、“壮族三月三”等大型活动，打响“中国荷城”品牌，不断提升“中国荷城”知名度和影响力。推广岭南历史文化游、“荷城”山水文化体验游、大藤峡养生休闲度假游、金田起义红色文化体验游等四大主题精品旅游线路，壮大一批“文旅+”产业，把贵港打造成为国内重要、国际知名的宜居康养“荷”文化旅游胜地。

（五）全面推进乡村振兴

创新开展“万名干部回故乡 带领群众建家乡”“千企联千村 共建新农村”活动，立足本地特色资源，贯通产与销，融合农文旅，推动产业融合发展。一是推动农业规模化发展。重点是扩大蔬菜、水果、中草药、茶叶等特色农产品种植面积，大力发展生猪、牛、羊养殖，重点发展小龙虾养殖，力争打造“中国南方富硒小龙虾之乡”。二是着力打造农业品牌。发挥贵港富硒资源优势，大力发展富硒米、富硒茶、富硒蔬菜等，创建全国富硒农业示范市。三是推动产业融合发展。坚持以工业化理念、产业化思维谋划发展现代特色农业，积极打造农产品精深加工千亿元产业集群。

（六）持续优化营商环境

推行 31 个重点工作专班项目行政经理责任制和“马上办”工作改革，持续开展“市长服务企业接待日”活动，坚持“不叫不到、随叫随到、服务周到、说到做到、到就到位”原则，强化“办事不求人、办事少花钱、办事省时间”营商环境服务理念，持续优化营商环境。

（七）着力突破金融发展瓶颈

积极向上级争取资金，缓解建设资金压力。引进有实力的企业到贵港市参与基础设施建设，通过多渠道、多方式解决项目建设资金问题。进一步拓宽企业融资渠道，通过引入股权融资工具、培育后备上市企业、支持企业发行债券等方式，加快与腾讯、世纪证券、前海金融等优质企业合作。加快构建多元化、广覆盖的普惠金融体系，加强政府性融资担保工作，适时推出新的融资担保产品，为中小微企业融资提供更加便利、高效、优质的金融服务。

（八）积极推动绿色和高质量发展

一是由生态优势向发展优势转换。积极开展“绿水青山就是金山银山”示范基地创建、生态示范创建、绿色创建。二是构建绿色产业体系。加快优化产业结构、大力培育发展绿色产业、推动绿色低碳产品制造。三是优化资源环境调控。严格控制资源利用、加快能源结构优化、强化规划环评。

B.13

2020年百色市推进珠江—西江经济带发展情况报告

班米扁*

摘　要： 2020年，百色市在重大交通基础设施建设、产业协同发展、开放合作平台建设、珠江—西江生态廊道建设、人才交流等方面均取得新成效，但也存在一些问题，主要表现为产业转型升级任务紧迫、基础设施互联互通短板突出、园区配套产业基础薄弱、电力短缺影响企业投资信心等。未来应进一步加强基础设施互联互通，加快重点平台和新型城镇化建设，推动产业开放合作和转型升级。

关键词： 珠江—西江经济带　区域合作　百色市

一　2020年百色市经济社会发展情况

2020年，面对严峻复杂的国内外形势，以及突如其来的新冠肺炎疫情的冲击，百色市按照市委“一件头等大事、两个统筹、三大战役”的工作思路，统筹疫情防控和经济社会发展，扎实做好“六稳”工作，全面落实“六保”任务，全市经济社会持续健康发展，疫情防控取得重大胜利，脱贫攻坚圆满收官。

* 班米扁，百色市发展和改革委员会区域开放科干部，研究方向为区域合作和对外开放。

（一）经济指标持续稳中向好

2020 年地区生产总值完成 1333.73 亿元，同比增长 6.3%；外贸进出口总额完成 333.14 亿元，同比增长 27.2%；城镇居民人均可支配收入 33964 元，同比增长 3.6%，农村居民人均可支配收入 13305 元，同比增长 9.1%；固定资产投资同比增长 8.9%；规上工业增加值同比增长 6.3%。

（二）脱贫攻坚取得决定性胜利

12 个县（市、区）899 个贫困村 102.24 万贫困人口全部脱贫摘帽。贫困村基础设施显著改善，贫困人口义务教育巩固率、住房安全保障率、基本医保参保率、特色产业覆盖率等脱贫指标高质量完成，贫困地区面貌焕然一新。易地扶贫搬迁贫困人口 18.33 万人。

（三）工业转型升级步伐加快

高质量建设中国—东盟新兴铝产业基地，润泰铝业、彩虹铝业等铝精深加工项目投产。完成“千企技改”工程项目 25 个。吉利百矿德保发电厂加快建设。吉利百矿年产 1000 万只铝轮毂项目、平果大生电力年产 20 万吨铝质电力产品项目、平果和泰科技氟化铝（二期）项目、靖西湘潭电化 3 万吨磷酸铁项目等高附加值项目开工。深圳智昊 5G 配套产品加工项目，环峰能源生物质发电项目，田阳、乐业、隆林风电等新材料、新能源项目落地。

（四）现代特色农业加快发展

百色杧果成功入选《中欧地理标志保护与合作协定》，拥有百色番茄中国特色农产品优势区。油茶种植面积达 201 万亩，稳居广西第一。平果富凤农牧、天盛茶酒、田阳果天下、田林山茶油等农产品加工业发展势头强劲。林业总产值增长 12.5%，木材产量增长 22.0%，百色现代林业产业园、重金循环经济（百色林业）产业园项目顺利推进。

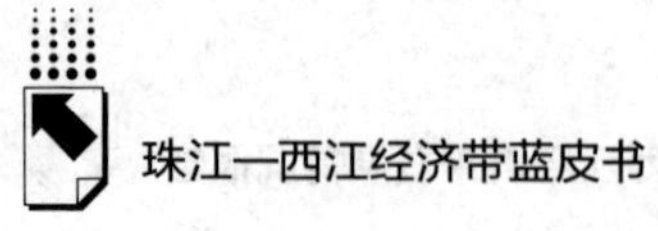

（五）服务业保持良好发展势头

开展“百企千店”“电商扶贫”等一系列活动促进消费复苏，百色杧果快递量达7000万件，销售额达35亿元，双双实现翻番。百色起义纪念园成功创建国家5A级景区，新增4A级景区4家、广西生态旅游示范区2个。引进各类金融机构29家。广西捷算资产交易市场服务公司成为百色市数字金融龙头企业。中国（西林）商用大数据中心竣工运营。

（六）城乡一体化发展功能不断提升

田阳撤县设区、平果撤县设市正式揭牌，右江河谷城乡一体化提速，百色区域协调发展形成新格局。扎实推进“古城恢复·红城提升”和城西片区改造工程。开工基础设施补短板“五网”项目173个。爱国卫生“五大清洁行动”、生活垃圾分类试点工作走在广西前列，垃圾无害化处理率达100%。百东新区建设加快，建成区面积达36平方公里。市行政中心、右江民族医学院百东校区等项目推进顺利。

二　百色市推进珠江—西江经济带建设情况

2020年，百色市坚决贯彻落实国家《珠江—西江经济带发展规划》及自治区关于全面对接粤港澳大湾区、加快珠江—西江经济带发展决策部署，积极搭上粤港澳大湾区的发展快车，依托“广西百色重点开发开放试验区”获批的重大政策利好，紧抓粤桂扶贫协作机遇，发挥自身优势、突出区域特色，加速融入自治区“南向、北联、东融、西合”全方位开放发展新格局。

（一）重大交通基础设施建设取得新成效

水路方面，重大项目右江航道整治工程（两省区交界至百色）、百色水利枢纽通航设施工程开工建设；百色水库灌区工程加快建设，总投资41亿元。右江Ⅲ级航道（百色至南宁）长约357.6公里，1000吨级船舶直达珠三角。百色港设8个港区，已建成6个作业区，1000吨级泊位27个，港口年通过能力达到1296万吨。2020年全港货物吞吐量达885.00万吨，超过南宁港的845.18万吨，年均增速244%。公路方面，田林至西林等高速公路建设加快；乐业至望谟（广西段）、那坡至平孟等高速公路开工；凌云至田林等一批国省道二级公路竣工；百色大道田阳段等城市主干道建设加快推进；33条1014公里乡乡通二级、三级公路建设加快。铁路方面，黄桶至百色铁路、南昆铁路百色至威舍段增建二线、百色至兴义高速铁路、云桂沿边铁路、百色至河池高速铁路、靖西至龙邦铁路等项目被列入国家和自治区专项规划。航空方面，航线通达12个国内省会城市和重要中心城市，实现长三角、珠三角、直辖市全覆盖，机场旅客年吞吐量突破22万人次；乐业通用机场开工建设，加快建设百色巴马机场改扩建项目。

（二）产业协同发展取得新成效

一是积极承接粤港澳大湾区产业转移。2020年全市“湾企入百”在谈项目148个，项目计划总投资约1026.79亿元，签约项目90个，已开工53个，竣工21个。二是推动工业高质量发展。加快建设中国—东盟新兴铝产业基地。制定《中共百色市委员会关于推进新型生态铝产业高质量发展的决定》。年产1000万只铝轮毂、50万吨高性能铝板带箔等一批铝精深加工项目投产，铝产业进入广西千亿元产业集群行列。铝基新材料、锰基新材料、风电、光伏发电等一批新兴产业取得新突破。中国—东盟铝产品仓储交易中心获批筹建，打造中国—东盟有色金属交易中心。三是做大做强现代特色农业。加快推进深圳—百色农产品供应链项目、5A级生猪养殖屠宰项目、三科农商城项目等的建设。全市参与深百农产品供应链项目建设的企业累计达142家，深百农产品供应链农产品生产基地达85个。26个产品通过“圳品”认证，包括杧果、德保脐橙、三红蜜柚、红心猕猴桃、西林砂糖橘等15个品种，认证产品数量排广西首位。杧果种植面积位居全国第一，油茶种植面积位居全区第一，百色杧果、百色番茄、百色红茶、隆林黑猪、西林砂糖橘等品牌提档升级。加快打造一批面向粤港澳大湾区的“米袋子”“菜

篮子”“果园子”基地。四是不断壮大现代物流、金融产业。截至2020年，全国首条果蔬绿色专列“百色一号”累计开行189趟，其中承运广西驰援湖北物资13趟，并成功升格为国家西部陆海新通道冷链专列运营主体，“南菜北运”基地服务功能持续提升。深化金融改革创新，推进跨境人民币业务，建设国际金融科技城。加大金融服务实体经济力度，大力引进创业投资、产业投资基金，拓展供应链金融。建成全国首家金融政务服务中心，获批国家深化民营和小微企业金融服务综合改革试点城市。电子商务企业和网络电商数量迅速增长，网络电商超过1万家，电商服务实现城乡全覆盖。

（三）开放合作平台建设取得新成效

珠江—西江经济带沿线产业园区加快建设，2020年1～12月，全市15个工业园区工业总产值增长7.04%，深百产业园、深圳众创产业园、深圳龙岗—百色靖西龙邦跨境合作产业园等合作平台加快建设。广西百色重点开发开放试验区获国务院批复，出台了试验区招商引资若干措施、重点工程建设三年行动方案。开工项目206个，总投资1988亿元。储备重点项目250个，总投资超1万亿元。15个互市商品落地加工项目建成并通过验收。口岸通关环境大幅优化，出入境环节由17个整合为5个，互市商品运输“整进整出”，平均通关时间缩短至10分钟。靖西边境经济合作区获自治区批复。

（四）珠江—西江生态廊道建设取得新成效

一是持续推进全市饮用水水源地保护治理。一方面推进流域内村屯生活污水治理、垃圾收集处理。持续开展下雷河综合治理，做好沿河工业企业污染治理和尾渣库防渗防漏工作。全面开展污水专项治理，开展工业集聚区污水、城镇生活污水、农村生活污水问题排查，建立问题清单，明确“十四五”时期各年度整治任务。另一方面加大农村污水治理力度。全市已在1020个自然村建有集中式农村生活污水处理设施约500套、分散式农村生活污水处理设施516套，全市农村生活污水处理设施正常运行率达96.2%。二是重点推进澄碧河水库生态环境保护工程。打造澄碧河环水生态有机示范园300亩，建设澄碧河原住村生活污水处理系统，建设3座污水处理厂，保障澄碧河水库的水质安全。推进万峰湖流域生态环境综合整治工程建设，总投资0.5亿元。主要推进万峰湖湖区生态农业发展、村屯污水治理、镇级污水处理厂建设、水质监测能力提升、滨水缓冲带生态建设示范等工程建设。三是开展县级以上城市集中式饮用水水源地环境保护“回头看”和“千吨万人”饮用水水源地环境问题治理行动，加强饮用水水源环境保护。2020年，百色市、县两级饮用水水源地水质维持100%达标。四是扎实推进净土保卫战。制定印发了《百色市危险废物专项整治三年（2020—2022年）行动计划》《百色市危险废物专项整治三年（2020—2022年）行动2021年度实施方案》等政策文件并组织落实。已按时间节点完成29家企业的危险废物管理问题的排查整改工作。加大固体废物跨省份非法转移违法行为打击力度。2020年以来，百色市固体废物跨省份非法转移案件数目为零。

（五）人才交流取得新成效

一是加强东西部扶贫协作双向挂职工作。截至2020年，深圳市向百色市选派到位党政挂职干部49人、专业技术人才149人；百色市选派20名党政干部到深圳市挂职锻炼，选派94名专业技术人才到深圳市学习交流。进一步提高领导干部、专业技术人才素质，提升其工作技能水平。二是建立干部人才教育培训交流合作机制。联合举办各类党政干部培训班11期，培训891人次；举办各类专业技术人才培训班62期，培训2075人次。三是医务人员交流合作不断深化。截至2020年，百色市卫生健康系统领导干部共率队53批456人次到深圳市对口支援单位进行对接帮扶和工作交流，深圳市各级医疗机构共派出147批720人次医疗专家入驻百色进行对接帮扶。四是积极开展“高层互访”推动工作。百色市积极组队到深圳开展互访对接，共同研究部署推进对口扶贫协作工作。

（六）文化旅游领域合作取得新成效

一是加强相互联动，助推文旅产业招商。更新储备靖西通灵大峡谷创建

5A级旅游景区、右江福禄河景区、田阳东慕岛生态健康旅游开发、那坡黑衣壮寨、乐业“地心之旅”观光旅游、田林岑王老山生态旅游等40余个文旅招商项目，积极与百色市驻广州、深圳办事处和相关商协会对接，加强百色市文化旅游项目在广州、深圳等地的招商推广工作。二是加快建设百色旅游目的地和游客集散地。加快推进“古城恢复·红城提升”工程、凌云“泗水缤纷”田园综合体、乐业大石围、右江大王岭、田阳壮文化开发、敢壮山布洛陀景区提升等重大项目建设，加快推进巴马国际长寿养生旅游胜地建设相关工作。重大旅游项目建成后将进一步吸引全国特别是粤港澳大湾区的旅客到百色旅游。

三　推进珠江—西江经济带建设面临的困难和问题

（一）产业转型升级任务紧迫

当前，百色以资源型产业为主，高耗能项目占比较大，实现国家“碳达峰、碳中和”目标和落实能耗“双控”工作要求、产业转型升级任务艰巨，亟须改善能源结构、强化创新驱动、延伸产业链条、培育新增长点。

（二）基础设施互联互通短板突出

一是右江千吨级航道通而不畅。金鸡滩航运枢纽船闸年通过能力仅为636万吨，而百色已建港口设计年通过能力已达1296万吨，枢纽船闸远不能满足航运需求。百色水利枢纽通航后，下游的那吉航运枢纽和鱼梁航运枢纽通航能力也不足。同时，田阳那坡大桥、田东大桥因净空高度明显不足影响船舶通行。二是公路铁路建设、百色巴马机场改扩建等项目前期工作进展缓慢。特别是西部陆海新通道重点项目黄桶至百色铁路，亟须加快推动开工建设。

（三）承接东部产业转移项目过少，园区配套产业基础薄弱

百色市共有15个工业园区和工业集中区，具有矿产、农林产品等资源

优势，各县（市、区）工业园区也具备了一定的产业集聚效应，但全市承接东部产业转移的项目投资额小、分布不均衡，主要集中在田阳、平果、德保、那坡等少数几个县（市、区）。由于大多数东部产业转移项目为轻资产项目，厂房及土地均为租用，企业没有足够的固定资产向银行抵押贷款，这增加了企业的融资成本。部分园区基础设施建设进度缓慢，园区物流中心、人力资源服务中心、科技交流中心等园区配套服务设施仍较为缺乏。平果、新山等6个A类园区配套虽较为完善，但由于工业用地指标不足，没有获得新增用地指标，一些东部中小企业产业转移项目无法落地。

（四）电力短缺影响企业投资信心

电力紧张导致重点企业限产。自2021年7月实行错避峰有序用电以来，百色供电平均负荷不断下调，目前仅占正常供电平均负荷的57%，全市半数以上的规上工业企业用电负荷被限，企业生产经营受影响较大，部分在谈项目担心能源保障问题，处于观望状态。

四　对策建议

（一）大力推动产业开放合作和转型升级

全面深化区域合作，以西部陆海新通道为纽带，紧密对接粤港澳大湾区、长江经济带，融入区域创新链、产业链、政策链、资金链，积极承接产业转移，着力构建百色—北京、百色—粤港澳大湾区、百色—大西南地区供应链循环体系。突出加快构建铝产业双循环新发展格局，抢抓新能源发展机遇，加快培育“铝基材料—光伏组件”等跨境产业链条，建立中国—东盟铝产品仓储交易中心，培育千亿级大宗商品现货交易市场。大力打造千亿元新型生态铝产业，开工建设铝产业研究院，打造汽车轻量化和新能源、新基建、铝基新材料基地。搭建铝产业工业互联网平台，提高生产效率和能效水平。建设再生铝综合利用示范基地，有序推进再生铝项目建设。大力建设

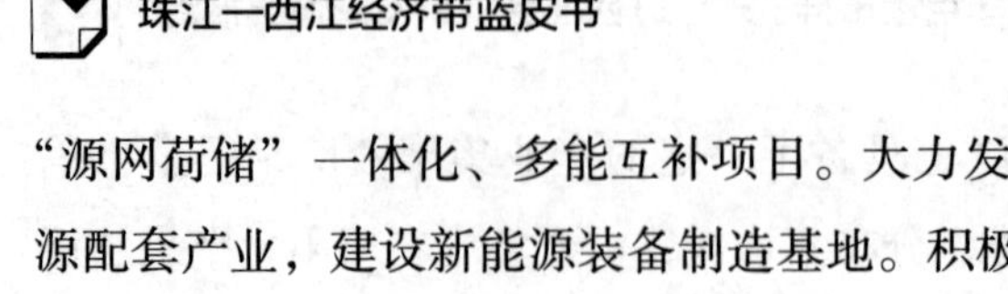

“源网荷储”一体化、多能互补项目。大力发展风电、光伏发电，引进新能源配套产业，建设新能源装备制造基地。积极布局储能项目，加快推进百色抽水蓄能电站、八渡水电站等清洁能源项目核准开工建设。大力打造千亿元林业产业，开展壮大100亿元优势产业集群行动，做强新材料、特色旅游健康等产业。

（二）加强基础设施互联互通

积极主动融入珠江—西江经济带、西部陆海新通道建设，开工建设黄桶至百色铁路，南昆铁路百色至威舍段增建二线，加快推进云桂沿边铁路、百色—兴义高速铁路前期工作。建成田林至西林高速公路，加快那坡至平孟、合那高速至岳圩口岸等高速公路建设，开工建设G80广昆高速公路南宁至百色段改扩建工程、百色至那坡高速公路等项目，力争3年新增高速公路375公里。加快建设百色水利枢纽过船设施、右江航道整治工程，力争开工建设田阳那坡大桥和田东大桥改建工程，畅通右江Ⅲ级航道，提升联通粤港澳大湾区出海通航的能力。加快百色巴马机场改扩建、乐业通用机场建设。

（三）加快重点平台建设，推动区域合作发展

深入开展“三企入百项目落实、行企助力转型升级”行动，围绕“四大四新”产业精准招商，主动承接东部产业转移。推进平果和靖西经济技术开发区、再生铝和铝精深加工园区、深百产业园、广西百色国际金融科技城、百色国家储备林及木材深加工项目等重点平台及项目建设。推动成立综合保税区、保税物流中心、百色海关。推进边境经济合作区建设。发展跨境电商，推动跨境劳务合作和国际产能合作。大力引进商贸物流龙头企业，建设综合物流园区，完善口岸配套功能。实施边境贸易创新发展提升工程，大力发展互市贸易进口商品落地加工，推动形成“互市贸易+落地加工+电子商务”新模式。持续深化拓展深圳与百色协作领域，加强产业协作、劳务协作、消费协作、人才交流等工作。实施

“百色一号+”工程，积极对接中欧班列及东盟市场，稳定南北向运行，拓展东西向运输。

（四）加快新型城镇化建设步伐

加快建设百东新区。优化新区国土空间规划、城市总体规划、高新区规划。争取获批国家级高新区，打造国家级科技企业孵化器。建设“产教融合”新城，抓好百色天立学校、广西大学附中百色分校、百色职业教育园、右江民族医学院百东校区等重大项目建设，推进新区产城融合发展。重点推进右江—田阳一体化转向右江—田阳—田东—平果一体化进程，建设右江河谷城乡一体化示范区。实施大县城发展战略，加快沿边城镇示范带建设。提升县（市、区）公共服务水平，完善城市治理体系，提高城市治理水平。

B.14
2020年来宾市推进珠江—西江经济带发展情况报告

陈锦其*

摘　要： 2020年，来宾市经济发展创近10年来最好排名，营商环境持续优化，化解债务风险、脱贫攻坚、绿色降碳三大攻坚战成效突出，民生状况有所改善，但也存在经济总量小、历史包袱沉重、产业配套和科技创新能力较弱、城乡统筹发展和民生保障质量不高等问题。未来应加快推进三江口新区开发开放，强化产业发展平台建设、基础设施保障和项目投资建设。

关键词： 珠江—西江经济带　产业转移　来宾市

2020年，来宾市按照"聚力产业发展、打赢三大攻坚战、提振发展信心"工作思路，扎实做好"六稳"工作，全面落实"六保"任务，经济加快复苏，社会事业稳步发展。面向"十四五"时期，来宾市将全力培育壮大产业，建设新兴的现代化工业城市。

一　2020年来宾市经济社会发展情况

2020年全市地区生产总值增长6.3%，增速排全区第4位，创近10年来最好排名；2021年上半年全市地区生产总值增长14.7%，增速排全区第3

* 陈锦其，来宾市发展和改革委员会规划科科长，研究方向为发展战略和发展规划。

位，经济增速进入全区第一方阵。重大项目投资增速连续3年保持在20.0%左右，排全区前列。“四上”企业数达700多家，比2019年增加214家，企业培育效果逐步显现。农业、工业、服务业均实现两位数较快增长，其中服务业增速持续领跑全区。两年财政平均增长13.7%，非税收入占一般公共预算收入的比重由2019年的58.4%下降至2020年的52.6%，收入结构不断优化。全市规模以上工业企业利润两年平均增长221.6%，企业效益显著提高。新增规上工业企业175家，总数达267家，产值10亿元以上的有7家。创建各级各类现代特色农业示范区（园、点）312个，农业科技进步贡献率突破55.0%，第一产业增加值年均增长4.4%。第三产业增加值年均增长7.6%，对经济增长贡献率超五成。旅游收入突破380亿元，年均增长7.6%，金秀县成功创建国家全域旅游示范区。

二　来宾市推进珠江—西江经济带建设情况

（一）培育壮大新动能，转型升级步伐持续加快

工业转型升级步伐加快。“电冶结合”“热电联产”助推传统产业降本增效，电力市场化交易实现新突破，累计成交93.47亿千瓦时，居全区第2位，电力电价降幅明显，为企业降低用电成本42.84亿元。铝产业链向精深加工延伸，银海铝业50万吨铝水就地转化率达80%，铝精深加工业产值实现翻番，银海铝业年产30万吨铝棒、广投新材料年产10万吨铝合金扁铸锭项目投产，本地消化电解铝水能力突破80%，产值达82.5亿元，增长27.4%。制糖及综合利用产业链加快集聚，产值超过100亿元，建成5条制糖及综合利用产业链，将形成全国规模最大、产业链最长最完整的绿色循环综合利用基地，福斯派一期、植护云商一期等项目竣工投产。重组后的汇元锰业电解二氧化锰产能达8.5万吨，全球单厂产能最大，汇元锰业获评自治区“瞪羚企业”和广西高新技术百强企业。碳酸钙产业规上企业达49家，较2015年提升2倍，新引进项目21个，总投资超500亿元，2020年产值突

破80亿元。围绕"一域三核多点"布局，加快推进7个木材加工集聚区建设，2020年产值突破40亿元。电子信息等新产业迅猛发展，电子信息产业园一期建成并投入使用，电子设备制造业产值增长103.1%。建成并推广使用"来宾工业云"，数字经济产业园开园。生物医药产业和农产品加工业稳步发展。新增国家级科技企业孵化器1个，国家科技型中小企业评价入库53家，国家级高新技术企业保有量44家，新增自治区"瞪羚企业"2家，创建自治区级企业技术中心16个，实现重大科技成果转化36项，科技金融助力创新型来宾建设，来宾成为国家深化民营和小微企业金融服务综合改革试点城市。

现代特色农业稳步发展。现代农业再获"国字号"殊荣，成功创建金凤凰国家农村产业融合发展示范园，兴宾区、忻城县成功创建全区首批国家级渔业健康养殖示范县（市、区）。农业品牌化转型加快，2020年新增各级示范区419个，其中自治区级核心示范区2个；富硒种植业面积达1.3万亩，稻渔综合种养面积突破1万亩；来宾甘蔗、象州砂糖橘、象州古琶茶获评地理标志农产品。粮食实现稳定丰收，产量71.33万吨，增长3.8%，增幅创5年来新高。生猪产能加快恢复，新建规模养猪场134个，生猪年末存栏73.95万头、全年累计出栏101.68万头，超额完成自治区生猪存栏、出栏目标。农业重点项目加快推进，累计建成"双高"糖料蔗生产基地107.52万亩，其中3000亩以上片区49个；新建成高标准农田17.09万亩。

服务业活力持续提升。建成方盛广场、大洋购物中心等一批商圈，电子商务服务体系农村服务点覆盖率达72.1%。商品房销售面积累计达821.29万平方米。金秀县成功创建国家全域旅游示范区。宾港作业区、西江现代仓储物流园等投入使用，北部湾国际港务集团率先在来宾市开通"江铁海"联运，内河港口货物吞吐量增速超60%，稳居全区前3位。消费回补深入实施，"天下来宾·欢乐购"、云闪付惠民消费券等一系列促消费活动深入开展。2020年，3.05万家线上线下企业参加两季广西"33消费节"，直接带动消费3.1亿元；创新推出"天下来宾·惠民促消费"活动，发放财政消费补贴6834万元，契税增量入库1.5亿元，实现促消费与促增收良性循环；市县领导直播带货活动10余场，划定16个"地摊经济"区域和1000多个夜市摊点。服务业市场主体加快壮大，新增入统金佳运输、鹿宾贸易等服务业企业46家，海骏供应链、凤鑫投资等实施主辅分离企业实现产值超80亿元。数字经济产业加快发展，新引进网沛智慧社区物联网、网易棋牌游戏、中国—东盟信息港国际通道桂中支点等项目，渝万传媒已孵化近7000名线上主播。多项服务业指标快速增长，批发零售业销售额增长56.6%，规上营利性服务业营业收入、人民币存贷款、保费收入、邮政业务总量分别增长36.1%、14.3%、18.9%和30.7%。

（二）重大项目支撑作用凸显，发展后劲显著增强

招商引资成效明显。2020年招商引资项目到位资金420亿元，完成目标任务的105.0%；实际利用外资1748万美元，完成目标任务的158.9%。“三企入桂”深入开展，共签约协议项目163个，总投资2641.22亿元，其中引入中国建材象州南方绿色新材料产业园、来宾绿建新材料产业园等央企项目5个，引入锦江象州东融绿色建材产业园、广西高值多金属资源一体化示范基地等民企项目35个，引入新能源电动车产业园、宏星碳酸钙循环经济产业链等湾企项目51个。“三企入桂”招商项目履约率95.12%，排名全区第一；开工率63.41%，排名全区第三。世界500强中国建材集团，中国民企500强东方希望集团、李宁集团等一批知名企业落户。

投融资工作取得新进展。2020年项目资金量创历史新高，抗疫特别国债、政府专项债券、中央预算内投资3个专项共获得52.79亿元，“信易贷”累计发放9.8亿元。中央预算内投资项目进度加快，2019年中央预算内投资项目完成率、2020年项目开工率均达100%；政府专项债券项目进展顺利，29个政府专项债券（专债资金41.53亿元）项目开工率、资金到位率均达100%，支付率达89.1%。投资结构进一步优化，工业投资增长12.1%。

产业项目建设扎实推进。2020年全年统筹推进重大项目558个，新开工义来建材年产300万吨高效脱硫剂和年产700万吨冶金熔剂等项目128个，完成目标任务的128.0%；竣工虎鹰水泥二期等项目71个，完成目标任务的157.8%，重大项目完成投资增长20.3%，增速排全区第1位。4批次

74 个总投资 844. 8 亿元的重大项目增补列入自治区层面推进，增长 45. 1%；全年共组织开展 5 次全市项目集中开竣工活动，涉及开竣工项目 169 个，总投资 459. 75 亿元，营造了项目“大干快上”的建设氛围。产业项目掀起建设热潮，飞南铜资源环保再生利用、易斯特特种工程功能新材料、国浩碳酸钙深加工等 13 个重点骨干产业项目完成投资 28. 92 亿元，其中新东运碳酸钙 2 条骨料生产线、三江口森林工业城 4 家林木加工企业投产。

重大基础设施多点突破。柳南高速八车道（改扩建）、梧柳高速、象州石龙至来宾二级公路等一批重大交通基础设施建成运营。来宾至桂平 2000 吨级航道工程、平南至武宣高速、武宣至忻城高速、来宾西过境线高速、柳州至广州铁路（柳州至梧州段）开工建设，贺巴高速来宾段、新柳南高速来宾段完成投资 53. 43 亿元，合山红水河特大桥拱肋顺利合龙，桂中治旱一期工程主干渠全线贯通，大藤峡水利枢纽工程一期移民安置通过终验，下六甲灌区工程被列入全国 150 项重大水利工程。

（三）深化改革、优化环境，内生动力不断提高

营商环境显著改善。优化营商环境百日攻坚行动任务清单被有效贯彻，2020 年完成 21 项改革指标、227 项重点改革任务。清理与《优化营商环境条例》冲突的规章制度 5 项。“放管服”改革全面深化，市级政务服务事项网上可办率达 100%，依申请政务服务事项“一窗”分类受理率达 100%；中介超市入驻中介机构 421 家、业主 108 户，服务时限缩短 50%。工程项目并联审批深入实施，一般投资类工程项目审批时间由 105 个工作日压缩为 60 个自然日。在全区首推包容审慎监管机制，明确市场监管不予处罚、减轻处罚、从轻处罚“三张清单”，涉及市场监管 10 个领域 219 项行政处罚事项，对 1200 种轻微违法行为予以包容处理，减免涉企金额 1100 多万元，促进市场主体健康发展。

重点改革顺利完成。2020 年统筹推进 21 项重点改革任务。完成“两场”资产注入，增加有效资产 316. 21 亿元。探索混合所有制改革，引导市属企业引入 4 家民营企业参与投资经营。开展“人社服务快办行动”改革

试点，来宾市成为全区 2 个市级改革试点之一。基础教育教学改革有新进展，武宣县被确定为广西基础教育教学改革示范区之一。在全区率先完成医保信息系统切换上线，县、乡、村医疗卫生机构“三个一”标准化建设基本完成，象州县、武宣县、金秀县、合山市国家级紧密型县域医共体建设试点有序推进。全市农村集体产权制度改革任务基本完成，合山市获评全国农村承包地确权登记颁证工作典型地区。全面完成国有林场改革，来宾市代表广西接受国家重点抽查验收，获评优秀等次。其他改革均有新进展。

三江口新区开发开放加速提质。编制完成三江口新区总体规划（修编）和产业规划等 2 个重点规划，全面完成节能、水资源等 9 项区域评估。三江口主干道来宾至象州石龙二级公路全线通车，猛山作业区一期建成使用，奇山、大仁作业区等 12 个港口项目建设加快；积极争取自治区启动大藤峡二线、三线船闸建设。引进三江口高性能纸基新材料等 10 个重大产业项目，计划总投资 900 亿元，达产后产值达 1400 亿元。累计有 18 家纺织印染企业入驻三江口节能环保产业园，计划总投资额超 37 亿元。与南京市达成合作发展生物医药产业的意向，加快打造三江口医药化工产业园。

（四）紧盯目标、精准发力，三大攻坚战成效显著

债务风险有效化解。牢固树立“过紧日子”意识，压缩财政支出 1.03 亿元，核减政府性项目投资 6.26 亿元。认真落实“1+2”化债方案，加快市属国有企业市场化改革，注入经营性资产 187.5 亿元。通过增加注册资本金、注入土地资产等方式，市属平台公司资产增至 675 亿元，融资成本下降 5.2%。累计交易“旱改水”等土地综合整治项目 1.16 万亩，收入 26.29 亿元。

脱贫攻坚如期完成。2020 年，来宾市最后一个贫困县忻城县退出贫困县序列，全市剩余的 1.01 万贫困人口和 15 个贫困村全部达到摘帽标准，实现贫困县、贫困村和贫困人口“三清零”，全市 29.3 万建档立卡贫困人口全部脱贫，269 个贫困村全部出列，4 个贫困县全部摘帽，贫困发生率从 2015 年底的 12.1%降至 0，圆满完成全面建成小康社会任务。

绿色降碳力度加大。开展植树造林 32.37 万亩，完成全民义务植树

473.3万株，森林覆盖率达53.01%。持续开展大气污染防治9个专项行动，PM_{10}、$PM_{2.5}$平均浓度分别同比下降12.3%、14.3%，空气质量优良天数比例达93.2%，同比上升5.8个百分点；深入贯彻落实国家“水十条”，地表水水质优良率、市级集中式饮用水水源地水质达标率均达100%，在国家地表水考核断面水环境质量状况排名中排第7位。深入贯彻落实新《固废法》，开展44家重点产废单位动态监管，有序盘活2.14吨重金属排放总量指标。象州县、忻城县成功创建自治区级生态县。2020年度全市能耗总量达591.53万吨标准煤，较上年增长14.73万吨标准煤，同比上升2.55%，万元地区生产总值能耗下降3.50%。

（五）突出保民生、兜底线，群众“幸福指数”不断提升

就业和物价形势总体稳定。开展“补贴找企业”等活动，各类市场主体达11.63万户，增长12.35%；城镇新增就业人数13225人，城镇失业人员再就业3508人，城镇登记失业率控制在2.89%；农村劳动力转移就业新增73050人。全力保供稳价，共投放平价猪肉25.37吨，冻猪肉283.30吨，发放困难群众价格临时补贴6302.84万元，居民消费价格上涨2.00%，涨幅低于全国、全区平均水平。

社会保障得到加强。全面实施全民参保计划，户籍人口基本养老保险参保入库率达88.66%，基本医疗保险参保率达97.60%。发放失业人员价格临时补贴11267人次241.83万元，失业补助金17389人次1146.81万元。发放城乡低保金4.41亿元、城乡特困人员基本生活费7610.63万元、城乡特困人员照料护理补贴1260.95万元、临时救助金5768人次849.81万元、残疾人“两项补贴”5550.99万元。棚户区改造基本建成1555套，公租房新增分配1334套，54个城镇老旧小区改造项目全部开工，农村危房改造竣工1280户，竣工率达100%。

公共服务水平持续提升。城区优质教育资源不断丰富，城南二幼、祥和小学高新校区、政和小学盘古校区、来宾六中高新校区、来宾一中新校区交付使用，普惠性幼儿园在园幼儿占比由2019年的54.3%上升到86.1%，学

前三年毛入园率达到97.4%，九年义务教育巩固率升至98.2%，高中阶段毛入学率达到94.9%。市人民医院成功创建三级甲等综合医院，兴宾区人民医院成功创建二级甲等综合医院。75个村级公共服务中心全部完工，实现行政村覆盖率100%。市儿童福利院投入运营，市救助管理站主体工程基本完工。象州县古象温泉度假村、蓬莱洲时光岛度假区两个疗休养基地获“广西职工疗休养基地”认定。

三　推进珠江—西江经济带建设面临的困难和问题

后发展欠发达仍然是来宾市最显著的市情，来宾市仍然面临着经济总量小、产业结构不合理、制造业基础不牢固、历史包袱沉重、产业配套和科技创新能力较弱、城乡统筹发展和民生保障质量不高等问题，产业发展水平较低依然是核心痛点难点。在我国科技创新推动产业迭代加速、生态文明建设提出更高要求、产业迈向中高端步伐加快、新经济新业态新模式新技术蓬勃发展、区域竞争日趋激烈的形势下，来宾市产业转型升级、工业振兴、争先进位面临较大的压力。

四　对策建议

（一）加快推进三江口新区开发开放

重点抓好三江口新区大开发、大开放、大建设，争取来宾三江口新区申报成为自治区A类产业园区，将新区建设成为自治区“东融”主平台和粤桂合作“经济双飞地”示范区，打造桂中经济增长新一极。支持新区大力发展绿色建材、现代纺织、医药化工、林浆纸一体化、新能源新材料、智慧物流六大主导产业，围绕碳酸钙、医药化工、智慧物流、绿色建材等产业开展精准招商，重点打造2~3个规模大、集中度高、竞争力强的产业转移示范园区，统筹布局2~3个百亿元重大产业项目落户新区。

（二）加强产业发展平台建设

积极融入新发展格局，加强对接粤港澳大湾区开放合作，深入落实“一带一路”倡议，依托西部陆海新通道，全面推进“一主一副、两翼多点”工业发展空间布局的形成，加快全市各工业园区建设。大力推进市工业园区发展，推进“一区四园”产业升级，开展来宾高新区扩园总规编制工作，强化市工业园区“十四五”时期工业发展主力军和“东融”战略重要支撑的地位，重点打造新能源电池锰系材料产业链、热电联产生态产业园、糖业循环经济产业园、轻工制造基地和铝精深加工基地，加快形成电子信息、新材料、生物医药产业集群，加快建设数字经济产业园。力争到2025年，规上工业总产值翻一番以上，创建千亿元工业园区取得较大进展，使之成为全区一流的高新技术产业园区，并向国家级高新区迈进。统筹推进县级工业园区发展，把发展壮大县级工业园区经济作为推进开放合作、做大做强县域经济的主要抓手，力争到2025年，实现全市6个县级工业园区年工业总产值超过全市年工业总产值的一半。

（三）强化基础设施保障

充分发挥三江口新区立足桂中、带动桂西、联通粤港澳大湾区的区位优势，建设成衔接西部陆海新通道和珠江—西江黄金水道的重要的多式联运交通枢纽和桂中水陆联运区域物流中心。公路建设方面，续建柳州经合山至南宁高速公路、贺巴高速（蒙山至象州段、象州至来宾段、来宾至都安段），加快建设武宣经合山至忻城高速公路、来宾西绕城高速公路，开工建设平南至武宣、柳州至覃塘、宜州至上林、柳州至金秀等高速公路，加快推进沿江工业大道（来宾经正龙至象州一级公路）、柳来工业大道一期（来宾至凤凰一级公路）、G355象州至桐木段一级公路、G209新兴至武宣一级公路、高安至樟村一级公路建设。加快建设三江口新区与泉南高速、三北高速、武平高速以及国省道公路网络，扎实推进一批二级路网工程和乡村道路建设，保障内外交通快速转换。铁路建设方面，加快推动建设南宁经桂林至衡阳高铁，积极推进柳州至广州铁路建设，新增象州站、武宣站、东乡站。积极推动市域内来宾经三江口至武宣、忻城至合山等铁路支线、专用线的建设；积极争取建设田东至来宾、来贵城际、柳贺韶城际、柳州至来宾城际轨道交通等铁路项目。水运建设方面，加强内河互联互通建设，全力推动大藤峡水利枢纽、桥巩水电站、乐滩水电站航运船闸的升级改造，尤其是推动解决好大藤峡水利枢纽“卡脖子”问题，形成来宾市全域连接粤港澳大湾区的水路运输大通道。加快建设来宾市 8 个重点发展作业区、17 个一般作业区共 197 个泊位。加快推进来宾至桂平 2000 吨级航道工程、柳江柳州至石龙三江口Ⅱ级航道工程建设。

（四）加快项目投资建设

保持重大项目投资持续高增长，谋划“十四五”时期 874 个重大项目，其中包括基础设施项目 322 个、工业产业项目 265 个、现代服务业项目 129 个、农业产业项目 33 个、社会民生项目 97 个、生态保护项目 23 个、公共管理项目 5 个。围绕“345”产业体系积极引进一批重大产业项目，重点抓好中沛电子信息产业园、福美低碳经济产业园、铭磊生物医药产业基地、雅居乐三江口节能环保生态产业园、三江口（忻城）茧丝绸产业园、三江口新区医药化工产业园、三江口新能源电动车产业园、广西三江口新区高性能纸基新材料产业园、广西福斯派可降解植物纤维环保餐具项目、广西植护生活用纸电商全产业链基地、风电和新能源电池项目、碳酸钙综合加工项目、水泥项目，以及象州县桂中森林工业城、兴宾区广西来宾东融生态木材产业园、现代农业产业园农产品加工园、中国食品安全生产（广西）示范园、各县（市、区）农产品加工基地等一批重大产业项目。

B.15
2020年崇左市推进珠江—西江经济带发展情况报告

李 力　李信政　韦颖媛*

摘　要： 2020年，崇左市大力推动经济社会高质量发展，珠江—西江经济带建设取得一定成效，但在推进珠江—西江经济带建设中仍面临不少困难和问题，包括互联互通基础设施建设水平仍需提高、产业配套政策仍不够完善、招商引资工作受到不小冲击等。未来要继续加强基础设施建设，推进工业振兴、口岸振兴、城镇振兴，持续加强生态建设和环境保护。

关键词： 珠江—西江经济带　工业振兴　口岸振兴　城镇振兴　崇左市

一　2020年崇左市经济社会发展情况

2020年，全市上下以习近平新时代中国特色社会主义思想为指导，科学统筹做好疫情防控和经济社会发展两个方面工作，扎实做好“六稳”“六保”工作，扎实推进做好“两篇大文章”、打好“四大攻坚战”新三年行动计划，持续巩固疫情防控“零确诊”成果，全市经济持续平稳增长，社会大局和谐稳定。初步统计，地区生产总值增长6.1%，增速分别比全国、全

* 李力，崇左市发展和改革委员会党组书记、主任，研究方向为宏观经济发展、项目建设与管理；李信政，崇左市发展和改革委员会党组成员、总经济师、三级调研员，研究方向为农村经济和农业产业发展；韦颖媛，崇左市发展和改革委员会工业科副科长、西部振兴与区域开放科负责人，研究方向为区域振兴与发展。

区高3.8个百分点和2.4个百分点，排全区第6位；财政收入增长5.5%，排全区第5位；固定资产投资增长10.0%；规模以上工业总产值增长17.8%、规模以上工业增加值增长17.9%，均排全区第1位；社会消费品零售总额增长0.3%；外贸进出口总额完成1843.2亿元，占全区比重为37.9%，外贸进出口总额、进口总额、出口总额均继续稳居全区第1位；城镇登记失业率为3.1%；居民消费价格同比上涨2.4%。

二　崇左市推进珠江—西江经济带建设情况

（一）协同推进重大基础设施建设，进一步夯实发展基础

一是水运建设加快推进。全市航道总里程542.4公里，其中包括三级航道155.4公里、五级航道54.5公里、六级航道160.86公里、七级航道5.8公里、等外航道165.84公里。已建成扶绥港区将军岭作业区、扶绥海螺水泥专用码头、崇左港中心港区濑湍作业区共12个1000吨级泊位。港口设施建设项目前期工作稳步推进，叫册作业区一期工程、岜美作业区、驮卢作业区、扶绥海螺水泥专用码头二期工程、将军岭作业区二期工程等项目前期工作加快推进。二是铁路建设取得新突破。南宁至崇左城际铁路项目全线加快推进，2020年累计完成投资5.93亿元，崇左至凭祥城际铁路完成初步设计勘探、征地拆迁，先期开工段施工加快推进，2020年累计完成投资5.18亿元。湘桂铁路南宁至凭祥段扩能改造工程、云桂沿边铁路防城港至崇左至文山段工程等项目前期工作加快推进。三是公路建设不断完善。逐步完善高速公路网络，吴圩国际机场至隆安高速公路、崇左至爱店高速公路、隆安至硕龙高速公路、巴马至凭祥高速公路（大新经龙州至凭祥段）等项目加快建设，力争早日建成通车；国省干线路网提级改造加快推进，大新德天至宁明花山公路一期工程建成通车，大新德天至宁明花山公路二期工程、S215崇左至宁明公路、G243龙州至凭祥公路、扶绥山圩至中泰产业园公路等重点公路项目加快推进。四是重大水利项目取得积极进展。国家重大水利项目加

快建设。广西左江治旱驮英水库及灌区工程加快建设，左江治旱驮英水库枢纽工程大坝实现封顶；广西左江治旱黑水河现代化灌区工程项目前期工作加快推进。五是数字基础设施建设持续强化。扎实推进数字崇左建设，抓好壮美广西·崇左云、云计算大数据架构、中国—东盟信息港（崇左）大数据科创中心等项目建设。全市行政村光纤通达率、4G 网络覆盖率均达 100%，建成 5G 基站 510 个。

（二）积极推动产业转型升级，推进产业高质量发展

一是大力推进工业振兴。工业新旧动能转换取得明显进展，拥有全球最丰富的锰系产品线、全球离子型稀土分离能力最集中的生产线，打造了全球最大的活性干酵母生产基地，制糖深加工和铜冶炼生产技术水平处于全国领先地位，木材加工业成为全市第 3 个工业产值超百亿元的产业。铜锰稀土新材料及循环经济方面，南国铜业铜冶炼项目一期实现全产能生产，贡献产值 118.49 亿元，成为工业稳增长最重要的支撑；富丰矿业锰酸锂项目一期、东来新能源动力电池项目、新振锰业电解金属锰项目二期电解六车间、华政新能源电池项目已实现竣工投产，中信大锰锰酸锂项目实现试生产。糖及食品加工业方面，推动达利食品产业项目竣工投产，好青春甘蔗醋项目二期、安琪酵母固废循环技改项目二期、湘桂酵母提取物生产线改造升级项目等加快建设。高端家居产业方面，欧卡罗整体橱柜项目、名筑家居生态家具项目、德科定向结构刨花板项目实现竣工投产，其中欧卡罗、名筑家居已实现上规入统。新型建材产业方面，推动天等东泥水泥生产线二期实现试生产，加快建设中国建材崇左产业园、红狮水泥驮卢建材产业园、海螺绿色建材产业园等一批重大建材产业项目。二是加快培育战略性新兴产业。以重点项目为依托，打造专业化、智能化、绿色化的产业基地，加快培育发展生物基新材料、先进轻质功能材料、智能家电、电子信息等四大战略性新兴产业。大力推进年产 150 万吨乳酸和 100 万吨聚乳酸的广西聚乳酸可降解生物基新材料产业基地项目、华南理工大学（崇左）先进轻质功能材料项目等的建设。三是加快推进现代服务业发展。服务业取得新突破，上

规入统服务业企业从2015年的267家增加到565家，崇左被列为国家第三批两岸冷链物流产业合作试点城市。加快建设发展通关、检疫检验、仓储、咨询、金融、中介代理等物流服务体系。发展“互联网+”快递，推动快递企业向综合性快递物流运营商转型，建设中国—东盟（崇左）供销物流园、广西凭祥农产品加工物流工程等，重点加快广西凭祥综合保税区、崇左（东盟）国际物流园、中国—东盟（凭祥）农副产品专业市场等的建设。加快服务业项目建设，扶绥恒大文化旅游康养城项目实现开工并加快建设，太平古城项目一期、华润万象汇竣工运营。全力推进旅游振兴，2020年崇左市荣获广西全域旅游示范市称号，先后举办一届中国民宿大会、两届广西民宿大会，旅游服务满意度和市场美誉度大幅提升。不断加强景区景点建设，加快文化旅游特色品牌打造，德天跨国瀑布景区成功创建国家5A级景区，崇左成为广西第3个拥有5A级景区的地级市；明仕田园创建国家旅游度假区已上报文化和旅游部验收；新增国家4A级景区18家、4星级以上乡村旅游区30家、4星级旅游饭店12家，景区景点总数进入广西第一梯队。

（三）城乡建设协调推进，城镇振兴实现大发展

一是城乡统筹一体化发展加快推进。按照“一主二副两带”城镇发展体系规划，中心城区建成区面积由2015年末的32平方公里扩大到2020年的44平方公里。常住人口由2015年末的11.78万人增加到2020年的22.18万人。全市城镇化率由2015年末的36.28%提升到2020年的43.73%，2020年通过国家卫生城市创建技术评估。累计投入372.5亿元，建成崇左市体育中心、崇左大桥、金龙湖景观公园、广西城市职业大学、崇左幼儿师范专科学校、广西大学附属中学崇左校区等175个重大项目并投入使用，正在加快推进城区生态水系修复工程、环城北路、城西片区基础设施建设工程、南崇城际铁路崇左南站综合体PPP项目等78个重大项目，辐射带动各县（市、区）完成城建项目投资814.3亿元。大新县新型城镇化示范县建设取得显著成效，凭祥市中小城市综合改革试点工作进展

顺利。江州区新和镇成功入选全国第二批特色小镇，扶绥县山圩镇、龙州县水口镇成功入选广西第一批特色小镇。二是乡村建设面貌大改观。建成一批宜居美丽乡村、乡村风貌提升示范带。打造以黑水河乡村振兴示范带、龙州县弄岗自然保护区周边、凭祥市现代特色农业与乡村休闲融合、大新县德天瀑布景区至明仕田园、宁明县花山岩画景区周边、扶绥县现代农业观光与乡村休闲旅游融合、天等县养生旅游度假区、扶绥县中北部乡村风貌提升（特色农业）示范带、龙州县乡村旅游等为重点的示范带。三是山水园林城市逐步成形。坚持以建设山水园林城市为目标，不断加大城市绿地建设力度。全市新建崇左园博园和金龙湖都市休闲公园 2 个综合公园，新建龙腾湖东园、骆越公园、法治公园、竹园、文化广场和奇石公园等，完成友谊大道、东盟大道、环城东路、山秀路等 12 条道路的绿化提升工程，建成西塘游园、丽江广场小游园、市人民医院北、火车站广场等 6 处“三小”（小绿地、小广场、小街景）绿地工程，修建东盟大道绿道、友谊大道绿道、山秀路绿道等约 29 公里，投入资金约 10 亿元。

（四）深化开放合作，开放型经济水平不断提高

一是广西自贸区崇左片区建设取得积极进展。加快推进广西自贸区崇左片区试点任务落地见效。崇左片区管委会已成立并与凭祥综保区管委会合署办公，完成《中国（广西）自由贸易试验区崇左片区建设实施方案》《中国（广西）自由贸易试验区崇左片区总体规划（2019—2035 年）》《中国（广西）自由贸易试验区崇左片区产业发展规划研究报告》编制，出台《中国（广西）自由贸易试验区崇左片区发展支持政策》。2020 年，崇左片区总计完成 47 项试点任务，其中 5 项上报商务部。中国（崇左）跨境电子商务综合试验区、广西凭祥出口商品采购中心获批设立。二是口岸和互市点基础设施不断完善。分别争取到 2020 年沿边重点开发开放试验区建设专项中央预算内资金 10800 万元、边境地区转移支付重点边境口岸基础设施建设补助资金 4800 万元，用于支持口岸和相关园区基础设施项目建设。推动友谊关口岸边检业务基础设施提升改造、友谊关联检楼改造、友谊关口岸提升一期改

造、爱店冷链食品查验区等项目竣工验收；推动友谊关口岸浦寨通道旅客联检楼、弄尧通道旅客联检楼主体完工，硕龙口岸主通道核辐射检测用房、辅助用房、旅检大楼主体完工；推动油隘、横罗等互市点项目主体完工。三是通关便利化水平不断提高。友谊关口岸成为全国第一个集口岸卸货、口岸直通于一体并兼容保税、卸货转关、跨境电商多种业务在智能卡口自动验放的口岸，也是广西唯一一个可同时对进出口货物实行“提前审结”模式的口岸；凭祥铁路口岸成为全国第一个泰国水果经第三国输华入境的铁路口岸；水口口岸成为广西第一个试点进口“提前申报”通关模式的口岸。口岸查验效率得到提升，优先保障防疫物资通关。优化鲜活农产品进出口检验检疫模式，对越南进境水果进行分类查验，促进农产品快速通关。对药品、口罩等防疫物资实行24小时通关模式并提供绿色通道，保障防疫物资第一时间顺畅通关。优化边民互市贸易申报模式，创新开发边民互市贸易手机申报App，进一步优化疫情防控期间互市贸易申报程序，边民无须到互市申报区即可完成互市贸易申报，避免互市现场人员聚集。

（五）大力实施珠江—西江水资源保护联合行动计划，共建珠江—西江生态廊道

一是实施水污染防治行动。印发实施《崇左市水污染防治行动工作方案》，明确水污染防治重点区域、重点攻坚任务及相关责任单位，每月调度水污染防治工作进展情况，有序推动水污染防治工作。二是推进工业集聚区集中式污水处理设施建设。崇左市9个自治区级及以下工业集聚区已有7个完成集中式污水处理设施建设，大新县工业集聚区集中式污水处理设施和宁明县工业集聚区集中式污水处理设施正在加快建设。三是开展“十四五”时期重点流域水生态环境保护规划编制工作。协调各相关部门收集整理水资源、水生态、水环境、经济社会等方面的长时间序列数据，填报水生态环境状况调查表，完成《重点流域水生态环境保护“十四五”规划崇左市水生态环境保护要点（送审稿）》的编制。四是推进水质不稳定断面环境问题的排查与整治。针对明江宁明河段上金断面水质不稳定情况，检查沿岸排污

口分布情况，排查污染源汇入情况，指导地方政府开展环境问题排查工作，推动明江宁明河段环境问题整治。

三　推进珠江—西江经济带建设面临的困难和问题

（一）互联互通基础设施建设水平仍需提高

一是铁路方面，铁路运输覆盖面不广，设施不完善。目前，崇左市尚无高速铁路线路联通至边境口岸，大新县、天等县、龙州县仍无铁路联通。二是公路方面，公路网整体结构等级低，高等级公路比例小，运输能力低。目前，一类口岸中仅有凭祥及水口口岸通达高速公路，无法满足日益增长的边贸运输需求；国省道高等级公路比例较小，服务水平不高。三是水路方面，崇左境内航道狭窄，弯道多，通航条件差。港口码头规模小，泊位使用率低，货运量小。

（二）产业配套政策仍不够完善

一是用电方面，全市范围内缺乏稳定大电源，企业存量用电交易降价幅度过低，工业用电价格相比周边省份如贵州、云南偏高。二是用工方面，本地大量劳动力资源外流，造成企业招工难和用工成本高，中越跨境劳务合作体制机制还不完善，办理出入境手续繁杂，企业用工来源缺乏稳定性。三是产业集聚方面，专业化分工程度较低，产业链条短，缺乏为大企业配套的大批专业化程度高的产业集群，限制了某些产业的转移。一些项目产品、设备维修所需的配件几乎都要从外地采购，路途偏远，主要靠陆路运输，运输成本高。

（三）招商引资工作受到不小冲击

一是受新冠肺炎疫情影响，企业受到不同程度冲击，许多依赖国外订单的外贸加工企业业务缩减，造成经营困难，甚至出现减产停产现象。同时，疫情导致消费低迷，企业所获利润更少，加上延迟复工所导致的经济损失，企业投资积极性大大降低。二是虽然自治区和市层面均出台了一系列优惠政策及相关制度，但县级财政困难，导致政策难以兑现，对企业承诺的扶持资金没有及时协调到位，对企业投资、投产的积极性有一定影响，高附加值企业和产业项目落地困难。

四　对策建议

（一）继续加强基础设施建设，逐步补齐发展短板

坚持基础设施先行，加快推进“五网”建设，夯实发展基础。加快推进南宁至崇左至凭祥铁路项目建设。加快推进G219沿边公路（崇左段）、G243龙州至凭祥公路、隆安至硕龙高速公路、巴马至凭祥高速公路（大新经龙州至凭祥段）、崇左至爱店高速公路等重大公路项目建设，加快完善左江航运通道项目建设，不断提升交通、口岸、水利、园区等的基础设施建设水平。

（二）持续推进工业振兴，逐步构建现代产业体系

继续大力培育发展铜锰稀土新材料及循环经济、糖及食品加工、高端家居、新型建材四大主导产业和现代出口制造业、农副产品及中药材绿色加工业两个特色产业，拉长产业链条，做强精深加工。加快推动南国铜业铜冶炼项目二期全面建设，推动中信大锰锰酸锂技改二期达产满产，实现龙州年产100万吨生态氧化铝项目竣工投产。推动江州肉类食品加工全产业链项目、今麦郎食品生产项目等加快建设。加快龙赞产业园、山圩产业园建设，力争实现乐林等木材加工项目竣工投产。加快中国建材崇左南方产业园、海螺绿色建材产业园、红狮水泥驮卢建材产业园、中国葛洲坝建材产业园等项目建设。

（三）持续推进口岸振兴，不断提升开发开放水平

用足用活国家级开放平台政策，全面提升凭祥重点开发开放试验区、广

西自贸区崇左片区、跨境电商综合试验区等国家级开发开放平台建设水平。持续激发外贸增长活力，稳住外贸基本盘。积极抢抓建设西部陆海新通道和全面对接粤港澳大湾区等重大机遇，以独特的区位优势为基础，积极连接东盟各国，加快推动通道优势向经济优势转变，力争早日建成面向东盟开放合作的现代化南疆国门城市。

（四）持续推进城镇振兴，不断优化区域发展布局

围绕建设山水园林城市目标，促进城乡统筹协调发展，提升城镇化率。深入实施中心城区提升工程，完善提升经济中心、商贸物流中心、文化教育中心、旅游集散中心“四大中心”功能。积极推进崇左市城西片区基础设施工程 PPP 项目、南宁—崇左城际铁路崇左南站综合体 PPP 项目建设。深入实施大县城战略，推动特色小镇建设，全面推进公共服务设施提标增量，健全完善医疗卫生、教育、养老托育、文化旅游、社会福利和社区综合服务设施。持续推动扶绥空港—吴圩空港融合发展，加快南宁临空经济示范区扶绥片区建设。全面推进南崇城镇带和沿边开发开放边贸城镇带建设，建设一批交通枢纽带动型、工贸产业带动型、文化旅游带动型、边关风貌带动型特色城镇。

（五）持续加强生态建设和环境保护

全力推进创建国家生态文明建设示范市各项工作。严格落实“河长制”，加强城市扬尘治理，推进秸秆禁烧和烟花爆竹禁燃限放工作，持续推进大新、扶绥铅锌矿历史遗留重金属问题治理，坚决完成上级下达的“十三五”时期环境质量目标任务。加快实施国家山水林田湖草生态保护修复工程试点，筑牢祖国南疆国门生态安全屏障。

B.16

2020年广州市推进珠江—西江经济带发展情况报告

莫成经*

摘　要： 2020年，广州市经济社会持续稳步发展，在协同推进重大交通基础设施建设、携手共建生态文明、推进公共服务均等化、共创合作开放新高地等方面取得积极成效，但也面临着协调机制不完善、区域协作水平不高等问题。未来要进一步强化政府引导，优化合作机制，突出重点领域，发挥平台作用。

关键词： 珠江—西江经济带　广佛全域同城化　开放合作　广州市

2020年，广州市按照省委、省政府统一部署，积极发挥国家中心城市和珠江—西江经济带核心城市作用，结合粤港澳大湾区建设国家战略，认真贯彻落实《珠江—西江经济带发展规划》《全面对接粤港澳大湾区粤桂联动加快珠江—西江经济带建设三年行动计划（2019—2021年）》，经济社会发展取得明显成效。

一　2020年广州市经济社会发展情况

（一）“六稳”“六保”扎实推进，生产生活全面恢复

疫情防控取得重大战略成果。按照“坚定信心、同舟共济、科学防治、

* 莫成经，广州市发展和改革委员会区域协作处四级调研员，研究方向为区域协调发展。

精准施策”总要求，织密织牢联防联控、群防群控防线，建立健全“四个三”“1+4”等工作机制，坚决打赢疫情防控的人民战争、总体战、阻击战。迅速开展疫情科研攻关，4项成果及技术纳入国家诊疗方案，本土病例治愈率为一线城市中最高，“应检尽检”人员动态清零。切实做好物资保障，第一时间取得医用N95口罩、超高速口罩机、熔喷布生产线等核心防疫物资、设备生产“零”的突破，日产检测试剂量约占全国的三成。有力服务全国疫情防控和国家外交工作大局，全力以赴驰援武汉和荆州，做好穗港澳联防联控，累计对43.9万名境外抵穗人员进行全流程封闭管理。完善疫情防控体制机制，出台《关于完善重大疫情防控体制机制健全公共卫生应急管理体系的实施意见》，新建或改造发热门诊107个、发热诊室197个，实现“一区一疾控中心”全覆盖，所有疾控中心均具备核酸检测能力。

经济运行经受住疫情考验。全年地区生产总值增长2.7%，增速比第一季度提高9.5个百分点，展现出较强韧性。规模以上工业增加值增长2.5%，增速比第一季度提高22.1个百分点。消费逐步回暖，社会消费品零售总额下降3.5%，降幅比第一季度收窄11.5个百分点。固定资产投资增长10.0%，其中，民间投资、工业技改投资分别增长9.4%、13.1%，763个市重点项目完成投资3801亿元，完成年度计划的114.8%。全力稳住外贸外资基本盘，进出口总额下降4.8%，其中出口逆势增长3.2%，实际利用外资增长7.5%。全年一般公共预算收入增长1.4%。城市居民消费价格指数上涨2.6%，控制在年度目标之内。

企业帮扶精准有效。把保市场主体作为“六稳”“六保”的关键，出台实施推进企业（项目）复工复产工作总体方案，以及“暖企15条”“稳增长48条”“信用助企9条”等政策措施，通过“免、减、缓”等方式，进一步加大为企业降本减负的力度。阶段性降低企业用电、用水、用气成本和进出口环节物流成本超20亿元，减免企业养老、失业、工伤和职工基本医疗保险费532亿元。建立市场化应急转贷服务机制和普惠贷款风险补偿机制，为2万多家小微企业和个体工商户提供信贷200多亿元。积极争取国家政策资金支持，141家疫情防控重点保障企业获得优惠贷款122亿元。市场主体稳定增长，全年新登记市场主体55.27万户，增长24.9%；实有市场主体269.67万户，增长15.8%。

民生保障成效明显。粮食能源安全保障有力，开展耕地“零弃耕”专项行动，增储政府储备粮20万吨；建成广州市能源管理与辅助决策平台，华电增城燃气热电联产等项目建成投产，新增清洁能源发电装机容量187万千瓦。就业形势总体稳定，新增就业29.5万人，城镇登记失业率2.53%，均较好完成全年目标。基本民生兜底力度加大，低保标准提高至每人每月1080元，企业退休人员月人均养老金提高到3726元，阶段性将低收入居民价格临时补贴标准提高1倍，全年累计发放2.6亿元，惠及143.8万人次。

（二）创新驱动发展战略深入实施，新动能加快成长

科技资源要素加快集聚。明珠科学园开工建设，呼吸领域国家实验室筹建进展顺利，粤港澳大湾区国家技术创新中心获批建设，4个重大科技基础设施完成预先研究工作，南方海洋科学与工程广东省实验室（广州）正式动工，人工智能与数字经济广东省实验室（广州）、岭南现代农业科学与技术广东省实验室完成组织机构建设，生物岛实验室黄埔学院揭牌成立，天然气水合物钻采船开工建造。国家科技型中小企业备案入库数量累计达3万家，国家级制造业单项冠军企业增至6家，国家企业技术中心增至35个，规模以上工业企业设立研发机构的比例提高到51%。实施专利质量提升工程，全年发明专利申请量、授权量分别增长23.3%、23.4%，广州（国际）科技成果转化天河基地投入使用。大力实施“广聚英才计划”，累计集聚院士115名。在科技部发布的2020国家创新型城市排行榜中，广州在72个创新型城市中排名第二。

数字经济加快发展。出台实施“数字经济22条”，获批建设国家新一代人工智能创新发展试验区，数字经济发展水平显著提升。广州人工智能与数字经济试验区加快建设，琶洲片区企业营业收入超2500亿元，获评全省首个国家新型工业化产业示范基地（大数据方向），复星集团等4个项目竣工。金融城起步区已引进中国人保等11家大型金融机构，鱼珠片区集聚近100家人工智能与数字经济企业，主营业务收入超500亿元。数字经济“底

盘”加快夯实，累计建成5G基站4.8万座，工业互联网标识解析国家顶级节点（广州）接入二级节点23个，居全国首位。推出数字经济领域优质应用场景36个，240个项目获得省工业企业“上云上平台”补助资金。

新兴产业发展成效明显。战略性新兴产业增加值占地区生产总值比重达30%。新能源智能汽车产业加快发展，全年新能源汽车产量增长17.3%，小鹏汽车智造产业园开工建设，成功举办2020世界智能汽车大会。轨道交通产业加快市场开拓，广州地铁联合体中标长沙6号线PPP项目，并成功运营巴基斯坦首条地铁。新型显示产业产能提升，乐金显示OLED面板、超视堺显示器等新投产项目加速量产，新增产值超100亿元，创维智能科技制造基地开工建设。集成电路产业稳步推进，粤芯芯片一期产能加快释放，全年集成电路产量增长34.1%。生物医药与健康产业集聚发展，全年增加值增长6.2%，诺诚健华药品生产基地、GE-龙沙生物制药等项目建成。

（三）“四个出新出彩”纵深推进，城市活力持续提升

综合城市功能优化提升。国际综合交通枢纽加快建设，白云机场三期扩建工程开工，机场旅客吞吐量4376.81万人次，居全球单体机场第1位；广州港深水航道拓宽工程全线投入使用，港口货物吞吐量6.36亿吨，集装箱吞吐量2350.53万标准箱，分别居全球第4位、第5位；深江铁路广州段、广湛高铁开工建设，广州东环城际铁路花都至机场北段建成，广石铁路通车，地铁8号线北延段开通，地铁运营里程达531公里；广连高速花都至从化段开工建设，机场第二高速北段建成通车，高快速路“四环十九射”主骨架路网格局基本形成。国际信息枢纽功能增强，获批创建全国首个区块链发展先行示范区，通用软硬件适配测试中心（广州）、全球IPv6测试中心广州实验室揭牌成立。城市更新扎实推进，构建“1+1+N”新一轮城市更新政策体系，“三旧”改造项目新开工194个、完工147个，拆除违法建筑面积达5663.63万平方米，38家物流园区、136个专业批发市场、超11平方公里村级工业园、近2万个“散乱污”场所完成整治提升，盘活存量用地34平方公里，新增配套公共服务设施面积170万平方米、绿化面积277万

平方米。加大土地储备力度，完成土地实物储备28.93平方公里。

城市文化综合实力不断增强。文化基础设施项目加快建设，广州美术馆、文化馆、粤剧院项目封顶，南沙新图书馆建成开馆，提前实现“每8万人拥有1座图书馆”目标。中共三大研究中心挂牌成立。完成恩宁路等六大片区历史文化街区改造，永庆坊挂牌成为国家4A级旅游景区。文明建设走在前列，在全国文明城市（省会、副省级城市）复核中排名第四，建成新时代文明实践中心（所、站）2852个。文化产业稳步发展，粤港澳大湾区文化产业投资基金落地，世界超高清视频产业发展大会永久落户广州，获批设立中国（广州）超高清视频创新产业示范园区，广州北京路文化核心区成功创建国家级文化产业示范园区，电影《点点星光》《掬水月在手》获得第33届金鸡奖，全市规模以上文化企业超2800家，位居全国前列。新增国际友城5个，首次当选世界大都市协会新一届主席城市。

现代服务业提质增效。金融业发展取得新突破，广州期货交易所获批筹建，广州获批全国金融科技创新监管试点城市，上市公司、新三板挂牌公司分别新增22家、5家，金融业增加值增长8.3%。商贸会展业提质升级，举办全国首个直播带货节，推动直播电商与专业批发市场、传统商贸深度融合，限额以上批发和零售业实物商品网上零售额增长32.5%；广交会四期展馆开工建设，举办全国首个国际防疫物资展览会。高端专业服务业加快发展，出台实施《广州市加快软件和信息技术服务业发展若干措施》，获批建设中国（广州）知识产权保护中心，全年软件和信息服务、知识产权服务等行业营业收入增长10%以上。大力发展总部经济，新增总部企业112家。

营商环境改革持续深入推进。落实《广州市优化营商环境条例》，深入实施营商环境3.0改革，入选《中国营商环境报告2020》全部18项指标领域标杆城市。服务效能大幅提升，开办企业实现“一表申报、一个环节，最快半天办结”；社会投资简易低风险工程全流程压缩为6个环节、行政审批11个工作日内办结；推行“五税种综合申报”，申报期统一调整为按季度申报；推进不动产登记“跨城通办”“跨省通办”，提升“互联网+不动产登记”便利度；推行政策兑现“一窗式”办理，累计受理业务4141笔，涉及申报金额23.7亿元。创新市场监管模式，全国首创市场主体轻微违法行为免强制举措，发布230项免处罚、15项免强制事项清单。加强信用体系建设，在29个细分领域开展信用分级分类监管，广州“信易贷”平台启动并促成授信272亿元、放款185亿元，综合信用指数位居全国前列。

（四）全力参与“双区”建设，引领支撑作用增强

规则衔接与机制对接协同共进。推动两批与港澳规则衔接事项清单加快落地，试点开展香港工程建设管理模式，对港澳职业资格（工种）认可增至32项。广州大学与香港科技大学设立联合科研种子基金，试点开展科研人员持因私证件出国（境）报批“团长负责制”，全省20家粤港澳大湾区联合实验室中有10家落户广州。在《2020年全球创新指数》报告中，“深圳—香港—广州创新集群”排名全球第二。出台《广州市构建穗港赛马产业经济圈的指导意见》，中国马术协会速度赛马委员会在从化成立。

基础设施互联互通水平提升。落实粤港澳大湾区城际铁路建设规划，加快建设广汕铁路、佛莞城际铁路等项目，琶洲港澳客运口岸项目码头主体工程完工。粤港澳大湾区路网不断完善，广佛肇高速广州段一期工程建成通车，广佛大桥系统工程（一期）开工建设。出台实施《南沙综合交通枢纽规划（2020—2035年）》，明珠湾大桥主跨合龙，南中高速启动建设，南沙内联外通区域交通网络体系加快形成。

民生领域合作交流稳步推进。落实支持港澳青年来穗发展“五乐”行动计划，率先实现港澳人才担任公职人员，南沙粤港澳人才合作示范园区开园，港澳青年创新创业总部基地和台湾青年创新创业服务中心投入使用，建成港澳台青年创新创业基地44个，入驻项目团队超600个。推进将港澳居民及其子女纳入医保范围，2.3万名港澳学生同等享有医疗保险，在9所学校开设25个港澳子弟班，新增穗港澳姊妹学校21对。建成粤港澳大湾区“菜篮子”通关（增城）便利区，认定生产基地962个。

“双城联动”深入推进。全力支持深圳建设中国特色社会主义先行示范区，举办首届广州深圳“双城联动”论坛，签署科技创新、营商环境等七

大领域的专项合作协议。南方海洋科学与工程广东省实验室（广州）设立深圳分部，推动广州大学参与共建鹏城国家实验室。深圳证券交易所广州服务基地挂牌成立，共同推动组建粤港澳大湾区绿色金融联盟。广州、深圳两市 29 所中高职院校开展联合招生培养试点，广州医科大学等高校在深圳建立附属医院。开通运营首条广深水上高速客运航线。

区域合作和对口支援力度加大。出台实施《广佛肇清云韶经济圈发展规划》，携手兄弟城市共育共建广州都市圈。深化广佛全域同城化，印发实施《广佛高质量发展融合试验区建设总体规划》，海华大桥建成通车，广佛环线佛山西站至广州南站（广州段）主体工程完工。加快广清一体化高质量发展，广清城际一期建成运营、二期开工建设，35 个重大项目落户广清经济特别合作区。支持湛江建设省域副中心城市，汕湛高速广州段建成。助力梅州、清远以及贵州毕节、黔南如期精准脱贫，加大对新疆疏附、西藏波密等地区的支援力度。

（五）重点领域改革步伐加快，开放型经济发展取得新成效

国资国企改革有序推进。制定《广州市国企改革三年行动实施方案（2020—2022 年）》，印发《广州市国资委关于以管资本为主推进职能转变、改革国有资本授权经营体制的实施方案》，完成 3 家“双百企业”授权放权。有序发展混合所有制经济，推动市属国企混改项目 30 余个，广电运通、广百股份等成功引入战略投资者。将“压缩精简”与“处僵治困”相结合，累计“压缩精简”1300 多家、出清“僵尸企业”800 多家。

民营经济活力增强。发布“民营经济 20 条”3.0 版，从用地、融资、知识产权保护等方面提出 81 项政策举措。累计清偿政企拖欠中小民营企业账款 150 多笔，清偿资金超 1.7 亿元。全年实有私营企业数量增长 33.1%，民营上市企业达 137 家，5 家企业入选首批国家级专精特新“小巨人”企业。全年制造业和信息服务业领域民间投资分别增长 23.7%、23.0%。

重点开放平台载体建设提速。广东自贸区南沙片区加快重大政策体制创新，累计形成 689 项制度创新成果，其中 155 项在全省乃至全国复制推广，

实施启运港退税和航运保险增值税优惠政策，与海南自由贸易港洋浦经济开发区签订协同发展战略合作框架协议，南沙入选进口贸易促进创新示范区。《中新广州知识城总体发展规划（2022—2035年）》获国务院批复，形成多级中新工作对接机制及组织架构，知识城国际科技中心建成启用，中新合作标杆项目“知识塔”开工建设。广州临空经济示范区启动华南生物医药制品分拨中心、航材分拨中心等项目建设，新科宇航G3机库投入使用。

参与“一带一路”建设取得丰硕成果。全年对共建“一带一路”国家和地区进出口2613.9亿元，增长8.5%。共建“一带一路”国家和地区在穗实际投资5.5亿美元，增长67.6%。新设“一带一路”对外投资企业（机构）42家，中方协议投资额4.1亿美元。沙特吉赞经济城等境外园区建设取得实质性进展，累计投资超3.5亿美元。广州中欧班列新增3条出口线路和2条进口线路，首次以“铁—公—水”跨境联运方式，打通“中亚—广州—东南亚”物流通道。

（六）生态环境持续改善，社会事业建设扎实推进

污染防治力度进一步加大。大气、水、土壤污染防治工作全部达到省考核要求。全面落实打赢蓝天保卫战作战方案，全年$PM_{2.5}$降至23 μg/m^3，优良天数比例达90.4%，环境空气质量6项指标首次全面达标。实施水污染防治强化方案，全年新（扩）建污水处理厂7座，新建污水管网8383公里，13个国考省考断面水质全部达标，地表水水质优良断面比例达76.9%，比上年同期提高23.1个百分点，147条纳入国家监管平台的黑臭水体全部消除黑臭。加强土壤环境管理，率先提出“净土出让”模式。垃圾处理能力进一步提高，兴丰应急填埋场工程第二填埋区等项目投入运营，建成2个危险废物处置设施，优化设置分类集中收集点1.6万个。“还绿于民、还景于民”加快推进，建成开放6.2公里“云道”。新增口袋公园43个、绿道43公里、碧道400公里。

乡村振兴战略加快实施。全年农业总产值增长10.2%，增速创26年来新高，农村常住居民人均可支配收入增长8.3%，乡村振兴考核连续2年获

珠三角片区第1名。新增3个全国“一村一品”示范村镇、8个省级现代农业产业园和3个休闲农业与乡村旅游示范点、1个示范镇，从化区入选“2020中国最美乡村百佳县市”。培育发展新型农业经营主体，农民专业合作社增至1600多家，累计认定示范家庭农场44家。持续改善农村人居环境，100%的自然村达到省定“干净整洁村”标准，新建改造“四好农村路”403.4公里。完善城乡融合发展体制机制，制定《国家城乡融合发展试验区广东广清接合片区实施方案》。

社会保障不断完善。全面放开养老服务市场，新增养老床位4000张、镇街综合养老服务中心及社区嵌入式养老机构超40家。加强困境儿童保障，市儿童综合康复中心挂牌运营，分类帮扶1万余名困境儿童。保障困难群众医保待遇，资助20.1万人次参加医保，医疗救助119万人次。市受助人员安置中心投入使用，流浪乞讨人员救助量、滞留量持续下降。完善住房保障体系，新开工棚户区改造1.1万套，发放租赁补贴1.5万户。

教育、卫生、体育事业迈出新步伐。推动基础教育均衡优质发展，公办幼儿园和普惠性幼儿园在园幼儿占比分别达51.11%、87.04%，新增中小学校学位1.35万个，实现每个区有1个市属教育集团在当地办学。广州科技教育城一期13所学校全面动工，华南理工大学广州国际校区二期、广州医科大学新造校区二期开工建设。加大医疗卫生投入力度，国家呼吸医学中心、儿童区域医疗中心落户广州，市第八人民医院新址二期建成，广州呼吸中心、市脑科医院等项目主体结构封顶，“穗岁康”参保人数超300万人。加快建设体育名城，成功举办2020广州马拉松赛等体育活动，完成省下达的2018~2020年新增100个社会足球场、100个校园足球场的任务。

二　广州市推进珠江—西江经济带建设情况

（一）协同推进重大交通基础设施建设

重大交通基础设施建设进展顺利。广州枢纽东北货车外绕线（广石铁路）于2020年8月建成，广佛肇高速广州段于2020年底建成，珠三角枢纽（广州新）机场选址佛山高明和肇庆高要交界处，正开展前期工作。广州港深水航道拓宽工程于2020年建成，珠江口公共锚地工程正在进行工程设计。

国际综合交通枢纽功能和地位持续提升。打造国际航空枢纽，商务航空服务基地等建成并投入使用，白云国际机场航线网络覆盖全球230多个航点，2020年旅客吞吐量位居全球第一。建设国际航运中心，南沙港区三期、南沙国际邮轮母港等建成启用，开通集装箱航线226条（其中外贸航线120条）和覆盖珠江—西江经济带、华南沿海的驳船航线约200条，在泛珠三角区域设立内陆港（办事处）36个，港口货物、集装箱吞吐量分别位居全球第四和第五。推进“五主三辅”铁路客运枢纽建设，广州南站客流量位居全国铁路枢纽站第一。布局“环形+放射线”地铁线网，总运营里程达531公里，位居全国第三。加快建设“四环十九射”高快速道路网，形成超1万公里的城市骨干道路网（其中高速路1126公里）。

（二）携手共建生态文明

生态环境持续改善。2020年，$PM_{2.5}$浓度再创新低，实现连续4年稳定达标，在国家中心城市中保持最优；二氧化氮自2012年收严浓度限值以来首次达标，空气质量6项指标全面达标。城市集中式生活饮用水水源地水质达标率稳定保持在100%，13个考核断面水质全部达到省年度考核要求。地表水水质优良断面比例达76.9%，劣Ⅴ类水体断面比例为0，均达到省年度考核要求，各项考核指标历史性全面达标。广州市纳入国家考核的147条建成区黑臭水体已全部消除黑臭。农用地土壤污染详查基本完成，重点行业企业土壤污染状况调查稳步推进，受污染耕地安全利用率和污染地块安全利用率预计达到“双90%”考核要求。生活垃圾焚烧处理能力达1.55万吨/日，危险废物总利用处置能力达49.59万吨/年，基本满足全市处理处置需求。生态环境9项约束性考核指标全部达到考核要求。

构建森林公园和湿地公园体系。建设流溪河、石门等重点森林公园，大力发展镇街森林公园。全市森林公园达到92个，国家、省、市、镇街4

级森林公园渐成体系。大力推进绿色生态水网建设，全市湿地公园总数达25个，湿地保护体系初见规模。海珠国家湿地公园建设有序推进，推进景观品质提升、花卉植物研究展示区建设、生物多样性保护修复等重点工程，携手9个国家湿地公园发起成立中国国家湿地公园创先联盟。2020年，海珠国家湿地公园代表中国角逐第12届迪拜国际可持续发展最佳范例奖。

（三）促进产业协同发展

大力发展软件和信息服务、新能源汽车、城市轨道车辆组装等产业。软件和信息服务业加速发展。2020年，全市软件和信息服务业预计实现营收4882亿元（工信部口径），同比增长14%。广州市获工信部批复创建全国首个区块链发展先行示范区，并成功入选首批国家级综合型信息消费示范城市。信创产业生态基本形成，通用软硬件适配测试中心（广州）正式挂牌运营，广州“鲲鹏+昇腾”生态创新中心成立，形成以“2+3+4”（统信、麒麟2个操作系统，飞腾、龙芯、鲲鹏3个主流芯片，华为鲲鹏、706、宝德、中国长城4个整机厂商）为核心的信创全产业链。新能源汽车产业蓬勃发展。纯电动新能源汽车发展已涵盖整车生产、三大电（电池、电机、电控）以及电池关键材料等领域，基本形成了完备的新能源汽车产业体系。2020年，广州市新能源汽车产业总产值突破百亿元大关，达121亿元，同比增长29.2%，增速比汽车制造业总产值增速高出25.4个百分点；新能源汽车年产量7.98万辆，同比增长17.3%，增速比全市汽车产量增速高出16.1个百分点。城市轨道车辆组装产业链不断完善。广州中车轨道交通装备有限公司实现本地化生产和用工，城轨产品制造累计完成1344辆（222列），其中新造地铁870辆（145列）、有轨电车56辆（14列），架修108辆（27列），油漆翻新258辆（43列）。在广州中车公司的带动下，中车时代电气（牵引驱动）、中车电机（电源、变压器）、南京康尼（车门）、广州神铁（牵引系统）等多家车辆核心配套供应商在广州市设立实体工厂生产配套部件。

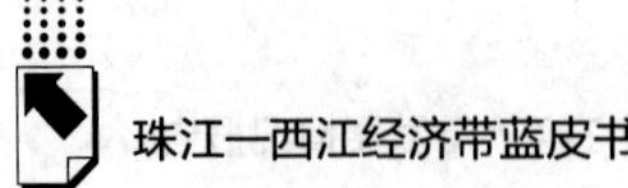

做强广州区域性金融中心。2020年，全市实现金融业增加值2234.06亿元，同比增长8.3%，占地区生产总值比重达8.9%。2020年，全市本外币存贷款余额12.22万亿元。其中，各项存款余额6.78万亿元，同比增长14.7%；各项贷款余额5.44万亿元，同比增长15.5%。全市全年保费收入1495.62亿元，增速快于全省平均水平。全市境内外上市公司累计达201家，持牌金融机构326家。金融业总资产近9万亿元。尤其是广州期货交易所获批筹建，将大幅完善资本市场体系，补齐广州市缺少全国性重大金融基础设施平台的短板。

打造粤港澳大湾区“菜篮子”工程。截至2020年底，已有24个省份的132个地级以上城市加入粤港澳大湾区“菜篮子”平台合作共建行列，认定962个粤港澳大湾区“菜篮子”生产基地、93家产品加工企业，在全国布局16个配送中心（分中心），广泛覆盖珠江—西江经济带沿线的广西辖区内相关城市（贺州等）及广东省佛山、肇庆、云浮3市。编制完善粤港澳大湾区“菜篮子”产品质量安全监控指标体系，涵盖62类蔬菜产品、62类水果产品、17类畜禽产品及蜂产品、10类水产品、8类乳及乳制品、8类食用油及油料作物，总限量指标值达21210项次。共溯源登记超过2700个农产品，优质安全可溯源产品累计流通量超过40万吨。

（四）推进公共服务均等化

促进教育优质均衡发展。推进学前教育第三期行动计划、中小学三年提升计划和高水平大学建设。智慧教育、青少年近视防控和校园足球入选国家级改革试验示范区创建项目。成立教育集团86个，市属优质教育集团实现各区全覆盖。截至2020年底，缔结中小学国际友好学校88对、穗港澳姊妹学校271对。华南理工大学广州国际校区一期启用、二期开工。支持广州地区“双一流”高校建设，加快筹建香港科技大学（广州），深化高水平大学建设，推进广州番禺职业技术学校、广州铁路职业技术学院“双高计划”建设。大力推动中等职业学校建设。截至2020年底，广州市共有33所中职学校（另有5所特殊教育学校开设中职班）招生，全日制在校生数达10.1

万人。建有国家示范校5所、省示范校4所，国家级、省级重点校分别为21所和7所。省级以上示范校、重点校及示范专业、重点专业数量均居全省首位。累计有24所中职学校61个专业和全省28所高校65个专业开展中高职衔接。

建设文化惠民工程。连续荣膺“全国文明城市”称号，评比排名逐年提升。扎实推进红色文化传承弘扬示范区、岭南文化中心区建设，全国重点文物保护单位增至33处。广州大剧院跻身“世界十大歌剧院”行列。打造动漫游戏、音乐、文化装备等重点文化产业，舞台灯光、音响设备产值占全国产值的一半。文交会成为“最广州”文化名片，国际纪录片节连续8年被评为国家文化出口重点项目。

加强医疗卫生能力建设。新冠肺炎疫情防控取得重大成果。广州地区派出1400多名医护人员驰援武汉、荆州，一视同仁做好在穗外国人社区健康服务管理，对超40万名境外抵穗人员实施全流程封闭管理，主动向国际组织、国际友城分享抗疫经验。不计代价救治患者，本土病例治愈出院率居一线城市首位。积极开展科研攻关，加强防疫物资生产保障，率先举办国际防疫物资展，日产检测试剂约占全国三成。钟南山院士被授予“共和国勋章”。广医附一医院、市妇儿中心成功创建国家呼吸医学中心、国家儿童区域医疗中心，市第八人民医院新址二期、南方医科大学南方医院白云分院等建成启用。网格化医联体布局不断深化。城市15分钟和农村30分钟卫生服务圈基本建成。基层医改经验在全国推广。人均期望寿命达82.5岁。广佛肇云4市医疗卫生机构实现质量控制下的检查检验结果互认，重大传染病和突发公共卫生事件联防联控有序推进。

（五）共创合作开放新高地

粤港澳大湾区核心引擎功能不断增强。加快规则衔接，认可港澳32项职业资格（工种），其中与香港互认建筑领域6项职业资格。实现市科技计划所有重点专项面向港澳高校和科研机构开放，两批共20家粤港澳大湾区联合实验室中有10家落户广州，香港科技大学（广州）开工建设。香港赛马会从化马场投入运营，开拓性实现跨境马匹“一次审批、多次往返”检验运输模式和“进口直通、出口直放”通关模式。在9所公办学校开设25个港澳子弟班，招收港澳学生600人。近1.4万名港澳居民在穗参加基本养老保险，2.3万名港澳学生同等享有医疗保险。

广佛全域同城化成效显著。发挥国内唯一“双万亿级”同城化城市优势，在全国同城化实践中持续走在前列。广佛地铁东西分别延伸至广州沥滘和佛山新城东，全长38.9公里，日均客运量超50万人次，成为两市人民通勤往来的“大动脉”。海华大桥建成通车，金沙洲地区重要通道——广佛大桥系统工程一期正式动工，广佛环线（佛山西至广州南站段）主体工程完工，500千伏楚庭第二通道工程确定中线方案。携手打造先进装备制造、汽车、新一代信息技术、生物医药与健康4个万亿级产业集群，其中，两市先进装备制造总规模率先突破万亿元。大力推进交界河涌整治，珠江西航道、流溪河等的水质明显改善，首家广佛共建图书馆——“阅读家”（广州图书馆南海天河城分馆）开门迎客。签署共抗疫情合作备忘录，协同推进抗击疫情和复工复产。沿两市南北边界线，谋划打造广佛高质量发展融合试验区。

与珠江—西江经济带沿线城市的合作不断深化。印发实施《广佛肇清云韶经济圈发展规划》，广州港集团投资建设云浮港、佛山港内河码头项目，合力推动贵广高铁广宁联络线、肇顺南城际轨道等项目规划，促进广佛肇（怀集）经济合作区等区域互联互通，有力支撑了珠江—西江经济带发展。组团参加西江经济带城市共同体及市长联席会议第五次会议暨西江经济发展论坛，组织企业赴梧州等市开展经贸考察，先后引导促成一批不锈钢电解企业和陶瓷企业向梧州、贵港转移。

国际影响力进一步扩大。成功举办“读懂中国”国际会议（广州）、全球市长论坛、《财富》全球论坛、世界航线大会、从都国际论坛、中国法治国际论坛、中国（广州）国际金融交易·博览会、国际金融论坛（IFF）全球年会等高端国际会议，中国创新创业成果交易会、中国生物产业大会、国际金融论坛等在广州永久落户，广州国际城市创新奖影响力日益提升。首次当选世界大都市协会主席城市。驻穗总领事馆、国际友城总数分别达66家和87个。

三　推进珠江—西江经济带建设面临的困难和问题

广州在推动珠江—西江经济带沿线城市合作方面取得了较大成效，如协助建立了市长联席会议机制，在合作平台建设、基础设施联通、产业承接转移、生态联防联治、扶贫协作等方面也取得了重要进展，但在某些环节、某些领域的合作成效还有待进一步提升。

（一）在基础设施上还存在短板

珠江—西江经济带内运输通道整体能力亟待提升，中心城市辐射带动通道不畅，导致沿珠江、西江中心城市集聚程度不高、辐射带动作用不强，产业配套能力不足，城乡区域发展不平衡，生产要素成本偏高。

（二）在区域协作上还不够密切

与广西相关城市没有形成良好的合作模式，彼此间产业链上下游融合衔接不密切，广州丰富的科教资源优势尚未得到很好发挥，特别是对广西相关城市的辐射带动作用不强。

（三）在协调机制上还不够完善

目前，协调机制主要集中在基础设施互联、道路交通建设、环境共治共享等方面，缺少微观可实施的深化方案。此外，无论是邻近地区还是跨区域的合作，各地在大数据共享、政务通办以及医教养等城市生活服务功能协同方面的隐性边界仍然难以逾越。

四　对策建议

珠江—西江经济带是粤港澳大湾区产业向西部地区转移的重要通道，是推动东部地区带动西部地区、实现区域协调发展的典型样板。与沿线各市共同推动珠江—西江经济带优化提升，深化全方位宽领域深层次合作，是广州拓展西南地区腹地、开拓面向东南亚乃至南亚大市场的重要途径。

（一）强化政府引导

提高认识，把推进与珠江—西江经济带合作作为广州今后发展的重要工作之一，并作为提高开放发展水平、国际化水平和国际竞争力的重要战略举措。形成推进合作的长远规划，通过定期举办各种活动，搭建有利于与珠江—西江经济带合作的各种平台，支持企业积极主动地参与珠江—西江经济带合作。

（二）优化合作机制

加强珠江—西江经济带沿线各城市政策和利益的协调，强化从市长联席会议到主管部门的协调、执行。设立各种政府间的协调机制，推动设施联通、卫生防疫协同、平台建设协同、产业协同、创新协同、营商环境协同；进一步加强珠江—西江经济带沿线在城市海关、检验检疫、相互认证、人员往来等方面的合作；等等。

（三）突出重点领域

以物流和临港经济、旅游合作为切入点，加强港口合作，推动相关城市参与粤港澳大湾区港口联盟、北部湾港口联盟、珠江—西江经济带港口联盟，开通更多的连接珠江—西江经济带各大港口的直达航线，加强港口物流和管理信息的交流和合作。在此基础上，推进临港产业上下游的分工和合作，加强在农业和渔业产品深加工、海上渔业走廊建设、新能源开发等方面的合作。加强区域生态环境保护，共建生态优美、和谐发展的珠江—西江经济带。

（四）发挥平台作用

完善泛珠三角区域高铁经济带合作试验区、广西 CEPA 先行先试示范基地等重点平台基础设施和公共配套设施建设。加强区域联动，发挥广州渠道作用，推动珠江—西江经济带沿线广西城市与粤港澳大湾区产业集群精准对接、协同创新，增强珠江—西江经济带作为广州腹地的支撑作用，联动西南地区发展。发挥广州园区经济发展成熟优势，协助推动泛珠三角区域高铁经济带合作试验区建设。

B.17
2020年肇庆市推进珠江—西江经济带发展情况报告

卢坤华*

摘　要： 2020年，肇庆市深度参与和推动粤港澳大湾区建设，在交通基础设施及产业平台载体建设、公共服务、文化交流和流域生态环境治理等方面均取得了显著成效。下一步，将继续加快交通基础设施互联互通，推进制造业高质量发展和乡村振兴，推进粤桂合作特别试验区建设，打响康养休闲旅游度假品牌。

关键词： 珠江—西江经济带　粤港澳大湾区　粤桂合作特别试验区　肇庆市

一　2020年肇庆市经济社会发展情况

2020年，面对新冠肺炎疫情的冲击和错综复杂的宏观环境，肇庆市抢抓"双区"建设、"双城"联动重大机遇，统筹推进疫情防控和经济社会高质量发展，集中精力做好"六稳""六保"工作，全力打赢三大攻坚战，坚持产业第一、制造业优先，推动各项工作取得新进步，主要经济指标实现较好增长，决胜全面建成小康社会取得决定性成就。全市地区生产总值完成2311.7亿元，同比增长3.0%；规模以上工业增加值完成708.7亿元，同比增长2.6%；固定资产投资完成1668.4亿元，同比增长12.1%；社会消费品

* 卢坤华，肇庆市发展和改革局区域经济科科长，研究方向为区域经济。

零售总额完成 1062.2 亿元，同比下降 4.1%；一般公共预算收入完成 124.5 亿元，同比增长 9.0%；外贸进出口总额完成 412.7 亿元，同比增长 2.1%；全体居民人均可支配收入增长 5.3%。

（一）坚持产业强市，产业招商落地实现“破题破局”

坚持产业第一、制造业优先，进一步明晰产业定位，明确以培育“4+4”制造业产业集群①为重点，深入推进“产业招商落地攻坚年”行动，建立“招、落、投、服”全链条工作机制，加速产业集聚发展。“4+4”制造业产业集群实现工业总产值 2206.25 亿元，占全市规模以上工业总产值的比重增至 69%。新增超亿元增资扩产项目 43 个，工业技改投资增长 20.2%。全年新引进产业项目 505 个，计划投资总额 1160 亿元，其中制造业项目数量和投资额占比均超过 70%。强化要素保障，开展产业用地整理提升专项行动，新整理提升产业用地 2.4 万亩，新增开工项目 300 个，实际投资额 301 亿元，新增竣工项目 271 个，实际投资额 212 亿元，126 个项目实现“当年引进，当年动工”。重点产业项目加速推进，小鹏汽车实现量产，创造出造车新势力单车型最快万辆下线纪录；投资超 100 亿元的肇庆万达国家级度假区、宁德时代动力及储能电池、风华高科高端电子元器件生产基地等项目顺利推进。

（二）创新驱动发展持续推进

肇庆市积极构建“广深港澳研发孵化—肇庆加速、肇庆落地”创新产业链，全面参与粤港澳大湾区国际科技创新中心建设。大力实施各项人才工程，营造良好的科技发展环境，激发创新创业动能，累计引育 3 批西江创新创业团队 25 个、领军人才 14 名。西江高新区、金利高新区获批省级高新区；新增省级以上创新平台 12 家，现有省级以上创新平台 226 家；万洋众创城、中南高科·肇庆端州双龙科创产业谷、广东信基创新科技园、平谦国

① “4+4”制造业产业集群包括新能源汽车及汽车零部件、电子信息、生物医药、金属加工四大主导产业以及建筑材料、家具制造、食品饮料、精细化工四大特色产业。

际（肇庆新区）现代产业园等创新综合体首期建设陆续完工，签约企业项目相继投产。四会、广宁、德庆农业科技园被列入广东省农业科技园区建设名单。岭南现代农业科学与技术广东省实验室肇庆分中心建设加快推进。

（三）打好打赢三大攻坚战

新时代脱贫攻坚目标任务如期完成，累计建立镇村特色产业扶贫项目和基地310个，投入扶贫资金23.27亿元，111个省定贫困村和8.8万建档立卡在册贫困人口全部达到脱贫退出标准。有劳动能力、有参与意愿的贫困户产业带动率、省定贫困村产业覆盖率均达到100%。大力整治生态环境突出问题，在全省率先完成陶瓷企业“煤改气”转型升级，推动传统产业绿色清洁低碳发展，空气质量改善幅度在全国168个重点城市中排第1位，水环境质量在全国337个城市中排第12位，实现“天更蓝、水更清、环境更优美”。积极防范化解重大风险，全市无重大非法集资风险隐患及非法集资广告资讯，银行机构不良贷款率低于全省平均水平。“一地一策”强力推进债务化解工作，隐性债务余额比2019年末下降53.2%，实现政府债务风险总体可控。

（四）推动营商环境持续优化

全力打造“数字化平台+‘放管服’改革”深度融合的数字政府综合改革肇庆模式。在全省率先上线省级疫情防控平台专区、率先将“粤政图”落地应用，以“图+码”“网+格”可视化形式精准助力疫情防控和复工复产；在全省率先上线“粤省事”肇庆专版，多项政务服务模式走在全国、全省前列；在全省率先实施“一次办成一件事”主题集成服务改革，落地实施425个“一件事”主题；在全省率先实现公积金高频业务“不见面审批”。修订《肇庆市深化产业投资项目“双容双承诺”直接落地改革实施方案》，优化产业投资项目落地办理流程，为企业和政府服务提供双向指引。社会信用体系建设全面推进，信用水平取得全国地级市第13位的佳绩。开展“信用工程”建设，在招标时公开政府部门和企业的信用承诺，在全省率先推行“信用+投标担保”，推广使用电子保函，使守信企业投标担保“网上办”“零跑腿”。

（五）深入实施乡村振兴战略

优化农村人居环境，全市所有自然村基本完成“三清三拆”工作，村庄保洁覆盖面达 100%。提前并超额完成全年村级污水处理设施建设任务，完成率为 143.44%。新建肇庆生猪、广宁肉鸽省级现代农业产业园 2 个，累计入选省级产业园创建名单的产业园有 10 个，“一县（市、区）一园”总体布局初步形成。新增全国“一村一品”示范村镇 2 个；累计打造省级专业镇 16 个、省级专业村 96 个。国家级南药批发市场建设顺利推进。高要乐城镇社播村被评为中国美丽休闲乡村，德庆官圩镇金林村、四会江谷镇老泗塘村被文旅部评为第二批全国乡村旅游重点村。广宁获批国家级电子商务进农村综合示范县，怀集获批省级电子商务进农村综合示范县。

（六）民生保障体系进一步完善

全力以赴稳就业，城镇新增就业 4.2 万人。大力提高公共服务水平，新增幼儿园公办学位 3 万多个、义务教育学位 1 万多个，香港都会大学（肇庆）等高校加快建设。提前 1 年完成已建及在建本科以上高校 10 所的目标任务。省高水平医院建设有序推进，发热门诊规范化建设全面推进，总投资 76.5 亿元的 32 个公共卫生“补短板”项目加快建设，广宁、德庆被纳为国家级紧密型县域医共体建设试点县。城乡居民基本养老保险、医疗保险基本实现全覆盖，低保、孤儿供养、“两残”补贴、特困人员供养等标准均达到或超过省要求。加强和创新社会治理，入选第 1 期全国市域社会治理现代化试点城市，成功创建全国文明城市，成为全国第六届未成年人思想道德建设工作先进城市。

二　肇庆市推进珠江—西江经济带建设情况

（一）深度参与和推动粤港澳大湾区建设

一是积极建设特色合作平台。肇庆市建设面向港澳居民的高品质社区和

香港都会大学（肇庆）项目已被列入国家和省粤港澳大湾区建设“十四五”实施方案。肇庆新区现正积极推进粤港澳大湾区特色合作平台规划建设，为粤港澳产业发展、青年创新创业和居住就业提供广阔优质的发展空间，力争将其打造成为粤港澳大湾区引领性和标杆性的合作项目之一。二是加快建设肇庆（怀集）绿色农副产品集散基地。绿色农副产品海关检验中心、大西南农产品进出口服务平台等已建成并投入使用；肉类深加工产业园、禽畜集中屠宰产业园等园区建设加快推进。2020 年 12 月，与仲恺农业工程学院签订了战略合作框架协议，共建食品（农产品）质量安全公共检测平台，协助建立粤港澳大湾区肇庆（怀集）绿色农产品集散基地准入产品质量标准体系；与贺州市签订了战略合作框架协议，为贺州市绿色农副产品进入粤港澳大湾区城市提供检验检测、通关供港等便捷服务。三是推进港澳青年创新创业基地建设。加强部门沟通协作，推动落实在港澳人才引进、项目扶持、金融支持、招商优惠、平台建设、住房教育、服务便利等方面的政策保障，形成“人才链、科技链、产业链、创新链、资金链、服务链”六位一体无缝对接。

（二）加快推进交通基础设施规划建设

一是推进铁路建设。积极配合推进珠肇高铁、广湛高铁肇庆段建设，肇顺南城际铁路、柳广铁路等项目被列入粤港澳大湾区城际铁路建设规划。二是加快区域高速公路建设。昭平经苍梧至广宁高速（即惠肇高速三水至封开段）已开展工可编制工作，广佛肇高速二期肇庆段完成工程建设，怀阳高速肇庆段等一批重点交通基础设施项目建成通车。三是推进综合性交通枢纽建设。肇庆火车站综合体、肇庆东站综合体建成并投入使用。市粤运汽车总站搬迁进驻火车站综合体并顺利运营，实现公路客运、城市公交和轨道交通多种交通方式的一体融合。四是提升城市间的交通通勤率。协调推动广佛肇城轨肇庆至佛山西公交化，每天保持 38 个车次，高峰期达 46 个车次以上。增开城际肇庆站往返深圳机场班次 11 对 22 趟，并常态化开行运营肇庆站至深圳站城际列车，进一步满足市民的快速出行需求。

（三）产业平台载体扩能增效

肇庆主动承接粤港澳大湾区产业溢出，从粤港澳大湾区兄弟城市引进产业项目325个，投资总额503亿元；肇庆高新区开展“千企”精准登门招商活动，搭建项目从入园到投产的全生命周期直通快车系统，新引进项目158个，大华农等6家企业完成总部迁入；西江高新区、高要产业转移工业园（金利高新区）成功获批省级高新区。加快打造城市发展新引擎，制定出台支持肇庆新区发展的一系列政策，电子信息产业园等项目加快推进。粤桂合作特别试验区肇梧两地管委会开展产业合作，共同引入中国华电集团投资30亿元建设粤桂合作特别试验区天然气热电冷联产项目，计划于2024年建成投产。加快建设粤港澳大湾区德庆南药健康产业基地，将南药产业园打造成为集育种、种植、加工、研发等于一体的、深度融合的现代农业产业园。

（四）推进公共服务及文化交流

一是肇庆市与广州、佛山等11个地市实现政务服务“跨城通办”，并成为珠三角首个实现政务服务“跨省通办”的城市，率先实现全国高频政务服务“跨省通办”事项全覆盖。二是积极推动医疗卫生交流合作。肇庆市与梧州市建立肇梧重大传染病和突发公共卫生事件联防联控工作机制，实现法定传染病监测常规信息和发生重大突发公共卫生事件信息共享，促进学术交流，定期召开联席会议，联防联控工作和合作交流得到进一步加强。全市医保与省医保接口对接，实现与广西壮族自治区基本医保跨省异地就医住院费用直接结算。三是推动教育交流合作。与桂林、贺州两市教育部门签订结对帮扶框架协议，在教师支教跟岗、捐资助学、校园管理、师资培训、教学教研、校园文化建设等方面开展帮扶活动，促进结对学校教学水平提升。全市已有31所中职、中小学（幼儿园）优质学校与广西资源县、龙胜县、富川县、昭平县相关学校结对，肇庆市工业贸易学校与桂林市全州县中等职业学校结对，肇庆市农业学校与贺州市钟山县

职业学校结对，端州区实现了与资源县镇级以上学校结对全覆盖。四是打造岭南文化休闲养生基地。肇庆市全面融入粤港澳大湾区和珠江—西江经济带旅游发展，打造一批国际性、区域性品牌文体赛事和旅游精品线路，旅游基础设施配套逐步完善。高标准打造省际廊道美丽乡村示范带，11个与广西接壤的乡镇被纳入示范带建设。加强粤桂文化交流，推进与珠三角城市间的互动。成立“华南五市”（广州市、桂林市、肇庆市、贺州市、清远市）旅游联盟，建立区域合作机制、旅游突发事件应急处理机制。联合开展景区、酒店管理人员培训，促进肇庆市旅游业持续健康发展。依托市公共信用信息平台，推动旅游企业信用信息归集、共享与公开，构建旅游服务诚信体系。五是推动劳务合作。肇庆市加强与贺州市沟通对接，双方签订《劳务合作协议书》，探索建立劳务合作关系模式。建立劳务协作服务工作站，加强就业帮扶车间建设，帮助贫困劳动力就业。六是落实扶贫协作要求。肇庆市立足广西桂林、贺州2市4县扶贫协作地区县情、农情，大力开展招商引资，引导东部企业进驻，扶贫协作工作取得了显著成效。对口帮扶的广西桂林、贺州2市4县全部实现脱贫摘帽。

（五）推进流域生态环境治理

以水环境污染和空气污染联防联控为重点，强化跨界区域环境安全建设，建立健全以信息共享、共同防控为基础的跨界环境突发事件应急预警体系，形成了跨界环境问题联防联控长效机制。分别与梧州市、贺州市签订了联防联控协议，多次开展西江水污染突发事件应急演练，多次协商解决固体废物非法转移及倾倒事件，为跨界污染问题的妥善处置打下了坚实基础。为及时有效地掌握上游情况和信息、畅通跨界区域监测信息、提升环境监管应急管理能力、有效保护西江水质安全，建立了集环境监控、接警、调度、指挥功能于一体的监控预警与应急处置指挥中心，为实施污染问题控制措施提供科学决策依据，提升环境管理工作的科学化、规范化、程序化、系统化及精细化水平。

三 对策建议

（一）加快交通基础设施谋划建设

积极谋划推进桂贺肇广货运铁路建设，配合推进广湛高铁肇庆段建设、珠三角枢纽（广州新）机场前期工作。加快在建项目建设进度，加快推进昭平经苍梧至广宁高速公路项目工可编制等有关前期工作。继续争取加密和优化高铁、城轨班次，增开肇庆至香港、汕头、珠海、深圳（罗湖）等地班次。完善物流枢纽布局规划，加强周边铁路、公路和水路的规划衔接，重点打造空港物流产业园；依托广茂铁路、肇庆港及珠江—西江黄金水道优势，打造粤港澳大湾区多式联运现代物流园区。加快推进肇庆新区新基湾作业区码头项目，构建以其为核心的“一市一港”港口物流新格局。

（二）推动制造业高质量发展

一是加大产业链招商力度。针对肇庆市产业链短板和薄弱环节，尤其是终端产品、核心技术环节，精准对接国内外龙头型生产企业，以政策、区位、服务等特色优势大力吸引投资落地。二是引导企业转型升级。推动企业加大技术改造力度，引导企业开展自动化、数字化改造，促进工业互联网服务企业发展，提高生产效率，推动肇庆市产业由劳动密集型逐步迈向智能制造型。同时，重点引育创新型科研机构，强化研发创新，钻研核心技术，并实现产业化应用，进一步提升肇庆市在省内外的市场竞争力。三是强化产业配套协作。依托小鹏汽车、宁德时代等龙头企业，带动本地零部件企业发展，加快构建并完善新能源汽车及汽车零部件产业链，加快打造新能源产业基地。依托风华高科、喜珍电路（奥士康）等龙头企业，深度对接珠江东岸电子信息产业带，做大做强电子材料、电子元器件等产业链，提升产业链关联度，推动肇庆市电子信息产业向价值链中高端迈进，着力建设世界级电子元器件研发生产基地。以金田铜业、宏旺金属、新亚铝铝业等企业为支撑，全面发展先进铜铝有色金属、优特不锈钢、航空工业等高端金属制品业，推动产业全面转型升级，打造肇庆工业经济发展的重点支撑力量。四是大力推进园区高质量发展与建设。加快园区提质增效，提升园区形象与品质，通过建设一批特色产业园，为“4+4”制造业产业集群发展提供优良载体支撑。

（三）推进农业农村现代化

大力发展现代农业、康养旅游、食品加工等生态产业，加快构建以生态农业、绿色工业、生态旅游为主体的生态产业体系，高质量建设生态产业示范区。突出抓好粤港澳大湾区肇庆（怀集）绿色农副产品集散基地等重大平台和现代农业产业园建设，高水平建设粤港澳大湾区“菜篮子”“果盘子”“米袋子”。积极谋划推进国家级南药批发市场建设，形成集南药种植、中药制药、医疗用品和医疗器械生产、中药仓储物流、中医药产品创新研发于一体的医药产业链，加快南药健康产业集聚发展。

（四）打响康养休闲旅游度假品牌

充分发挥星湖国家5A级旅游景区的示范带动作用，加快肇庆万达国家级度假区、端砚文化旅游区等文旅项目建设，全力建设国家全域旅游示范区。加快构建“中心城区旅游核心、千里旅游大走廊、北回归线神奇景观旅游带”全域旅游发展格局。积极打造西江百里历史文化风光带。推动医、养、旅、食、体等多业态融合发展，打造高端康养肇庆品牌。推动与港澳高端、优质康养产业合作，共建国际化高端康养、医疗产业项目和服务机构。谋划集养老居住、养老配套、养老服务于一体的高端养老度假基地等综合开发项目。

（五）推进粤桂合作特别试验区建设

积极推动粤桂合作特别试验区在粤港澳大湾区与珠江—西江经济带、

东盟的合作上发挥更重要的作用，加快探索东西部合作、省际边界区域协调发展新途径，大力建设两广金融合作试验区。全力提升招商引资实效，突出产业链招商。加快完善园区生产、生活各项配套设施，继续深化“放管服”改革，不断提升开办企业便利度，切实推动投资项目落地。

B.18
2020年云浮市推进珠江—西江经济带发展情况报告

杨海波　李晓茵　贺　希*

摘　要： 2020年，云浮市积极发挥区位优势和资源禀赋优势，全力深化与珠江—西江经济带各市交通互联、产业共建、政策共享、生态共济、社会共融，“东融”“西合”取得新突破新成效。但同时，发展不平衡不充分情况仍未根本转变，重点领域、关键环节的改革任务仍然艰巨。下一阶段，需紧扣云浮市情，优化完善发展思路，深度挖掘云浮人文、生态、区位、资源“四大优势”，紧紧扭住园区经济、镇域经济、资源经济“三大抓手”，全面深化区域合作机制，坚定不移推进“东融”“西合”战略，加快建设高质量发展的美丽云浮。

关键词： 珠江—西江经济带　区域合作　美丽云浮

2020年，面对严峻复杂的国内外环境特别是新冠肺炎疫情的严重冲击，云浮市坚持以习近平新时代中国特色社会主义思想为指导，全面贯彻党中央、国务院及省委、省政府决策部署，统筹疫情防控和经济社会发展工作，坚定不移贯彻新发展理念，扎实做好“六稳”工作、全面落实“六保”任务，聚焦“美丽云浮、共同缔造”，擦亮疫情“零发”金字招牌，经济运行

* 杨海波，云浮市发展和改革局区域协调科科长，研究方向为区域经济；李晓茵，云浮市发展和改革局区域协调科一级科员，研究方向为区域经济；贺希，云浮市人民政府办公室调研一科科长，研究方向为宏观经济。

稳定恢复，就业民生保障有力，国民经济延续稳定恢复态势，决胜全面建设小康社会取得决定性成就。

一　2020年云浮市经济社会发展情况

（一）经济社会持续向好发展

经济总量迈上千亿新台阶，2020 年全市地区生产总值 1002.18 亿元，增长 4.1%，增速排在全省第 3 位，同比增速快于全省 1.8 个百分点，地方一般公共预算收入 65.86 亿元，增长 8.9%，增速排在全省第 3 位；固定资产投资增长 5.5%，其中工业投资和技改投资分别增长 20.5%、20.3%，增速分别排在全省第 4 位和第 2 位；规模以上工业增加值增长 3.7%，增速排在全省第 4 位；社会消费品零售总额 337.24 亿元，增速排在全省第 8 位；金融机构本外币各项存款余额、贷款余额分别增长 4.2%、19.4%。

（二）落实“六稳”“六保”成效显著

保持疫情“零发”良好态势，创建“一统揽、两作用、三联系、四超前”机制，创造性实施“大数据+”“微网格+”等防控举措，常态化疫情防控进一步抓牢。全面推动复工复产复商复市，落实各类减税降费政策，累计为各类企业减负超 18 亿元。共发放稳岗补贴、社保补贴等 1.6 亿元。市场主体恢复性增长 7.66%。稳住外贸基本盘，进出口总额增长 6.6%，增速排全省第 4 位。农林牧渔业总产值增长 8.4%，增速排全省第 3 位。粮食播种面积增长 2.2%。

（三）发展新动能不断增强

农业产值增速创新高。2020 年，全市农林牧渔业总产值为 314.9 亿元，增长 8.4%。工业增速稳步回升。2020 年，全市规模以上工业企业同比增长 3.7%，比全国高 0.9 个百分点，比全省高 2.2 个百分点。传统产业加快转型升级，新增改造项目备案95个，总投资25.8亿元。创新能力不断提升，云浮高新区孵化器获评省级孵化器。广东云浮农业科技园获批国家农业科技园区。全年新增高新技术企业17家，总数达96家。全市专利申请量达2674件，增长39.78%。重点项目规划建设提速增效。全市共引进项目99个，计划总投资547.7亿元，其中超1亿元项目68个、超10亿元项目16个，省、市重点项目均超额完成年度建设任务。

（四）生态优势进一步筑牢

高位推进生态环境保护工作，完成造林更新16.17万亩、森林抚育38.55万亩，森林覆盖率达67.25%。建成碧道30公里。广东罗定金银湖国家湿地公园（试点）工作通过国家验收。空气质量持续提升，全年空气优良率达98.6%。西江云浮段水质长年保持在Ⅱ类以上，国考断面水质排全省第1位。长岗坡渡槽被列为国家水情教育基地。受污染耕地安全利用措施完成率和污染地块安全利用率均达100%。市工业废物资源循环利用中心（一期）主体工程完成建设。

（五）乡村振兴取得重大进展

新增全国“一村一品”示范镇2个，省级专业镇7个、专业村48个。新增国家级农业产业扶贫标准化示范区1个、省级农业标准化示范区3个。积极推进县域普惠金融项目，累计发放贷款81.15亿元。农村人居环境不断优化，自然村100%完成“三清三拆三整治”，建成农村“四小园”13459个，96.76%的自然村实现集中供水。农村生活垃圾处理率和自然村村内道路硬化完成率均达100%。连续20年实现耕地占补平衡。脱贫攻坚任务全面完成，全市建档立卡贫困人口44250户111274人全部达到脱贫标准，105个省定贫困村全部出列，“两不愁三保障”全部实现。

（六）民生保障全面增强

全年民生类支出196.96亿元，占全市地方一般公共预算支出的

73.63%，10件民生实事全面完成。医疗卫生服务能力不断提升，市直3家医院全面启动15个重点专科建设，11家县级公立医院升级建设进展顺利。教育事业不断发展，广东药科大学云浮校区项目二期工程竣工启用，罗定职业技术学院西校区、云浮（新兴）中医药职业学院项目加快推进。推进49所寄宿制学校改造项目建设，新增义务教育学校6所，累计增加学位2.5万个。基本完成消除义务教育大班额任务。社会保障水平稳步提高，居家和社区养老服务改革试点成效显著。全市基本医疗、生育保险累计参保290.84万人次，职工养老、失业、工伤保险累计参保60.66万人次。困难群众医疗救助比例达80%以上。助残济困工作稳步推进。文化体育服务逐步优化，建成公共文化设施共1040个，实现市、县、镇、村四级全覆盖。

二　云浮市推进珠江—西江经济带建设情况

（一）推进交通基础设施互联互通

坚持以“大交通”牵引“大融入”发展方向，加快对内对外交通基础设施建设，交通路网进一步筑密，深度融入粤港澳大湾区“1小时交通圈”，着力构建对接联通大西南的重要枢纽。2020年，全市公路通车总里程8862.341公里，公路密度113.8公里/百公里^2；铁路通车总里程258公里；航道总里程448公里，通航航道235公里；全市港区拥有生产性泊位121个，港口设计年最大吞吐能力达3246万吨。交通基础设施投资46.9亿元，超额完成年度投资计划。水路方面，西江（界首至肇庆）航道扩能升级工程完工，云浮市109公里西江航道扩能升级为3000吨级航道。成功与广州港集团签订战略合作框架协议，都骑码头和南江口码头整合及云浮港都骑通用码头二期工程项目进展顺利。华润电厂码头、行达通用码头、碧桂园（郁南）新型材料产业基地通用码头等项目的前期工作正在加快推进。公路方面，云罗高速公路二期、江罗高速、阳罗高速、汕湛高速云湛段、高恩高速、汕湛高速清云段等项目先后建成通车，广佛肇云高速肇庆高要至云浮罗定段、德庆至罗定高速、云浮（郁南）至阳江（阳西）高速被列入新一轮广东省高速公路网规划，罗信高速、怀阳高速二期、东部快线等在建项目正在有序推进。铁路方面，全面加快推进罗岑铁路项目前期工作，广湛铁路云浮段、深南高铁项目加紧推进。机场建设方面，积极对接珠三角枢纽（广州新）机场建设，加快推进云浮（罗定）机场项目前期工作，完善与粤港澳大湾区航空物流接驳交通建设。

（二）推进能源、水利、信息基础设施不断完善优化

华润西江发电厂项目加快推进，云浮第一座500千伏变电站（卧龙站）建成投产，云浮水源山抽水蓄能电站、云河发电公司天然气热电联产项目于2021年具备核准立项条件，有效为粤港澳大湾区、珠三角核心区域提供坚实的清洁能源电力供给保障。粤西天然气主干管网肇庆—云浮支干线云浮段项目具备通气条件，粤西天然气主干管网茂名—云浮段、云浮—新兴天然气管道等项目有序推进，加快实现与粤港澳大湾区天然气互联互通。西江干流治理工程（云浮段）建设进展顺利，环北部湾广东水资源配置工程前期工作有序开展。完善以云浮市为粤西北节点的骨干管线网络布局，实现云浮与肇庆、阳江通信网络互联互通和区域共享，着力推进云浮数据中心集聚区建设。

（三）推进产业协同发展

云浮市立足区域优势，东融粤港澳大湾区、西合粤桂，加快培育特色产业，全面深化与珠江—西江经济带及粤港澳大湾区城市的产业协同发展。氢能方面，协同广州、佛山等7市申报国家燃料电池汽车示范应用城市群，联悦制氢项目、亿航云浮基地项目建成投产，广东国鸿巴拉德氢能动力有限公司成为目前全国最重要的燃料电池生产企业之一。中医药方面，罗定市龙湾镇以中科院华南植物园、广西植物研究所为技术依托为龙湾南药产业提供技术服务、管理和指导，截至2020年，已签订了34项技术成果转化项目。与粤澳中医药科技产业园开发有限公司在南药产业开发和中医药技术人才培养

等方面签署了战略合作协议。与一力制药（南宁）有限公司共用一力制药（罗定）有限公司的中药前处理、提取技术并委托其生产中成药品种。成功举办2020中国中药产业高质量发展大会暨广东省第二届南药产业大会等活动。农业方面，加强云梧区域农业合作，编制印发《粤桂合作现代生态循环农业示范区总体规划》，目前示范区内粤桂合作的温氏现代农牧养殖项目已完工并投产，项目总投资6亿元。全市共投入318亿元建设“2+9”国家级和省级现代农业产业园。建成粤港澳大湾区“菜篮子”产品云浮配送中心起步区，生产基地达15个。

（四）推进生态文明共建共享

加强区域环保协作。与梧州市签订《梧州市生态环境局、云浮市生态环境局关于建立生态环境保护联防联控工作机制的合作框架协议》，建立信息共享和联防联控机制，推动两地经济社会和生态环境全面协调可持续发展。积极推进西江地表水自动监测站建设，西江云浮段建成跨界水质自动监测站（郁南县古封），通过强化信息互通为区域环保合作打下了坚实基础。组织参加梧州市粤桂两省区西江流域突发环境事件联合应急演练，学习先进经验，进一步提升对跨省区流域突发环境事件的应对能力。建立云梧跨界湖全面推行“河长制”协作机制。主动树立“流域发展”理念，与梧州市签订《云浮·梧州河长制工作合作框架协议》，合力将全面推行“河长制”各项任务落到实处，共同做好上下游左右岸防洪度汛、流域重点河湖水资源保护、水环境改善、水污染防治、垃圾漂浮物清理等相关工作，进一步巩固和提高河湖水环境管理和保护成效。加强流域行政司法协作。自2018年与梧州市、肇庆市两地检察机关联合签署《关于开展西江流域生态环境和资源保护公益诉讼工作的框架协议》以来，云浮市进一步加大对破坏西江流域生态资源、污染环境的民事公益诉讼查办力度，督促行政机关依法履行职责。

（五）推进社会事业领域合作

促进劳动力流动和人才引进。近年来，云浮市积极与桂赣两省区地市的人社部门联系，2020年组织本市优质企业组成云浮企业省外招聘团，先后赴广西防城港市、江西南昌市参加就业专场招聘活动，提供招聘岗位1700多个。引导云浮市引才单位与广西桂林医科大学、广西医科大学、广西中医药大学等多家院校对接，赴广西高校参加专场招聘会20余场，参加网上“云招聘”30场，共签约引进广西高校医疗卫生类人才75人、综合类硕士研究生高层次人才16人，补齐云浮市基层医疗卫生人才不足的短板。实现基本养老保险关系顺畅转移接续。自2020年7月起，云浮市企业职工基本养老保险关系跨省转移接续新增业务可通过部转移系统进行办理，实现流动就业人员基本养老保险关系跨省顺畅转移接续。推进区域文化产业融合发展。出台《云浮市西江流域绿色生态旅游发展规划（2020—2030年）》，提出“百里西江潮，千年南江风”的文旅形象定位，规划打造百里西江国家生态风景、百里西江泛舟、百里南江古道三大文化生态旅游“主动脉”。组织《云·浮于天》《梦会太湖》参加2020年粤港澳桂—东盟文化交流活动，充分展示云浮深厚的文化底蕴。深挖西江文化，开展《古道南江》《南江俚语故事》等文化书籍的编撰工作，与广东广播电视台联合出品广播剧《粤将陈璘》，打造革命历史舞台剧《桂河之春》和音画诗舞《南江人家》，不断擦亮云浮市西江支流—南江文化品牌。西江绿色生态旅游产业走廊项目（云安段）、中韩陈璘文化创意产业园项目、磨刀山遗址公园项目、广东南江田园文化旅游小镇项目被纳入国家重大建设项目库。推进区域旅游交流合作。近年来，云浮在区域旅游领域大步“走出去”，借助广东国际旅游产业博览会、海峡两岸高雄旅展、香港国际旅游展等平台推动交流合作。云浮旅游部门先后多次赴重庆、贵州遵义、广西南宁、黑龙江双鸭山等地开展区域文旅联合推广活动，推出省级乡村旅游精品线路——探秘南江文化之旅，进一步厚植西江流域（云浮段）文化底蕴，助推云浮市与珠江—西江经济带沿线城市旅游共谋共建共享。

（六）推进科技协同创新

加强产业协作。从服务特色产业集群及自身优势产业出发，在源头创新上依托广东药科大学（云浮）、温氏大华农等载体加强与广州在现代种业、农牧装备领域的创新合作，推进与香港、澳门、广州、珠海的南药研发合作。在应用创新上借助氢能产业基地与广东金属智造科技产业园等平台建设，加强与广州、佛山、深圳的氢能应用研发，推进与佛山、阳江在金属新材料领域的创新研制。在工艺创新上推动与广州、佛山在新型建材、绿色日化以及装备制造等领域的合作。积极开展技术交流。联合广东（东莞）材料基因高等理工研究院与云浮市不锈钢加工技术以及氢能产业等相关企业开展技术交流。与中科院广西植物研究所、广东中医药大学和广西至纯南药科技有限公司共建“南药植物规范化种植及利用创新团队”，在云浮市以广藿香和走马胎的种质保育、生态种植为研究重点进行研究攻关，这将为华南地区药用植物资源保护、乡村振兴、大健康产业快速发展提供有力支撑。推动科研设施设备共享共用。贯彻落实《广东省人民政府促进大型科学仪器设施开放共享的实施意见》，支持粤桂重大科研基础设施和大型科研仪器开放共享。重点推动岭南现代农业科学与技术广东省实验室云浮分中心、先进能源科学与技术广东省实验室云浮分中心等两个省实验室在建设过程中，纳入省专业化、网络化管理服务体系，实现共享共用服务，减少重复购置，促进科技资源高效利用，逐步搭建和完善布局合理、功能齐全、协作共用和技术队伍相对稳定的仪器设备共享服务平台。截至 2020 年，云浮市共有 31 台（套）大型科研仪器设备被录入广东省科研设施与仪器开放共享在线服务平台。

（七）推进粤桂黔高铁经济带合作试验区广东园云浮分园建设

为提升云浮在全省粤东西北振兴发展战略中的地位和作用，经省政府同意，省发展改革委正式印发《粤桂黔高铁经济带合作试验区广东园云浮分园发展总体规划（2017—2030 年）》，该园被划分为高铁商务核心区、高铁经济主体区、高铁经济辐射拓展区 3 个空间功能分区，主体区面积 60 平方公里，形成产业协作、功能互补、生态共建和设施共享的发展态势。截至

2020 年，西江新城起步区规模以上企业达 43 家，其中包括 29 家规上工业企业，“十三五”期间净增加 13 家，经济体量攀升。一是支持建设科技创新平台。全面提升企业创新能力，共有省级或以上研发机构 24 家。2020 年全年认定为省专精特新中小企业 1 家、省中小企业志愿服务工作站 2 家，推动 3 家企业通过知识产权贯标。二是积极推进孵化育成体系建设。拥有在孵企业 38 家，累计毕业企业 16 家，拥有有效知识产权的在孵企业 11 家，占在孵企业总数比例达 29%。云浮高新区孵化器获评省级孵化器，实现“零”的突破。推动省级众创空间试点单位“H-DESIGN 众创空间”不断激发创新创业活力，建立广州创新设计中心，申请发明专利 4 项、实用新型专利 10 项，获得省级奖项 6 项。三是鼓励大众创业、万众创新。在 2020 年“创客广东”云浮市中小企业创新创业大赛中获一等奖的企业 1 家、获二等奖的企业 2 家、获三等奖的创客组 1 个并成功进入复赛，广东溢康通空气弹簧有限公司的空气弹簧项目产业化项目获得企业组优胜奖。佛山（云浮）产业转移工业园思劳片区，一是干出了项目建设加速度。坚持“戴着口罩抓建设”，稳力高速空气压缩机产业化项目超额完成年度投资计划；亿航云浮生产基地（一期）项目、广东联悦氢能制氢（一期）项目、佛云污水处理厂（一期）项目相继竣工。二是做大了主要产业影响力。氢能源产业主要企业稳步发展，2020 年国鸿氢能实现销售总产值 3.31 亿元，国鸿巴拉德、国鸿重塑和飞驰等 3 家企业实现工业总产值 4.80 亿元，全口径税收达 0.28 亿元。产品研发成效显著，国鸿氢能发布鸿芯 GI 电推产品、鸿途 G 系列燃料电池系统 2 款完全拥有自主知识产权的产品和系统，高速空压机智能化生产线投产暨 30 千瓦空压机量产正式启动。三是建强了科创研发众平台。能源科学与技术广东省实验室云浮分中心建设稳步推进，培育壮大广东省新型研发机构和广东省绿色能源与材料工程技术研究中心、佛山（云浮）氢能产业与新材料发展研究院、云浮（佛山）氢能标准化创新研发中心、广东省氢能技术重点实验室和国家技术标准创新基地（氢能）等研发平台，截至 2020 年，申报专利超 100 项、获授权近 50 项，国家知识产权试点园区加快创建。

三　推进珠江—西江经济带建设面临的困难和问题

云浮总体参与和推进珠江—西江经济带发展工作顺利，但经济体量小、财政实力弱、发展不平衡不充分的问题仍然较为突出，镇域经济支撑县域发展动力不足、高端制造业比较薄弱、民生领域短板较多、高技能人才缺乏、科技创新动能不足、城市建设水平不高、营商环境有待改善等问题仍然是制约云浮经济社会高质量发展的重要因素。

四　对策建议

（一）聚焦抢抓叠加发展机遇，主动融入服务国家重大战略

立足北部生态发展区、革命老区的发展定位，积极抢抓“双区”、两个合作区建设重大战略机遇，紧扣“四个联动传导”，全面实施“东融”战略，持续激发云浮高质量发展新动能。主动融入国内国际双循环，以特色优势产业集群为支撑，强化产业和产业链协同发展、共建共享，加快融入粤港澳大湾区现代产业体系。主动服务“双区”、两个合作区建设，着力打造高品质农副产品的供给地、粤港澳大湾区西岸物流的配送地。主动支持国家重大区域协调发展战略，强化“东融”“西合”功能，全面加强粤桂、云梧等省际经济交流合作，积极参与粤桂黔滇川高铁经济带、珠江—西江经济带建设，打造粤港澳大湾区辐射带动大西南的连接地，全面提升开放合作水平。要加快构建“东融”“西合”的现代化立体交通体系，着力打造对接粤港澳大湾区、联通大西南及东盟诸国的枢纽门户，构建“东融”“西合”的现代化立体交通网络。

（二）聚焦发展质量再提升，做大做强园区、资源、镇域经济

牢牢把握新型工业化发展方向，坚持“产业兴市”不动摇，大力实施

制造业高质量发展“6+6 战略”，重点抓好金属智造、信息技术应用创新、氢能、生物医药等战略性新兴产业的培育发展工作。全力加快全市产业园区扩容升级、提质增效，全面推动工业园向高新区转型，加快创建国家级、省级高新区，提升园区承载力，推动产业集聚，发展壮大七大特色产业集群。大力构建绿色低碳产业和清洁能源等绿色经济体系，加快推进北部湾广东水资源配置工程（云浮段）、新兴和郁南抽水蓄能电站、云河发电公司天然气热电联产等重大项目建设，切实把云浮的“绿水青山”转化为经济社会高质量发展的“金山银山”。着力推进镇域经济提质发展。强化规划引领，加快研究出台“1+N”政策体系，着力实施关键领域综合改革，加快提升镇街公共服务水平，全力打造一批农业大镇、工业强镇、商贸重镇、文旅名镇，做大做强镇域经济。

（三）聚焦重点项目抓落实，推动经济高质量发展

坚持以“4321”工程为牵引，推动市政建设、生态环保等重点领域“补短板”工程。抓好 165 项市重点项目建设，落实市领导班子成员挂钩联系重大项目机制，切实破解项目建设难点堵点，确保完成 325 亿元投资任务。全力推动重大项目前期工作，加快环北部湾广东水资源配置（云浮段）、罗岑铁路、广梧高速增设云浮西互通立交、国道 G324 线改扩建、云浮机场、云浮（水源山）抽水蓄能电站、云河天然气热电联产等重大项目前期工作进度，推动项目尽快开工建设。加强项目储备，围绕“两新一重”、交通、能源、生态环保、产业园区、农林水、冷链物流、城镇老旧小区改造、公共卫生、体育文化等领域做好项目储备，提升项目储备质量。积极申报专项债、中央预算内投资、重大项目前期经费，多措并举破解项目建设资金瓶颈。

（四）聚焦富民兴村，加快乡村振兴步伐

全面实施“一县一园、一镇一业、一村一品”发展战略，加快“2+9”国家级和省级现代农业产业园建设，做强特色农业。以实施“藏粮于

地、藏粮于技”战略为抓手，实施高标准农田建设工程，强化农业科技和装备支撑，提升粮食等重要农产品的稳产保供能力。培育南药、水稻、肉桂、肉鸡、生猪、花卉产业集群，推进全国名特优新高品质农产品（食药同源）全程质量控制试点创建，打造“云浮农业 云端优品”地域安全优质营养健康农产品品牌。持续推进全域农村人居环境整治，加快推进1个省级示范县、5个省级示范镇、66个省级示范村、10个市级示范镇、111个市级示范村建设。建立奖补激励机制，鼓励农村土地经营权有序流转，发展多种形式的农业适度规模经营。建立人才入乡激励机制，大力实施“乡村工匠”工程。加快农村电商培训基地和农村电商示范站建设，培育农村电商人才队伍和创业主体。

（五）聚焦绿色发展，加强生态文明建设

编制实施《云浮市打造粤北生态建设发展新高地行动计划（2021—2023年）》，探索“绿水青山”转化为“金山银山”的云浮路径。进一步做好污染防治工作。全力打好蓝天保卫战，开展工业污染整治，完成市级VOCs重点监管企业综合治理，强化移动污染源管控。全力打好碧水保卫战，重点推进南山河水质达标攻坚，全面完成城市黑臭水体整治，开展农村黑臭水体整治工作。全力打好净土保卫战，推进垃圾分类工作。以饮用水源、污水、垃圾、养殖和农业面源污染整治为重点深入推进农村环境连片综合整治。严格河湖生态空间管控，持续推进河湖“清四乱”和“五清”工作，加快碧道试点项目建设。加强能耗“双控”工作，确保完成省下达的节能、节水、减排以及大气、水质量目标任务。加强对本地煤电油气供需情况的跟踪监测，确保能源供应安全。积极推进全域创建国家森林城市。

（六）聚焦群众关切，提升“民生温度”

做好常态化疫情防控。继续用好“大数据+”“微网格”，因时因势优化完善联防联控机制，坚持“人防技防”同步。巩固拓展脱贫攻坚成果，同乡村振兴有效衔接，保持帮扶政策总体稳定，建立防止返贫监测和帮扶机

制，加强对已脱贫不稳定脱贫户、边缘易致贫户的监测管理，严格落实“四不摘”要求，把脱贫人口“扶上马送一程”。着力稳就业。认真贯彻落实2.0版“促进就业九条”等“一揽子”减负稳岗扩就业政策，深入实施“粤菜师傅”“广东技工”“南粤家政”三项工程，抓好高校毕业生、退役军人、返乡农民工和贫困劳动力等重点群体就业。发展教育事业。增加普惠性学前教育资源，落实中小学校建设任务，增加优质教育资源。全面提升普通高中办学水平，争取高中阶段毛入学率达到95.96%。促进特殊教育发展。加快广东药科大学云浮校区三期、广东云浮（新兴）中医药职业学院、罗定职业技术学院新校区建设步伐。补齐公共卫生短板。加强公共卫生应急管理体系建设；加快市级120急救调度中心、市中心血站、云城区疾控中心、疫苗冷链仓库等建设；继续推进基层医疗卫生设施建设。完善养老服务网络建设。下一步，建设4个城区居家养老服务中心、89个农村居家养老服务中心（站），推广200张家庭养老床位。加强兜底保障。扎实开展“兜底民生双百工程”，提高低保、特困、孤儿、残疾人“两项补贴”等补助补贴标准。提升公共文化效能。加快市西江新城图书馆等项目建设，谋划建设云浮市全民健身中心。持续实施基层公共文化服务提升行动。推进文物单位的保护和活化利用。落实粮食安全生产责任制，加强粮食市场监测预警和监管。深入推进创建全国文明城市工作。认真贯彻军民融合发展战略。推进质量强市建设。抓好安全生产工作，全力防范重大特大生产安全事故发生。统筹食品药品安全、交通安全，抓好“菜篮子”工程、全民禁毒工程，做好消防、应急管理、信访、双拥等工作，落实好严重精神障碍患者救助，预防青少年犯罪，保障妇女儿童、青少年、残疾人等群体的合法权益，建设平安云浮等各项工作，着力防范化解重大风险，确保社会大局和谐稳定。

（七）促进合作交流常规化

建立健全稳定的日常沟通联络机制，以定期举办的泛珠三角区域合作行政首长联席会议、粤桂两省区推进珠江—西江经济带发展规划实施联席会议为基础，根据实际需要成立相应的交通、产业、体制机制、生态环保、公共服务等专责小组，进一步深化珠江—西江经济带各市及粤港澳大湾区各市在经济社会和生态文明等方面的合作发展，提高区域合作的针对性和实效性。

（八）加强“十四五”规划等体制机制的对接衔接

进一步加强协调联动和共建共享。重点组织好区域经贸活动，搭建多层次的经贸交流与合作平台，深化在产业、经贸、科技、旅游、文化等领域的合作，丰富合作内涵，提高合作的层次和水平。强化生态环保联防联治。坚持共建共享、联防联治的基本要求，加快建立健全粤桂环境联防联控合作协调工作机制和西江流域突发环境事件应急协调处理机制等。

（九）积极促进人才引进和科技转化

促进高层次人才交流，推进港澳高层次人才认定，主动为高层次人才提供工作永久居留推荐绿色通道。优化人力资源共享机制和结构，为产业和经济发展积蓄人力资源动能。紧扣云浮市七大产业集群创新发展方向，以实施科技成果转移转化示范为重点，加强与优秀高校和科研机构的合作研发，推动合作成果在云浮试验生产。

（十）加强协调联动共建共享

要推进经济发展项目协同共建，借助企业龙头带动作用和平台优势打造成为国家级中医药产业发展示范区，进一步打响云浮南药品牌。要积极参与共建粤桂黔旅游一体化国际旅游目的地、珠江—西江千里旅游长廊和粤桂黔民族文化旅游产业带，树立“大招商”格局，努力实现优势互补和资源共享。要强化生态环保联防联治，强化对区域水资源、水环境的综合治理和保护，筑牢珠江—西江绿色生态水网，保护和共享优质饮用水源。

附　录

Appendix

B.19
2020年珠江—西江经济带建设大事记

1月2日　数字广西鲲鹏产业生态大会在南宁召开，大会发布《构建鲲鹏产业生态，加快数字广西建设实施方案》，举行中国—东盟信息港鲲鹏生态创新中心揭牌仪式，成立广西鲲鹏产业生态联盟。

1月15日　南宁市政府与天际汽车科技集团有限公司签署新能源汽车产业战略合作协议。

1月15日　广西出台了《关于做好一季度全区工业稳增长工作推动2020年良好开局的意见》，提出11条稳工业政策措施，聚焦关键环节，突出靶向发力，精准帮扶工业企业。

1月上旬　广西质量协会公布广西首批质量5A级企业名单，柳工机械股份有限公司、东风柳州汽车有限公司、柳州钢铁集团有限公司、上汽通用五菱汽车股份有限公司、玉柴机器股份有限公司、桂林君泰福电气有限公司、桂林福达股份有限公司等7家企业获评广西质量5A级企业。

2月3日　作为广西唯一具有生产医用防护服资质的生物医药企业，入驻南宁经开区的南宁腾科宝迪生物科技有限公司在大年初一紧急复工、加大生产。

2 月 10 日 自 2 月 10 日起，广西工业企业按部署开始有序错峰复工，广西“严管”与“帮扶”并举，一企一策精准扶持，减负纾困提振信心，分类有序推进工业企业复工复产。

2 月 25 日 作为上汽通用五菱布局海外的全球化战略车型，首批 478 辆中国原版全球车宝骏 530 启程发往中东市场。

2 月 28 日 南宁市召开全面落实强首府战略一批标志性重大产业项目开工现场会，总投资约 128 亿元的南宁天际新能源汽车产业项目、南宁合众新能源汽车产业项目以及泰康之家桂园养老社区项目开工建设。

3 月 12 日 广西壮族自治区党委书记、自治区人大常委会主任鹿心社到“双百双新”产业项目发展工程指挥部和汽车工业转型升级工程指挥部调研，强调各级各部门要结合实施工业强桂战略和开展“制造业发展攻坚突破年”活动，坚定信心扎实推进“两大工程”，牵引带动全区工业转型升级，加快培植“工业树”、打造“产业林”，推动经济高质量发展。

3 月 14 日 作为国家交通运输“十二五”规划建设的重点工程，贵港航运枢纽二线船闸主体土建工程闸室闸首边墩顺利封顶，为 2020 年底实现船闸通航目标打下坚实基础。

3 月 27 日 《广西壮族自治区产业园区节约集约用地管理办法》（2019 年修订）政策解读新闻发布会在南宁举行。新管理办法规定，产业园区入园项目的开工期限应为交地之日起 3 个月内，最迟不得超过 6 个月；用地面积 50 亩以下的工业项目一般不得分期建设。

3 月 30 日 国务院批复同意设立广西百色重点开发开放试验区。该试验区是全国第 8 个、广西第 3 个重点开发开放试验区。

4 月 3 日 柳州市举行柳州螺蛳粉全产业链签约仪式，强调进一步实施柳州螺蛳粉产业升级发展的“六个一”工程，着力加强全产业链建设，加快原材料示范基地建设，培育全产业链龙头企业和知名品牌。

4 月 12 日 广西壮族自治区党委、自治区人民政府印发《关于促进中医药壮瑶医药传承创新发展的实施意见》。

4 月 30 日　广西壮族自治区政府与华为技术有限公司深化战略合作框架协议签署仪式暨鲲鹏产业生态推进大会在南宁举行。

4 月 30 日　广西壮族自治区政府办公厅印发《2020 年全区制造业发展攻坚突破年实施方案》，明确以制造业发展为突破口，以实现全区制造业总量扩大和结构优化升级为目标，以培育发展壮大龙头企业为主线，以工业生产要素整合提升为重点，打造一批具有国际竞争力的先进制造业集群，提升产业基础能力和产业链现代化水平，打一场制造业发展攻坚战。

4 月下旬　国家发展改革委批复了广东省西江干流治理工程可行性研究报告，标志着粤港澳大湾区又一重大水利工程建设获重大进展，迈入全面建设新阶段。

5 月 4 日　广西柳江红花水利枢纽二线船闸工程顺利完成闸首边墩混凝土浇筑，拉开了船闸主体结构混凝土大方量浇筑的序幕，为后续大面积混凝土浇筑奠定了坚实的基础。

5 月上旬　西津水利枢纽二线船闸项目工程作为广西壮族自治区实施《珠江—西江经济带发展规划》的重点工程和珠江—西江经济带基础设施建设大会战的关键工程，正在加快推进建设。

5 月上旬　广西壮族自治区自然资源厅印发《2020 年“双百双新”产业项目自然资源要素保障服务工作方案》，采取六大举措，为 2020 年首批 278 个自治区“双百双新”产业项目及后续增补项目提供自然资源要素保障支撑。

6 月 4 日　广西壮族自治区政府与中国科学院 2020 年合作会商会议在南宁举行。

6 月 18 日　广西壮族自治区政府与吉利控股集团签订战略合作协议，广西与吉利合作打造产业链核心优势，将依托吉利产业与教育资源整合的优势，深化产教融合，共同推进广西民族大学相思湖学院的转设和投资建设，共同推进相关产业项目建设。

6 月 28 日　交通运输部联合广东、广西、贵州、云南 4 省区印发了《关于珠江水运助力粤港澳大湾区建设的实施意见》。该实施意见明确指出以习近平新时代中国特色社会主义思想为指导，以深化供给侧结构性改革为主线，按照统筹协调、优势互补、创新驱动的要求，在水运基础设施建设、服务品质提升、对外开放、技术创新、绿色发展、安全保障、体制机制完善等方面精准发力、全面推进，旨在进一步发挥珠江水运在服务粤港澳大湾区经济社会发展中的作用，当好先行。

7 月 21 日　国家发展改革委、民航局联合复函支持南宁临空经济示范区建设，这是我国第 15 个获批的国家级临空经济示范区，也是我国第 1 个面向东南亚的区域航空枢纽。

7 月 28 日　国务院国资委与自治区政府共同举行“建设壮美广西　共圆复兴梦想”央企入桂视频会议。

7 月上旬　中国科学院参照世界银行营商环境评价标准，对广西优化营商环境进行第三方评估，结果显示，广西各设区市开办企业指标得分为 96.75~97.06 分，排在世界银行营商环境评估报告 190 个经济体中的第 7 位，这标志着广西企业开办便利度已达世界先进水平。

8 月 10 日　《财富》世界 500 强榜单正式发布，广西投资集团有限公司以 2019 年营业收入 1800 亿元（260.6 亿美元）成功入围榜单第 490 位，是新上榜的 8 家中国企业之一，也是我国西南地区首家世界 500 强企业、广西首家进入世界 500 强的地方本土企业。

8 月 11 日　全区县以上城市千兆光网竣工暨新一代信息骨干网开工仪式在南宁举行，宣告全区县以上城市千兆到户光网建成开通，广西成为千兆光网第一省区。

8 月 18 日　自治区政府与阿里巴巴集团、蚂蚁集团在南宁签署战略合作协议，南宁五象新区管委会与蚂蚁集团签署合作协议。

8 月下旬　由梧州茂圣茶业有限公司生产的一批六堡茶经过梧州海关合格评定后，准予出口放行，从广州白云机场通过航空运输方式运到法国巴黎。这是梧州六堡茶首次进军欧盟市场。

9 月 9 日　广西中小企业发展大会在南宁召开。大会宣布广西中小企业联合会与中国中小企业协会将组织企业共同投资 1000 亿元，在南宁、柳州及桂林分别建设中小企业创新创业示范园，助推广西中小企业创新创业，助力产业转型升级。

9月16日 中国机械工业联合会、中国汽车工业协会在重庆铜梁发布了第十六届中国机械工业百强榜单，广西有两家企业入选。其中，广西柳工集团有限公司位列第二十一。

9月18日 2020年珠江水运发展高层协调会议在三亚召开，广东省省长马兴瑞主持会议。广西壮族自治区主席陈武，贵州省省长谌贻琴，云南省委常委、常务副省长宗国英出席会议。会议听取了珠江水运发展高层协调会议办公室工作报告，审议通过《"十四五"珠江水运发展重大举措》，力争到2025年基本建成畅通、安全、绿色、高效的珠江黄金水道。与会各方围绕"共享高层协调机制五年成果　合力建设交通强国珠江篇"主题进行了研讨。

9月24日 "湾企入桂"推介会暨签约仪式在深圳顺利举行，线上线下共签约项目92个，总投资额约3851亿元，投资领域主要涉及智能制造、智能装备、新材料、大健康及文旅。

9月24日 广西螺霸王食品有限公司760箱柳州螺蛳粉经柳州海关检验合格顺利出口意大利，标志着柳州螺蛳粉正式进军欧盟市场。

9月28日 广西8家企业入围中国企业500强，入围企业数量创下历史新高。此外，广西有10家企业入围2020中国制造业企业500强、13家企业入围2020中国服务业企业500强。

10月27日 广西壮族自治区工业和信息化厅召开"奋战70天坚决打好工业产业达产增产大会战"视频会议。

10月28日 由广西壮族自治区工业和信息化厅、柳州市政府联合主办的2020年广西工业互联网峰会在柳州举行。柳州市被授予"广西工业互联网示范城市"称号，成为全区首个工业互联网示范城市。

10月30日 第六届碳酸钙产业博览会暨广西碳酸钙行业协会年会·2020年碳酸钙研发高端学术论坛在南宁举行。

11月12日 以"坚持生命至上　发展大健康产业　增进人民健康福

祉”为主题的2020中国（广西）大健康产业峰会在南宁开幕。

12月5日 西江经济带城市共同体及市长联席会议第五次会议暨西江经济带发展论坛在梧州市召开。著名经济学家范恒山教授应邀出席并做了题为《新时代国家区域战略指向与珠江—西江经济带城市合作发展》的主题报告。

12月下旬 南宁市天使投资基金完成对南宁久仁建新生物科技有限公司的500万元投资，标志着该市天使投资基金首个投资项目落地。

2020年全年 西江航运干线全年货物通过量达到10.50亿吨，同比增长5.10%；西江航运干线长洲枢纽船闸完成过闸货运量1.51亿吨，同比增长3.96%；珠江水系港口完成货物吞吐量7.40亿吨，同比增长6.40%，其中，集装箱吞吐量1386万标准箱，同比下降5.60%。完成内河客运量819万人次。

2020年全年 珠江水系4省区完成水路货运量13.8亿吨，珠江水系港口完成货物吞吐量18.2亿吨，较2015年年均分别增长6.3%、4.6%；其中，珠江水系内河货运量8.6亿吨，较2015年年均增长4.4%，受新冠肺炎疫情等影响，总体规模有所下降。

2020年全年 南宁至深圳高铁的重要组成部分南玉城际铁路项目正在加快控制性节点建设，全年完成年度投资计划的172.02%。通往粤桂交界、连接西南与珠三角核心地区的贵港至隆安高速公路、大塘至浦北高速公路，以及吴圩国际机场第二高速公路、吴圩国际机场至大塘高速公路、柳南高速改扩建、南宁经钦州至防城港高速公路改扩建等项目相继建成通车，内外路网进一步完善，粤桂两省区往来更加方便快捷。

Abstract

Report on the Development of the Pearl River-Xijiang River Economic Belt (2021-2022) (hereinafter referred to as "the Report") is jointly compiled by Guangxi Academy of Social Sciences, Guangxi Normal University, the Development and Reform Commission of Guangxi Zhuang Autonomous Region, with Guangxi Academy of Social Sciences being the executive chief editor.

The year 2020 is the last year for the implementation of *The Development Plan for the Pearl River-Xijiang River Economic Belt* (hereinafter referred to as "the Plan"). Since the implementation of this document approved by the nation in July, 2014, great contribution have been made by both Guangxi and Guangdong to the thorough implementation of major policies, projects and endeavor. Positive results have been achieved in mechanisms, infrastructure, industrious development, platform building and ecological conservation. With a medium-to-high growth rate in major economic indicators within the economic belt, the quality of economic development has been improved. The Report is an annual worthy of reference and research, recording the development the Pearl River-Xijiang River Economic Belt (hereinafter referred to as "the Economic Belt") in 2020 in an all-round way. The Report is divided into four parts: General Report, Special Reports, Regional Reports, Appendix.

General Report includes both a comprehensive analysis on and a periodicsummary of the achievements, problems and accomplishment of goals in Guangxi's contribution to the Economic Belt, as well as ideas or suggests on development. According to General Report, since the ratification and implementa-tion of the Plan in July, 2014, there is still a long way to go for the Economic Belt to achieve its planned targets, despite a fast development. Challenges in infrastructure constraints, bottleneck in industrial development, and city-industry integration are still evident. For the Industrial Park of the Pearl River-Xijiang River Economic Belt (Guangxi), problems including insufficient investment in infrastructure, incomplete supporting sectors to industrial chain, and over-administration need to be solved in the process of in-depth reform and opening up in an appropriate way. As the Economic Belt has entered a new stage featuring on high-quality development driven by high-standard opening up, it is necessary to seize the chances from the re-arrangement of global industrial and supply chains and the coordinated regional development strategy, to understand correctly the relations between overall advancement and breakthroughs in key areas, that between ecological conservation and economic development, and that between individual development and coordinated regional development. According to the concept of trinity development of "city, industry and market", industrial transformation and upgrade and high quality economic development should be supported by the development of central cities, while manufacturing from industrial clusters will be aligned with the innovative resources and modern services in Guangdong-Hong Kong-Macao Greater Bay Area (hereinafter referred to as "the Greater Bay Area"). Besides, consumption upgrading in the Greater Bay Area should boost the integration of production, ecology and life in the Economic Belt. To this end, the path to priority to ecology and green development should be explored. Meanwhile, the Economic Belt should also be shaped as a high-efficient economy with concerted efforts. Special Reports centering on manufacturing with high quality in the Economic Belt, includes the research on the topic like industrial and supply chains, innovation, green development, development with low carbon emission, integrated development, etc., being an extension of General Report. Regional Reports gives detailed introduction on the relevant cities' efforts in promoting the development of the Economic Belt research, the existing problems and corresponding advice. Appendix include those happening events the development of the Economic Belt throughout the year of 2020.

Keywords: The Pearl River-Xijiang River Economic Belt; Manufacturing Industry; High-quality Development; Industrial Chains; Supply Chains

Contents

I　General Report

Abstract: At present, the Pearl River-Xijiang River Economic Belt has entered a new stage in which high-quality development is led by high-level opening up. We must firmly seize the opportunity from the restructuring of global industrial chain and supply chain and the in-depth implementation of regional coordinated development strategy in China, give full play to the advantages of high-level opening up to form clusters, and change from being "self-development-oriented" to being "serving surrounding development-oriented", from endowment-based "industrial transfer" to industry-based "capacity alignment", from the alignment of industrial chains based on division of labor and cooperation among enterprises to that of value chain and supply chain based on the functions of industrial clusters and central cities (city clusters). We need to leverage the transformation of ideas, development and methods to solve the following challenges: poor continuity of new and old growth drivers, declining industrial investment attractiveness, and the difficulty in breaking through inter-regional interaction and cooperation. The top priority is to address the outstanding problems such as facility connectivity, industrial coordination, and urban support.

Keywords: The Pearl River-Xijiang River Economic Belt; Guangdong-Hong Kong-Macao Greater Bay Area; Coordinated Developement

Ⅱ Special Reports

Abstract: Under the background of the new development pattern, promoting the high-quality development of the domestic manufacturing industry has become the main direction of economic acceleration. The Pearl River-Xijiang River Economic Belt is a link that extends domestic circulation in the inland areas and connects the domestic and international dual circulation for overseas neighbors. Promoting the high-quality development of the manufacturing industry in the Pearl River-Xijiang River Economic Belt is of great importance to improving the overall development of China's manufacturing industry and facilitating new development pattern. In recent years, the "quality" and "quantity" of the manufacturing industry in the economic belt have been gradually improved, the mechanisms and policies have been increasingly upgraded, the efficiency of connectivity has been continuously improved, and the degree of industrial agglomeration has kept increasing. However, in recent years, the proportion of manufacturing in the Pearl River-Xijiang River Economic Belt has declined, and there are problems such as low overall development level of the manufacturing industry, serious polarization, weak economic ties, and the need to improve the competitiveness of the manufacturing industry. The western end of the economic belt has problems such as low level of industrial structure, insufficient innovation capability, low industrial efficiency, and insufficient high-end transformation. Therefore, it is necessary to strengthen scientific planning for it, increase the proportion of the manufacturing industry with policy guidance, drive the manufacturing industry in the Pearl River-Xijiang River Economic Belt through technological innovation to catch up with other areas, and accelerate the construction of an internationally competitive manufacturing industry through the integration of digital and manufacturing development and brand building. It's also important to comprehensively-promote the extension of the eastern economy to the southwest region, create a new growth pole in the Pearl River-Xijiang River Economic Belt, and accelerate the realization of dual circulation.

Keywords: The Pearl River-Xijiang River Economic Belt; High-quality Development; Dual Circulation; Manufacturing Industry; Digitization

Abstract: Guangxi should actively integrate into the industrial cooperation system of Guangdong-Hong Kong-Macao Greater Bay Area by taking the promotion of the in-depth connection between the upstream and downstream of the industrial chain as the main direction of such effort. It's also important to focus on the leading industrial chain of Guangdong-Hong Kong-Macao Greater Bay Area, and give full play to its unique role as a connector between the Greater Bay Area and ASEAN, relying on its own resource endowment and industrial foundation. From a long-term perspective, taking the promotion of the formation of interest linkages between enterprises and governments in Guangdong and Guangxi as the starting point, efforts will be made to establish or improve relevant chains for the "short board". Guangxi should actively undertake the transfer of emerging industries and traditional industries in Guangdong-Hong Kong-Macao Greater Bay Area, create an industrial chain and supply chain of "Greater Bay Area R&D + Beibu Gulf Manufacturing + ASEAN Assembly", and promote the advancement of industrial base and modernization of industrial chain. All these efforts will serve to improve the competitiveness of the system in promoting the integration of Guangdong and Guangxi industries into the new development pattern of dual circulation.

Keywords: The Pearl River-Xijiang River Economic Belt; Guangdong-Hong Kong-Macao Greater Bay Area; Industrial Chain and Supply Chain

Abstract: In recent years, the party committee and the government of Guangxi have attached great importance to integrating into Guangdong-Hong Kong-Macao Greater Bay Area and issued a general instruction to mobilize it, taking it as an important strategic opening and cooperation direction. However, the industrial integration into the Greater Bay Area, especially in the industrial sector, is relatively weak. Actively integrating into the construction of Guangdong-Hong Kong-Macao Greater Bay Area is an important opportunity to further improve the Pearl River-Xijiang River Economic Belt at present and even in the future. Oriented by the integration of industrial chain, supply chain and innovation chain, this report proposes proposals to promote the integrated development of the Pearl River-Xijiang River Economic Belt and Guangdong-Hong Kong-Macao Greater Bay Area from the aspects of system and mechanism, joint construction of parks, industrial integration, collaborative innovation, regional layout, market development, and element support.

Keywords: The Pearl River-Xijiang River Economic Belt; Guangdong-Hong Kong-Macao Greater Bay Area; "Three Chains"

B.5 Study On the High-quality Industrial Development Path of the Pearl River-Xijiang River Economic Belt (Guangxi) to Achieve Carbon Peak and Carbon Neutrality

Zhang Weihua, Li Meilian and Shang Maomao / 110

Abstract: The central tasks of the development of the Pearl River-Xijiang River Economic Belt (Guangxi) are to achieve carbon peak and carbon neutrality and to accelerate high-quality industrial development, which need to be carried out in a well-coordinated way to ensure the sound and sustainable social and economic development. However, energy-intensive industries still have higher shares of economy in the Pearl River-Xijiang River Economic Belt (Guangxi) and there are currently three challenges facing this region: insufficient energy consumption quota for the acceleratedundertaking of relocated industries, weak support from emerging industries to energy-intensive industries, low energy consumption base and limited space for energy restructuring. In the future, greater efforts shall be made to Introduce increment from improved stock, Improve the adaptability of the energy structure, and promote coordinated development across river basins so as to solve the mismatch between the goal of achieving carbon peak and neutrality and the high-quality development of the industry.

Keywords: Carbon Peak and Carbon Neutrality Goals; High-quality Industrial Development; The Pearl River-Xijiang River Economic Belt (Guangxi); Green-oriented Transformation of Industries

B.6 Suggestions for Accelerating the High-quality Development of Industries in the Pearl River-Xijiang River Economic Belt

Peng Zhongsheng / 121

Abstract: The Pearl River-Xijiang River Economic Belt is in comprehensive and extensive connection with the construction of Guangdong-Hong Kong-Macao

Greater Bay Area, with accelerated industrial transformation and upgrading, outstanding results of undertaking of relocated industries, great progress in modern service industry, and stable and sustainable development in modern agriculture. A modern industrial cluster that enjoys complementary industries and synergized development has been basically built. To promote the high-quality development of industries in the Pearl River-Xijiang River Economic Belt, further steps should be taken to prioritize high-end manufacturing develop-ment, cultivate digital economy vigorously, advance high-end service economy proactively, build bases for "big health" and cultural and tourism services, and develop innovative construction of "enclave parks".

Keywords: The Pearl River-Xijiang River Economic Belt; Strategic Emerging Industries; Coordinated Development; High-quality Development

B.7 Equipment Manufacturing Development in Guangxi: Current Situation and Suggestions

Liu Junjie, Xu Xiaoyan and Huang Liting / 133

Abstract: During the 13th Five-year Plan period, under the working principles of strengthening leading enterprises, improving industry chains and cultivating industrial clusters, Guangxi aimed at expanding the scale of and improving and upgrading the structure of equipment manufacturing and focused on nurturing leading enterprises and integrating production factors in this industry. A group of equipment manufacturing clusters has been formed and equipment manufacturing continues to make greater contributions to Guangxi economic growth, becoming a pillar industry that supports and drives the industrial and economic development in Guangxi. However, as a latecomer to industrialization, Guangxi equipment manufacturing still faces an arduous task in industry growth. The underlying factors affecting the development of equipment manufacturing remain significant. Shortcomings are prominent, such as unbalanced industrial structure and product structure, weak independent innovation capacity, a smaller proportion of high-end industries, lack of large enterprises boasting core competencies and small enterprises featuring specialization, refinement, characteristics and novelty. In this context, efforts should be made to develop a proper understanding of the current situation and existing problems of Guangxi equipment manufacturing and carry out the strategy of equipment manufacturing revitalization. With innovation-driven development as the lead, steps should be taken to strengthen the effect of scale and cluster, reinforce and upgrade the weak links in industrial chains and extend them further, launch projects to rebuild the industrial foundation and transform and upgrade equipment manufacturing to improve quality and efficiency, so as to achieve leapfrog development of equipment manufacturing.

Keywords: Equipment Manufacturing; Clusters Effect; Innovation-driven; Guangxi

B.8 Strategic Emerging Industries Development in Nanning City: Current Situation and Suggestions

Abstract: Since the 13th Five-Year Plan, the scale of strategic emerging industries in Nanning has expanded rapidly, with leading enterprises in this industry introduced and nurtured, construction of platforms for technological innovation yielding results and innovation capacity of enterprises significantly improved. However, challenges remain prominent, such as precarious industrial foundation, weak innovation capacity, lack of talent and funds, and policies and regulations yet to be improved. In the future, steps should be taken to expand and strengthen the new IT industry and create a digital economy demonstration zone for ASEAN; concentrate on bolstering the new energy automobile industry and build a new energy industry cluster; upgrade and improve the quality of the bio-industry and build a bio-pharmaceutical industry cluster; develop and expand the high-end equipment manufacturing and promote intelligent transformation and upgrading; advance in-depth development of new material industry and promote environmental protection industries; accelerate the construction of innovation platforms and promote the development of industrial clusters.

Keywords: Strategic Emerging Industries; Cluster Development; Nanning City

Ⅲ Regional Reports

B.9 Report on Nanning's Efforts in Promoting the Development of the Pearl River-Xijiang River Economic Belt in 2020

Abstract: In 2020, Nanning has actively integrated into the construction of the Pearl River-Xijiang River Economic Belt by accelerating infrastructure construction, deepening opening-up cooperation, speeding up industrial transformation and upgrading, coordinating urban-rural integration development, stepping up the promotion of new urbanization and promoting the equalization of public services, further strengthening exchanges and cooperation with the cities along the Pearl River-Xijiang River Economic Belt. At present, Nanning is still facing some problems including weak comprehensive economic strength and difficulties in project promotion. Moving forward, Nanning will further promote connectivity at a higher level, strengthen cross-regional and cross-border industrial cooperation for ASEAN, improve the service capacity for open and cooperative development of the Pearl River-Xijiang River Economic Belt through "Nanning Channel", and strengthen the protection of ecological environment, so as to embrace a new pattern of coordinated development of the cities along the Pearl River-Xijiang River Economic Belt in an all-round, wide-ranging, multi-level and high-level way.

Keywords: The Pearl River-Xijiang River Economic Belt; Guangdong-Hong Kong-Macao Greater Bay Area; Nanning City

B.10 Report on Liuzhou's Efforts in Promoting the Development of the Pearl River-Xijiang River Economic Belt in 2020

Abstract: In 2020, Liuzhou City made efforts in the aspects of physical connectivity, Guangdong-Guangxi industrial linkage and basin ecological environment management sharing, and has achieved remarkable results in promoting the development of the Pearl River-Xijiang River Economic Belt. However, there are also a series of difficulties and problems such as difficulties in promoting infrastructure projects and in water transport operation and development, and unreasonable industrial structure. In the future, Liuzhou should accelerate the construction of infrastructure and build itself into a national comprehensive transport hub; speed up the pace of industrial transformation and open up smooth channels for trade; carry out targeted investment attraction and deepen all-round regional opening and cooperation; focus on green transformation and development and accelerate the construction of a beautiful Liuzhou.

Keywords: National Integrated Transport Hub; Guangdong-Guangxi Industrial Linkage; Rivers Ecological Environment; A Beautiful Liuzhou City

B.11 Report on Wuzhou's Efforts in Promoting the Development of the Pearl River-Xijiang River Economic Belt in 2020

Abstract: In 2020, Wuzhou accelerated the construction of the Pearl River-Xijaing River Economic Belt, and has achieved remarkable results in economic and social development. The integrated three-dimensional transport network of land, water and air has been further improved. Industries have been further integrated into the Greater Bay Area. The public service cooperation has been deepened. The inter-provincial government services has become more accessible, and the shield of ecological environment protection is stronger. However, there are still many problems in fields such as transportation infrastructure connection, the construction of the platform for industrial underta king, supply of production factors and so on. In the future, Wuzhou should vigorously promote transportation connectivity, integrate into the industrial system of the Greater Bay Area, and improve the soft power of integrating into the Greater Bay Area.

Keywords: The Pearl River-Xijiang River Economic Belt; Industrial Docking; Wuzhou City

Abstract: In 2020, Guigang carried out the strategy of "reinvigorating and strengthening the city by industry", actively promoted the development of the Pearl River-Xijiang Economic Belt, and vigorously promoted the industrial integration and development with Guangdong-Hong Kong-Macao Greater Bay Area. It also advanced the transformation and upgrading of traditional industries, accelerated the cultivation and growth of emerging industries, and promoted the development of industrial clusters. However, there are also problems such as insufficient investment in project construction, insufficient depth of cooperation fields, and underdeveloped ecological environment protection mechanism. In the future, Guigang should continue to expand the opening up, vigorously advance revitalization in areas including industry, rural areas, transportation, and culture and tourism, and address the bottleneck of financial development by improving the business environment, so as to promote green and high-quality development.

Keywords: The Pearl River-Xijiang River Economic Belt; Regional Cooperation; Guigang City

B.13 Report on Baise's Efforts in Promoting the Development of the Pearl River-Xijiang River Economic Belt in 2020

Abstract: In 2020, Baise City made new achievements in major transportation infrastructure construction, industrial coordinated development, platform construction for open cooperation, Pearl River-Xijiang River ecological corridor construction, talent exchange and other aspects, but there are also some problems such as urgency for industrial transformation and upgrading, lack of infrastructure connectivity, weak foundation of supporting industries in industrial park, impacts on investors'confidence due to power shortage, etc.. In the future, baise should further strengthen infrastructure connectivity, accelerate the construction of key platforms and new urbanization, and promote industrial cooperation and transformation and upgrading.

Keywords: The Pearl River-Xijiang River Economic Belt; Regional Cooperation; Baise City

B.14 Report on Laibin's Efforts in Promoting the Development of the Pearl River-Xijiang River Economic Belt in 2020

Abstract: Laibin set a record in its economic development in the past decade in 2020 by improving its business environment and making achievements in solving debt risks, eliminating poverty and reducing carbon emission, improving people's wellbeing. However, challenges still exist including the small economic volume, heavy debt for its government, the difficulty of industry transformation and upgrade because of its relatively weak technological innovation capacities and insufficient supporting facilities. The poor coordinated rural and urban development and inadequate protection of people's livelihood are another challenges. Therefore, the development of the more open Sanjiangkou New District will be promoted in the future and efforts should be made in strengthening the construction of the industry development platform and increasing investment in infrastructure and project.

Keywords: The Pearl River-Xijiang River Economic Belt; Industries Relocation; Laibin City

Abstract: In 2020, the Chongzuo government has vigorously promoted the quality economic and social development, making contributions to the development of the Pearl River-Xijiang River Economic Belt. However, some challenges and obstacles are yet to be solved, including the insufficient physical connectivity, inadequate supporting policies and impact on investment attraction. The infrastructure is to be strengthened in the future, along with the revitalization of industry as well as that of urban and boarder areas. Further efforts will be made for ecological conservation and environmental protection.

Keywords: The Pearl River-Xijiang River Economic Belt; The Revitalization of Industry; The Revitalization of Boarder; The Revitalization of Urban Areas; Chongzuo City

Abstract: In 2020, Guangzhou remained steady social and economic development, making achievem-ents in major transportation infrastructure construction, ecological conservation, the promotion of the equal public services and the more open corporation opport-unity. However, the insufficient regional mechanism for coordination and corporation is to be addressed through government's guidance, so as to make the full use of the corporation in key sectors as well as the critical role of the government.

Keywords: The Pearl River-Xijiang River Economic Belt; Regional Integration of Guangzhou and Foshan; Opening up for Cooperation; Guangzhou City

Abstract: In 2020, the Zhaoqing government has promoted the construction of Guangdong-Hong Kong-Macao Greater Bay Area, making achieve-ments in transportation infrastructure construction, industry development platform building and public services upgrading. Progress also has been made to promote cultural exchanges and ecosystem restoration. In the next stage, the connectivity of the transportation infrastructure will be strengthened to promote the development of quality manufacturing industry and the revitalization of the rural areas so as to boost the construction of the Guangdong-Guangxi Inter-Provincial Pilot Corporation Special Zone. The tourism branded for its healthy and casual travel experience will be promoted as well.

Keywords: The Pearl River-Xijiang River Economic Belt; Guangdong-Hong Kong-Macao Greater Bay Area; The Guangdong-Guangxi Inter-Provincial Pilot Corporation Special Zone; Zhaoqing City

Abstract: In 2020, the Yunfu government made the most of its resources and location advantage to integrate with the cities in the Pearl River-Xijiang River Economic Belt, making breakthroughs in transportation connectivity, joint building of industry, policy sharing, joint ecosystem conservation, social integration and integration into the Greater Bay Area. However, the imbalanced and insufficient development still exists, making the reform of key sectors and industries tough. In the next stage, the Yunfu government will refine the development strategy based on the municipal context, trying to make the most of its advantages of magnificent culture, sound ecological environment, convenient location and abundant resource. The Yunfu government will take the industrial zone economy, township economy and the resource economy as the foundation to implement the comprehensive regional corporation mechanism, boosting the quality development for the more beautiful Yunfu with the commitment to promote the east-to-west transportation linkage project.

Keywords: The Pearl River-Xijiang River Economic Belt; Regional Cooperation; The Beautiful Yunfu

皮书

智库成果出版与传播平台

✤ 皮书定义 ✤

皮书是对中国与世界发展状况和热点问题进行年度监测，以专业的角度、专家的视野和实证研究方法，针对某一领域或区域现状与发展态势展开分析和预测，具备前沿性、原创性、实证性、连续性、时效性等特点的公开出版物，由一系列权威研究报告组成。

✤ 皮书作者 ✤

皮书系列报告作者以国内外一流研究机构、知名高校等重点智库的研究人员为主，多为相关领域一流专家学者，他们的观点代表了当下学界对中国与世界的现实和未来最高水平的解读与分析。截至 2021 年底，皮书研创机构逾千家，报告作者累计超过 10 万人。

✤ 皮书荣誉 ✤

皮书作为中国社会科学院基础理论研究与应用对策研究融合发展的代表性成果，不仅是哲学社会科学工作者服务中国特色社会主义现代化建设的重要成果，更是助力中国特色新型智库建设、构建中国特色哲学社会科学“三大体系”的重要平台。皮书系列先后被列入“十二五”“十三五”“十四五”时期国家重点出版物出版专项规划项目；2013~2022 年，重点皮书列入中国社会科学院国家哲学社会科学创新工程项目。

S 基本子库
SUB DATABASE

中国社会发展数据库（下设 12 个专题子库）

紧扣人口、政治、外交、法律、教育、医疗卫生、资源环境等 12 个社会发展领域的前沿和热点，全面整合专业著作、智库报告、学术资讯、调研数据等类型资源，帮助用户追踪中国社会发展动态、研究社会发展战略与政策、了解社会热点问题、分析社会发展趋势。

中国经济发展数据库（下设 12 专题子库）

内容涵盖宏观经济、产业经济、工业经济、农业经济、财政金融、房地产经济、城市经济、商业贸易等12个重点经济领域，为把握经济运行态势、洞察经济发展规律、研判经济发展趋势、进行经济调控决策提供参考和依据。

中国行业发展数据库（下设 17 个专题子库）

以中国国民经济行业分类为依据，覆盖金融业、旅游业、交通运输业、能源矿产业、制造业等 100 多个行业，跟踪分析国民经济相关行业市场运行状况和政策导向，汇集行业发展前沿资讯，为投资、从业及各种经济决策提供理论支撑和实践指导。

中国区域发展数据库（下设 4 个专题子库）

对中国特定区域内的经济、社会、文化等领域现状与发展情况进行深度分析和预测，涉及省级行政区、城市群、城市、农村等不同维度，研究层级至县及县以下行政区，为学者研究地方经济社会宏观态势、经验模式、发展案例提供支撑，为地方政府决策提供参考。

中国文化传媒数据库（下设 18 个专题子库）

内容覆盖文化产业、新闻传播、电影娱乐、文学艺术、群众文化、图书情报等 18 个重点研究领域，聚焦文化传媒领域发展前沿、热点话题、行业实践，服务用户的教学科研、文化投资、企业规划等需要。

世界经济与国际关系数据库（下设 6 个专题子库）

整合世界经济、国际政治、世界文化与科技、全球性问题、国际组织与国际法、区域研究 6 大领域研究成果，对世界经济形势、国际形势进行连续性深度分析，对年度热点问题进行专题解读，为研判全球发展趋势提供事实和数据支持。

法律声明